엘렌 식수

이언 블라이스·수전 셀러스 지음

김남이 옮김

LIVE THEORY
엘렌 식수

초판 1쇄 발행 2023년 2월 10일

지은이 이언 블라이스·수전 셀러스
옮긴이 김남이

펴낸이 김현태
펴낸곳 책세상

등록 1975년 5월 21일 제2017-000226호
주소 서울시 마포구 잔다리로 62-1, 3층(04031)
전화 02-704-1251
팩스 02-719-1258
이메일 editor@chaeksesang.com
광고·제휴 문의 creator@chaeksesang.com
홈페이지 chaeksesang.com
페이스북 /chaeksesang 트위터 @chaeksesang
인스타그램 @chaeksesang 네이버포스트 bkworldpub

ISBN 979-11-5931-894-8 94100
        979-11-5931-829-0 (세트)

◆ 잘못되거나 파손된 책은 구입하신 서점에서 교환해드립니다.
◆ 책값은 뒤표지에 있습니다.

**LIVE
THEORY**

엘렌 식수

이언 블라이스·수전 셀러스 지음
김남이 옮김

Hélène
Cixous

junghaesin

일러두기

1 각주는 모두 옮긴이 주다.
2 [ ] 안의 내용은 저자가, 〔 〕안의 내용은 옮긴이가 쓴 것이다.

라이브 이론

엘렌 식수

Hélène Cixous

1장
서론

1998년 1월, 엘렌 식수는 마틴 맥퀼런Martin McQuillan에게 편지를 쓴다.[1] 맥퀼런은 '포스트–이론Post-Theory'을 주제로 한 선집 편집자 중 한 명이다. 식수는 맥퀼런에게 답장을 하는 중이었는데, 그가 식수에게 그 책의 에필로그를 청탁했기 때문이다. 그러나 식수는 쓸 수 없을 것 같다고 느꼈다. 주제가 너무 방대했다. 정확히 말하자면, 그녀는 그 주제가 아마도 '책 한 권' 분량이 될 것이라 말한다(p. 210). 대신, 식수는 자신이 쓰려 했던 것에 관한 몇 가지 암시를 준다. (그리고 왜 그녀가 에필로그를 쓰지 않았는지를 설명한다.) 그녀는 '이론Theory'이라는 낱말의 영미권 개념과 그에 해당하는 프랑스어 'Théorie'의 차이의 세계를 설명하는 것으로 시작한다(p. 210). 한편으로, 그녀는 '작가'이자 '시인'이기 때문에 자신이 "프랑스에서 théorie에 (부정적으로)" 관계한다고 생각한다. 그러나 다른 한편, 그녀는 "속물들에 맞서서 그 단어로 떠오르는 것을 방어해야 하는 [영국과 미국에 있는] 당신 모두의 편을 들어야 할 것 같다"고 생각한다 (p. 210). 그녀 생각에 "이론"이라는 단어는 "20세기 내내 영어권 국가들에서 모

9

호한 부침浮沈들을 겪어왔다"(p. 210). 또한 지난 40년간 "이 용어
는 학계 내의 이데올로기 전쟁의 어휘 목록에 있었다"(p. 211). 어
떤 영역에서 이 단어는 별로 호의적이지 않은 함축들에 대한 주
제이기도 했고, 다른 영역들에서는 긍정적 진보로 환영받기도
했다. 또 다른 곳에서는 그에 대해 완전히 무관심하기도 했다.
이어서 식수는 자신의 어릴 적 사건에 대해 이야기한다. "등에
큰 짐을 메고" 땅을 질질 끌며 앞으로 전진하는 개미 행렬을 관
찰한 경험 같은 것 말이다(p. 212). 식수는 이리저리 그 개미 행렬
의 경로를 바꾼다. 그녀는 "외따로 떨어진 개미"였고, "그 짐꾼
들의 줄은 그녀의 꿈의 경로들로 만들어진다." 그 줄은 양가성
의 상태에 있다. "불연속적으로 연속적인" "낱말들이 움직이고,
서로 번갈아 나타나고 돌아다니고 기어오른다"(p. 212). 식수는
이 꿈-비전-기억을 "자신의 최초의 이론"이라고 부른다(p. 212).
그것은 어쩌면 부지불식간에 (그러나 아마도 꽤 의도적으로) 암시
적이고 불가사의하며 (누군가의 눈에는) 이상한, 그녀의 이론적
글쓰기 실천의 전형이었으리라. 식수의 그 마지막 (쓰이지 않은)
[에필로그] 부분은 "테오리아Theoria의 의인화였을 것이다"(p.
212). 의인화는 (추상적인 사물에 대한) 인격화의 다른 말이다. 그
러나 그것은 또한 상상적이고 부재하는, 혹은 이미 죽은 사람의
장소를 끌어들이거나 대신하는 말일 수도 있다. 식수는 이 단어
의 두 측면을 유희하는 것이다(이론은 '테오리아'로 인격화 되지만,
그것은 또한 부재하고 사라져버린 것이다—식수는 자신이 이 부분을
쓰지 않았음을 인정한다). 〈포스트-말Post-Word〉에서 식수는 느슨

하고, 쉽게 대체 가능하며 상상을 촉진하는 텍스트로 독자들을 인도한다. 그러고는 독자들을 자유롭게 풀어놓고, 자신만의 출구(자신만의 해석)를 찾도록 만든다. 이론에 대한 접근법으로서 그것은 관습적이지 않다. 그러나 그렇게 식수는 아주 다른 종류의 이론을 만들어냈다. 그리고 '엘렌 식수'는 보통의 이론가와는 매우 다른 어떤 것이 된다.

'앵글로─아메리칸' 식수

서로 다른 언어학적 공동체들은 한 작가의 작품에 대해 서로 다르게 생각한다. 엘렌 식수도 이 규칙에서 예외는 아니다. 영어권 나라들에서 그녀의 이름은 1975년에 출판된 (그러나 10년 후 영어로 번역된) 글인, 〈메두사의 웃음Le Rire de la Méduse〉과 〈출구Sorties〉로 훨씬 자주 오르내린다. 〈메두사의 웃음〉은 《라르크L'Arc》지誌의 〈시몬 드 보부아르Simone de Beauvoir 특집 편〉에 처음으로 실렸었다.[2] 그것의 수정본은 1976년 "The Laugh of the Medusa"라는 제목으로 번역되어 미국 페미니즘 저널인 《사인Signs》지誌의 첫 호에 실렸다.[3] 4년 후 일레인 막스Elaine Marks와 이자벨 드 쿠르트리봉Isabelle de Courtrivon의 선집인 《신 프랑스 페미니즘New French Feminisms》(1980)에 그 글이 실리며 〈메두사의 웃음〉을 더 널리 알리게 된다.[4] 1983년에는 《사인 리더The Signs Reader》에도 실리게 된다.[5] 〈출구〉는 식수와 카트린 클레망의 《새로 태어난 여성La Jeune Née》에 처음 실렸다.

그 책은 식수와 클레망의 공동 작업으로, '여성의 미래'라는 주제로 출판된 연작 중 하나이다.[6] 《새로 태어난 여성》은 클레망의 〈죄진 여성〉(pp. 7~113), 식수의 〈출구〉(pp. 114~246), 그리고 두 여성의 생생한 대담을 필사한 〈교환〉(pp. 247~296), 이렇게 세 부분으로 되어 있다. 그 책의 대화적 성격을 잘 유념해야 하는데, 수많은 비평가들이 〔식수의 글인〕〈출구〉에서 《새로 태어난 여성》으로 제유법처럼 넘어가는 바람에, 카트린 끌레망의 공헌을 간과해왔기 때문이다. 〈출구〉의 발췌본이 1977년 번역된다.[7] 그 글의 또 다른 짧은 구절이 막스와 쿠르트리봉의 《신 프랑스 페미니즘New French Feminisms》에 실린다.[8] 그리고 〈출구〉의 영어 완역본이 마침내 "Sorties: Out and Out: Attacks/Ways Out/Forays(출구: 완전히: 발작/출구/습격)"라는 제목으로 벳시 윙Betsy Wing이 1986년에 번역한 《The Newly Born Woman(새로 태어난 여성)》에 나온다.[9]

〈메두사의 웃음〉과 〈출구〉 사이에 상당한 차이들이 있음에도 불구하고, 이 두 텍스트는 하나의 목적과 다수의 내용을 공유한다(식수의 글쓰기에서 이런 점은 알려지지 않은 것도 아니고 이상하지도 않은 상황이다. 그녀의 텍스트들은 암시와 의미의 복잡한 거미줄을 만들면서 서로를 안팎으로 교집交集한다). 두 글 모두 최소한 부분적으로는 가부장적 사회가 여성을 '타자'로 만들어온 수단과 방법, 즉 어떻게 가부장제가 지속적으로 여성 개인으로서의 존재와 표현을 부인해왔는지에 대해 논한다(2장을 보라). 그에 대한 식수의 대응은 새로운 형식의 글쓰기—여성적 글쓰기 écriture féminine—를 그려보는 것이었다. 이런 글쓰기는 가부장적 담론 규칙의 바깥에 있으며 더 이상 그 규칙에 얽매이지 않는다. 식수는 풍자와 논쟁, 유머와 철학, 정신분석과 섹슈얼리티의 담론들을 자유롭게 차용하여, 이런 담론들을 자신이 발견한 것들과 안팎으로 엮고, 자신의 생각들을 이해시키기 위해 필요하다고 생각하는 모든 것을 사용한다. 〈메두사의 웃음〉과 〈출구〉는 그런 과정에서 중요한 텍스트들이다. 그 글들은 어떻게 여성적 글쓰기가 성취될 수 있는가에 관한 식수의 사유에 중요한 통찰을 제공한다. 그러나 그 두 글이 전부는 아니다. 그럼에도 불구하고, 이 두 글은 번역 이후 오랫동안 너무 자주—그리고 그릇되게—식수 전체 저작을 대표해왔다. 수많은 비평물에서, 독자에게 보여지는 식수는 한두 페이지, 몇몇 문단들과 구절들로 대충 그려진 캐리커처로 환원되었다. 똑같은 인용구들이 뻔하게 끊임없이 인용되었다. 식수의 다른 작업과 생각들을 인식하고 수용하는 데에 엄청난 제한을 가하면서 말이다. 여전히 아쉬운 것은, 영미권 주류 학계 공동체에 식수가 잘 알려져 있다 하더라도, 그녀는 오직 〈메두사의 웃음〉과 〈출구〉의 저자로서만 알려져 있다는 점이다.

영미권 상황의 제한들에 대해 그녀는 한 인터뷰에서 격분했다. 그 인터뷰는 프랑스계 캐나다 학자인 미레이유 칼-그뤼버 Mireille Calle-Gruber와의 대담이었고 1994년 출판되었다.[10] 여기서 식수는 이 두 글이 만들어낸 기대, 그리고 그녀가 여전히 이 글에 대해 얼마나 자주 질문받는지에 대해 이렇게 말한다.

나는 '성차'에 관한 담론에서 일반적으로 나타나는 어떤 계기의 긴급함 때문에 이 글들을 쓰게 된 겁니다… 나는 글쓰기를 시작할 때 전략을 짜고 심지어 군사적 제스처를 취하는 사람으로서의 나 자신을 전혀 생각해본 적이 없어요. 방어선을 따라 진영를 구축하는 일 같은 제스처 말이에요. 그건 나에게는 너무 낯선 제스처예요.(p. 5)

식수는 이 글들을 쓴 것에 대해 후회한다고 말하는 것이 아니다. 그녀가 말하듯 "'방어'하는 것은 때로는 필요하다"(p. 6). 그러나 그녀는 자신의 다른 저작들을 제쳐두고 쉴 새 없이 그 두 글들, 그리고 그 두 글과 가장 유사한 글들만 언급하는 것이 "평가하는 데에 오류들을 만들고 있다"고 느낀다. "왜냐하면 이론가처럼 꼿꼿한 자세를 취하는 것은 내 의도가 아니기 때문이다"(p. 7). 식수는 칼-그뤼버에게 〈메두사의 웃음〉과 〈출구〉를 쓰면서 "나 자신의 기반을 떠났다"고 강조한다(p. 5). 이는 그 글들이 자신의 정치적 헌신에서의 어떤 변화를 보여준다는, 즉 단순히 이 글들을 쓸 때 정치적 헌신이 표현되는 방법이 바뀌었다는 의미가 아니다. 식수의 초기 이론이 이른바 방어선을 구축하는 것이었다면, 그녀의 현재의 "활약장" 혹은 "전장"은 자신의 "시적 글쓰기, 언어, 픽션"에 있다고 칼-그뤼버는 결론 내린다(p. 7). 이런 "시적" 텍스트들은 독자들에게 일정량의 작업을 요구한다. 식수의 훨씬 분명한 이론적 글에서는 항상 그런 것은 아니지만, 더욱 문제적인 이런 [시적] 텍스트들을 읽는 데 드는 수

고는 꽤 만족스러운 보상으로 돌아온다. 여성적 글쓰기의 성격을 가장 잘 보여주는 이 글들이 종종 첫눈에는 가장 덜 이론적으로 보이는 것은 식수 전작의 역설들 중 하나이다. 식수의 '이론'에 대한 이 책의 상당 부분은 식수의 픽션과 연극적 글쓰기에 대한 논의로 이루어질 것이다(3장을 보라).

'진짜' 엘렌 식수

엘렌 식수는 다방면의 작가이다. 픽션 작품들의 창작자,[11] 극작가, 이론가, 오페라 극작가, 시나리오작가, 비평가, 서평가, 철학자, 시인, 정치 액티비스트, 인문학자, 교수, 문화평론가, 자전적 연대기 작가—그녀의 작업은 다양한 글쓰기의 영역들에 걸쳐 있다. 그녀의 글쓰기의 어떤 한 부분이 훨씬 더 중요하며 나머지 다른 것들과 분리될 수 있다는 생각은, 면밀히 들여다보면 타당하지 않다. 식수의 글쓰기의 각각의 면모들은 그녀의 전작을 구성하며 한데 모아지는 다른 면모들과 대화하고 있고 서로 의존하고 있다. 이런 구성, 즉 이렇게 텍스트들을 한데 모음으로써, 특정한 상호연결성이 만들어진다—이 상호연결성은 식수가 수년간 거의 공생적이면서 애정 어린 관계를 함께 발전시켰던 다른 저자들의 글로 확장되는 것이다(특히 5장을 보라). 식수의 글에 나타난 목소리들은 식수에게서 독립하여 독자적 생명을 가진다. 인용구, 패러프레이즈, 암시, 패러디, 텍스트적 복화술 행위 등은 보통 같으면 작가의 말이라고 불릴 것들과 나란히 놓인다. 그녀의 글들은 다성적multi-vocal이며 변화무쌍하다. 특정 지점에서 말하는 이가 누구인가 하는 것이 항상 분명한 것도 아니다. 이런 상황은 우리가 일반적인 장르 규칙이 깨졌음을 알게 되었을 때 더 복잡해진다. 이런저런 텍스트로 눈을 계속 돌려도, 우리가 소설을 읽는 것인지, 혹은 연극을, 혹은 이론을 읽고 있는 것인지 제대로 말할 수 없다. 모든 것이 동일한 글쓰기의 직물에 엮여 있다. 범위라는 관념 때문에 관습이나 경계, 규칙을 무시하는 데에 불편해지고, 어렵지만 보상이 뒤따르는, 진지하면서도 유희적이고, 유머러스하고 시적인, 심지어 간혹 자기모순적인 식수의 글쓰기는 언제나 규정을 피해 가는 복잡하면서도 빛나는 특질을 지니고 있다. 대부분 이것은 그녀가 주제, 성격, 형식, 스타일 등의 문제들에 서로 달리 접근하는 데서 유래한다. 정확히 말하자면, 그와 같은 다름에는 많은 여지餘地가 있기 마련이다—그녀의 작업량은 꽤 방대하다. 프랑스어(그녀의 글 대부분이 프랑스어로 쓰여 있다)로만 그녀는 60권에 달하는 단행본들을 출판했고, 또한 150편의 글들이 그녀의 이름으로 발행되었다. 식수의 글들은 영어를 비롯해 포르투갈어, 덴마크어, 네덜란드어, 독일어, 이탈리아어, 노르웨이어, 폴란드어, 슬로바키아어, 스페인어, 스웨덴어 등 다양한 언어로 번역되어 있다.[12]

여성적 글쓰기écriture féminine의 언어

언어는 아주 깊이 뿌리내리고 있고, 글쓰기의 중요한 자양분을 공급한다. 식수는 어느 누구도 "어린 시절 받았던 언어라는 선물이 없었다면 글을 쓰지 못할 것"이라고 칼-그뤼버에게 말한다(*Rootprints*, p. 38). 그녀는 1937년에 오랑Oran이라는 곳에서 태어났다. 지중해 연안의 항구인 오랑은 당시 프랑스 식민지였던 알제리의 북서부에 위치해 있다(오랫동안 극심하고 끔찍한 전쟁을 치른 후, 알제리는 1962년에 독립국이 된다). 식수의 가정 배경은 복잡하다. 그녀의 어머니 이브 식수(클라인Klein이라는 이름으로 태어남)와 가족들이 오미Omi*라고 불렀던 그녀의 외할머니 모두 동유럽계 아쉬케나지 출신이었다. 그녀의 아버지 조르주 식수는 지중해 연안의 세파디 유대인 출신이다(그의 조부모들은 19세기에 모로코에서 오랑으로 이주했다). 그녀의 어머니와 할머니 모두 동유럽 유대인의 공용어인 독일어를 썼다. 아버지의 첫 언어는 프랑스어였지만 그는 스페인어도 한다. 할머니가 프랑스어를 잘하지 못해서, 집에서 가족들은 독일어로 대화를 하곤 했다. 그녀의 어린 시절의 기억에 대한 글인 〈앨범과 전설Albums and Legends〉에서, 프랑스어를 쓰는 아버지는 이런 상황에 잘 적응했고 "제임스 조이스가 그랬듯이, 가족의 관용어가 된 독일어로 전체 체계를 구축했다"고 회상한다.[13] 식수는 언어에 대한 존중과 사랑, "말의 기교와 다재다능"이 이런 배경에서 추적될 수 있다고 생각한다(*Rootprints*, p. 198). 그녀가 또 다른 어린 시절을

---

* 'Omi'는 독일어로 '할머니'를 의미한다.

회상하면서, "나의 알제리앙스, 말하자면 알제리를 떠났지만 도착하지는 못하는" 그녀의 어머니와 아버지는 "한 언어에서 다른 언어로 유쾌하고 능수능란하게 옮겨 다녔다"—프랑스어, 독일어, 스페인어, 영어, 아랍어, 히브리어로 대화하면서 말이다.[14] 식수는 프랑스어로 글을 쓰긴 하지만, 아웃사이더로서 글을 썼음을 인정한다. 식수는 영문학으로 박사 학위와 교수 자격을 얻었다. 그녀는 브라질어(브라질-포르투갈어)와 러시아어를 잘 읽는다. 뿐만 아니라 그리스어와 라틴어를 포함한 수많은 다른 언어들에 대한 지식도 갖고 있다. 독일인 어머니와 할머니, 언어유희를 즐기는 아버지, 그리고 자신의 다국어 사용 덕분에, 그녀는 자신이 "프랑스어와의 이질적인 관계"라고 불렀던 것을 스스로도 가지고 있는 셈이다(*Rootprints*, p. 84). 글쓰기가 나오는 것은 바로 이 낯섦으로부터인 것이다. 그녀는 "어머니의 언어/모국어mother tongue"인 독일어의 소리와 리듬 속에서 가장 편안함을 느끼지만, 글쓰기에는 오직 프랑스어에서만 발견될 수 있는 거리와 낯섦이라는 약간의 흥분frisson이 필요했음을 인정한다.

글쓰기와 프랑스어 사이의 이런 친밀한 연결 때문에 식수의 번역을 읽는 독자들은 많은 어려움을 겪는다. 글쓰기는 언어를 횡단할 때 변화된다. 한 언어에 중요한 말과 구절들이 다른 언어에서 동일한 가치를 갖고 있는 것은 아니다. 이는 식수와 같은 작가의 경우에서 더욱 중요하다. 언어는 그녀에게 글을 창조하는 매개체이기만 한 것이 아니라, 정치적 투쟁의 장이기 때문이다. 식수의 글쓰기는 신조어들, 중의적 말들, 언어유희, 두운頭韻

과 시적 반복들로 가득하다. 또한 문법적 성을 유희하면서 그것들을 전도시키기도 한다(프랑스어로 명사들은 '남성명사'이거나 '여성명사'이다—영어에는 그런 구분이 존재하지 않지만 말이다). 식수는 언어의 힘과 잠재성을 신뢰한다. 그녀가 칼-그뤼버에게 인정하다시피, 언어는 언어의 경제 안에서 "위협적"이고 "중독적"이다. "문자 하나, 마침표 하나, 쉼표 하나를 바꾸면 모든 것이 변한다. 무한성으로의 탈출이다"(*Rootprints*, p. 22). 식수의 이런 언급은 어떤 중요한 문제를 보게 한다. 언어란 각각의 기호들이 엄청난 힘을 품고 있을 가능성이라는 칼날 위에 위태로이 있는 것이라면, 우리가 한 텍스트 전체를 다른 언어로 옮길 때 어떤 종류의 효과가 생산될까? 모든 의미가 상실되는 것도 하나의 위험일 수 있겠다. 그러지 않더라도 최소한 모든 이해가능한 인식들 너머로 [의미가] 뒤틀려버리거나 할 것이다. 어느 정도는 이런 일이 분명히 일어난다. 1999년의 인터뷰에서 볼 수 있듯이, 그녀가 "언어를 탐험하는 작가" 중 한 명이라는 사실은 그녀의 글이 어느 정도는 거의 "번역할 수 없음"을 의미한다.[15] 번역자는 식수의 텍스트들을 다른 언어로 정확하게 복사할 수 있다는 희망을 버려야 한다. 최소한 단어 대對 단어로 옮길 수는 없는 것이다. 대신, 식수는 이렇게 말한다.

그것[번역]은 그런 문제들에 대해 알고 있는 사람, 언어들을 들을 귀가 있는 사람을 필요로 합니다. 그리고 언어의(여기서 언어는 기표들을 의미) 특수한 효과들은 보존될 수 없으니, 번역된 글에서 그에 대응하는 것을 발견할 수는 없어요. 우리는 그 효과들을 전치displace함으로써 대응물을 찾아야 할 겁니다.(p. 339)

그러므로 식수의 번역자들은 즉흥적일 대비를 해야 한다. 번역자들은, 식수의 표현을 빌자면, "충실하지 못함으로써 충실해야" 한다(p. 339). 번역은 대화와 상호작용을 통해 일어난다. 이런 과정이 잘 작동할 때라야 두 언어, 두 편, 즉 번역자와 저자를 완성된 작품의 창조물 안에서 서로 연루시킬 수 있다. 그러나, 저자와 번역자 모두 서로 "대응되는 것"을 탐색하고 번역자와 공감하면서 논의하는 것이 자주 가능하긴 하지만, 이것이 항상 이루어지는 것은 아니다(p. 339). 그래서 "번역가들이 위험과 책임을 감수하는 것, 여기에 있는 어떤 것을 포기하고 반대로 저기에 있는 어떤 것을 발명하는 것"이 때로는 필수적이라고 식수가 말하는 것이다(p. 339).

이처럼 고치고 발명하는 과정은 두 언어로 출판된 《오랑주 살기Vivre l'orange/To Live the Orange》(1979)에서 작동한다(영어 텍스트는 왼쪽의 짝수 페이지에 있고 프랑스어 텍스트는 오른쪽의 홀수 페이지에 있다).[16] 《오랑주 살기》는 두 언어가 평행으로 쓰여서 비교를 가능하게 할 뿐만 아니라, 식수 자신이 앤 리들Ann Liddle과 새라 코넬Sarah Cornell의 번역을 재작업한다는 면에서 주목할 필요가 있다. 이 글은 영어와 프랑스어 텍스트가 다양한 음영을 표현하며 서로를 안팎으로 넘나들게 만든다. 이는 흥미로운 효과들을 생산한다. 언어는 안으로 엮여든다. 프랑스어 "Appeler ⟨tu⟩ chaque chose"(p. 103)는 영어 텍스트 안에서 "To call each thing ⟨tu⟩, o du! voce! tu! εσν!"가 된다(p. 102). 페이지가 거듭될수록 프랑스어 텍스트의 단어 "voce!"는 영어 텍스트의 "o du!"가 된다(p. 104).* "voce!"는 뒤에 영어 텍스트의 어떤 지점에서 나타나는데, 그 지점을 보면 프랑스어 텍스트에는 대응하는 단어가 없다(p. 104). 이와 같은 많은 굴절과 변화들 때문에 우리는 《오랑주 살기》에서 식수가 아주 느슨하고 생생한 붓놀림으로 언어에서 그림을 그리고 있음을 보게 된다. 수많은 지점에서 그녀는 단어들의 의미와 소리로 유희한다. "오렌지Orange"와 "오랑Oran"(식수의 출생지), "Pomme〔사과〕"와 "Apple" 등의 단어들은 한 텍스트에서 다른 텍스트로 자유롭게 움직인다—여기에 있는 어떤 것을 포기하고 저기에 있는 다른 것을 발명하는 것이다(가령 pp. 64~65를 보라). "I am foreigne〔나는 낯선 자〕"이라는 구절이 영어 텍스트 어느 지점에서 갑자기 나타나는데(p. 40) —또, 그에 해당하는 구절이 프랑스어 텍스트에는 없다는 점도 매우 의미심장하다. "낯선/외국의foreign" 텍스트(가령 비-프랑스어 텍스트) 내에 이런 낯섦foreignness을 포

---

* 'Appeler ⟨tu⟩ chaque chose'는 '각각의 사물을 ⟨tu(가까운 '당신')⟩라고 부르기' 정도로 번역할 수 있는데, 이것이 해당 글의 영어 번역본에서는 ⟨tu⟩가 du(독일어로 가까운 '당신'), você(포르투갈어로 '당신'), σύ(고대 그리스어로 '당신')의 변주처럼 수정되고 발명되면서 번역자에 의해 덧붙여지고 있다.

함시키는 것은, 식수의 아버지가 하곤 했던 조이스적 농담을 자기 방식으로 만든 것 같다. "foreinge"이라는 단어는 마치 조이스가 발명한 것처럼 보인다. 조이스의 작품들은 식수에게 매우 친숙했다. 그녀의 박사 학위 연구의 주요 줄기는 조이스에 대한 것이었고, 1969년에 출판된 그녀의 방대한 박사 학위 논문인 《제임스 조이스의 추방 혹은 바꿈의 예술L'Exil de James Joyce ou L'art du remplacement /The Exile of James Joyce or the Art of Replacement》은 표준적인 프랑스 박사 논문의 두 배 분량이었다.[17] 그러나 "foreigne"은 또한 문법적 젠더에 대한 정치적 유희이기도 하다. 프랑스어에서 형용사 "foreign"은 남성적étranger이거나 여성적étrangère일 수 있다.

영어 단어 "foreign"에 "-e"라는 어미를 붙임으로써, 식수는 영어의 "여성적" 형용사에 해당하는 것을 창조한다.[18] 낯선 자의 여성성을 강조하면서, 식수는 아마도 자신과 프랑스어와의 "낯선 관계"를 암시하고 있는 것일지도 모르겠다—낯선 자라는 생각은 자신의 가정 배경뿐만 아니라 그녀가 여성이라는 사실에서도 연원한다. 여성으로서 그녀는 낯선 이였고, 타자였으며, 남성적 의미화 경제의 외부에 있는 사람이었다(2장 참조). 영어 텍스트의 "I am foreigne"이라는 말은 "여성으로서 나는 프랑스어에 '속하지' 못한다"라는 생각을 불러일으킨다—그럼으로써 또 하나의/다른 "언어", 즉 여성적 글쓰기écriture féminine를 요구하는 것이다.

앞에서 언급한 것처럼, 주석이 아무리 많아도, 그리고 그것이 철저하다 해도 식수의 글에 있는 테마들과 변주들 모두를 옮길 것이라 희망할 수는 없다. 무슨 일이 일어나는지 설명하려는 욕망과 텍스트 자체가 들려질 수 있는 (혹은 최소한 "의식적" 수준에서는 들려지지 않을 수 있는) 공간을 남겨둬야 할 필요 사이에 균형이 유지되어야 한다. 식수의 글쓰기가 본래 언어(들)에서 번역되거나 옮겨지면 어떤 것은 상실될 것이다. 그 많은 시적 뉘앙스들은 특히나 전달되기가 어렵다. 그러나 식수가 비-프랑스어권 공동체에서 더 잘 알려지고 논의되면서, 더욱 많은, 미묘하고 "불충실하게 충실한" 번역의 기회들도 늘어났다. 이것은 특히 영어의 경우에 그러하다. 영어 번역 과정에 식수는 자주 어느 정도 연관되어 있다. 그러므로 현재 이 책이 주요하게 영어권 청중들에게 말을 건네는 것인 만큼, 많은 사례와 논의 지점들을 식수의 현존하는 광범위한 영어 번역들로부터 끌어올 것이다. 프랑스어로만 가능한 텍스트로부터 인용하는 것이 불가피했다면, 그 구절의 번역은 원본 텍스트 바로 다음에 꺾쇠괄호로 표기할 것이다.

알제리Algeria

엘렌 식수는 어린 시절 반-유대주의와의 조우들에 대해 여러 번 글을 썼다.[19] 〈글쓰기로의 도착Coming to Writing〉에서 그녀는 다음과 같이 쓴다. "내게는 두 홀로코스트 사이에 있는 격렬한 온상에 내 첫발을 내디딜 수 있는 '행운'이 있었다. 인종차별의 한

복판에서, 1940년 당시 세 살 아이이자 유대인인 나의 반쪽은 강제수용소에 있었고, 다른 반쪽은 '식민지'에 있었다."[20] 유럽 파시즘의 확산—특히 독일에서 점점 커졌던 히틀러의 권력(2차 세계대전과 홀로코스트를 초래한 권력)—은 그녀 생애의 초반에 그늘을 드리웠다. 알제리 민족주의의 부상은 그녀의 어린 시절 후반기를 황폐하게 만들었다. 전쟁 중, 의사였던 식수의 아버지는 유대인이라는 이유로 비시Vichy 정권에 의해 병원을 그만두어야 했다. 학교도 금지되어 식수는 집에서 교육을 받았다(심지어 전후에는 꽤 오랫동안 그녀는 고등학교에서 유대인 학생들로만 구성된 학급에 있었다).[21] 그녀의 대가족 구성원들 중 많은 이들이 강제수용소에서 나치의 손아귀에 의해 운명을 다해야 했다(Rootprints pp. 190~195). 전후 식수의 아버지는 가족을 데리고 오랑에서 알제Algiers로 이사했는데, 그녀는 이를 "거대한 자유의 제스처"라고 불렀다(Stigmata, p. 160). 가족은 알제의 "프랑스인" 거주지역에서 사는 것 대신에, 클로 살랑비에Clos Salembier*라는 "알제리인" 지구에 정착했다. 그의 아버지 살아생전에는, "아랍" 이웃들과는 불편한 평화가 형성되었다. 식수의 아버지가 1948년 결핵으로 돌아가신 후 (그는 고작 스물아홉이었다), "일상적 포위"의 상태 같은 어떤 것이 뒤따랐다(p. 189). 고양이와 개의 시체들이 집 뜰의 벽 너머에서 투척되었다. 식수와 그의 동생

---

* 현재 그 지역은 알-마다니야El-Madania이다.

피에르를 쫓아다니며 때리는 이들이 있었다. 한번은 거리 한복판에서 침 세례도 받은 적이 있다. 식수가 〈나의 알제리앙스〉에서 언급하듯이, 고독, 폐쇄, 소외, 편견들은 지배적인 주제가 되었다. "우리는 이 이웃들에게 결코" "거주민들"이 아니었다… 우리로부터 오십 미터 멀찍이 떨어져 있던 오만 명의 주민들은 우리에겐 불가해한 존재들이었다"(p. 160).

아버지의 이른 죽음을 둘러싼 경험들은 그녀의 생과 작품에 강하게 각인되었다. 1969년에 메디치 상을 받았던 식수의 최초의 픽션 《내부Dedans》(영어로는 'Inside'로 번역됨)는 아버지의 죽음과 잊을 수 없는 기억을 썼던 많은 시도들 중 첫 작품이다.[22] "〈무의식의 장면에서 역사의 장면으로From the Scene of the Unconscious to the Scene of History〉라는 제목의 글(1987년 유트레히트대학에서 행한 강의의 번역본)에서는 《내부》가 "죽음과 레버넌트(유령처럼 죽음에서 돌아옴)에 이르기까지 아버지를 찾아 헤매면서, 필연적으로 아버지 내부에서 쓰여진 것"이라고 말하기도 한다.[23] 《내부》를 쓰면서 식수는 "나"의 기원들을 탐색한다— 현재를 살아가는 지금의 이 사람을 만든 심리학적 흔적을 따라 과거로 되돌아가기도 하면서 말이다. 별로 놀랍지 않은 일이지만 〈무의식의 장면에서 역사의 장면으로〉에서 이런 탐색에 대한 식수의 묘사는 매우 정신분석적인 용어들로 표현되고 있다. 즉 "'나'는 아버지 안에 있고, 아버지는 내 안에 있다. 그는 나에게 출몰하고 나는 아버지를 살아낸다. 아버지와 언어 사이, 아버지와 '상징계' 사이에는 어떤 관계가 존재한다"(p. 4). 그러나

《내부》가 주체의 발생, 상실과 죽음에 대한 경험의 효과, 그리고 원초적 혹은 전오이디푸스적 장면에서 빠져나와 언어라는 "상징계"로 들어가는 과정에 대해 기록하고 있으면서도(2장을 보라), 그것은 또한 편협하고 억압적인 사회의 효과를 심문하기도 한다. 발견과 자아-각성self-realization의 과정이 처음 일어난 것은 어렸을 적 아버지의 죽음에 대한 사유를 통해서였다. 그리고 《내부》의 두 번째 부분에서는 지금 어른인 "나", 그녀의 어린 시절의 도시로 돌아가는 "나"와 함께 한다. 많은 식수의 글들에서 볼 수 있듯, 삶과 픽션 사이의 구분선은 너무 가늘어서 거의 존재하지 않는 것 같다. 짧은 경구 다음에, 그 글의 첫 장이 다음과 같이 시작한다. **"우리 집은 둘러싸여 있다. 쇠창살로 둘러싸여 있다. 내부에,** 우리는 살고 있다. 외부에, 그들은 오만 명이고 그들이 우리를 에워싸고 있다"(p. 7). 이 이미지는 은유적이면서도 (그것이 전오이디푸스적 모자의 이자二者관계라는 자궁 같은 상태를 재현한다고 말할 수도 있다는 의미에서), 또한 자전적(이 이미지는 클로 살랑비에에서의 그녀의 삶의 기억에 가 닿아 있다)이기도 하다.

남편과 사별하고, 식수의 어머니는 산파로 일했다. 식수는 자주 어머니의 일터로 어머니와 동행했고, 출산하는 많은 여성들을 보았다. 〈글쓰기로의 도착〉에서 식수는 "출산하는 여성을 보는 일이 즐거웠다"고 말한다(p. 30). 1955년 식수는 결혼을 하고 1958년과 1961년 사이에 딸 하나와 아들 둘(아들 하나는 힘든 시절 이듬해에 죽었다)을 낳는다. 출산을 실제로 보고 또 경험도 하면서, 식수는 어머니가 된다는 것이 여성으로 하여금 다른 사람과 한 몸을 공유하는 독특한 경험을 하게 한다는 것에 놀라게 된다. 그가 여성에게서 봤던 이런 능력, 어머니임을 통해 경험될 수 있는 '타자'와의 이런 특별한 관계는 식수가 자신의 이론적 영역을 기획하게 되었을 때 아주 중요한 고찰이 되었음이 밝혀진다(2장). 〈글쓰기로의 도착〉에서 식수는 글쓰기의 정신적 과정과 그 효과들을 출산과 비교한다(이 책의 프랑스어 원본의 제목은 'La Venue à l'écriture'인데, 이는 또한 'Her Arrival/Birth in Writing〔글쓰기로의 도착/탄생〕'으로도 번역될 수 있다).[24] 글쓰기가 "낯섦을 받아들이는 살flesh"로부터 만들어진다고 주장하면서(*Coming to Writing*, pp. 38~39), 식수는 이런 글쓰기를 낳으려는 동기가 "어머니가 우주를 쓰고, 아이가 그것을 이해하고 명명하게끔 하는 것과 비슷하다"고 언급하기도 한다(p. 51).

식수는 알제리에 대해 양가적이다. 이런 양가성은 심지어 자신의 이름에서도 드러난다. 식수—프랑스어로는 "발음하기가 어려운" 이 이름은 "베르베르족의 이름"이었던 것으로 드러난다(*Stigmata*, p. 158). 〈무의식의 장면에서 역사의 장면으로〉에서, 식수는 자신이 알제리에서 어린 시절에 겪은 "낯섦, 추방, 전쟁, 그리고 평화라는 환영의 기억, 애도 그리고 고통"이 "인간의 뿌리는 경계를 모른다"는 점을 알게 해주었다고 쓴다(p. 2). 1955년에 결혼을 한 후(1964년에 이혼한다), 식수는 알제리를 떠나 파리로 이주한다. 파리에서 그녀는 영어로 아그레가시옹agrégation (교원자격시험)에 매진하기 시작했다. 프랑스로의 이주는 여러 면에서 중요하다. 우선, 그녀가 〈앨범과 전설〉에서 언급하다시피 "반유대주의는 알제리보다 파리에서 비교할 수 없을 정도로 약하다"(p. 204). 그러나 그녀가 반유대주의의 그늘을 벗어나자마자 다른 종류의 배제가 떠올라 그 자리를 대신했다. "나는 어느 순간 내가 받아들이기 힘든 이 세상의 진리, 내가 여자라는 진리를 배우게 됐다. 바로 그때부터 전쟁이었다. 나는 여성 혐오의 분노와 악취를 느꼈다"(p 204). 이 지점에서부터 그녀는 "문학적 국적이랄 수 있는 상상 속의 국적을 채택했다"고 언급한다(p. 204). 식수는 "작가"이자 "시인"이 되었다. 의대생이었던 그녀의 남동생은 보르도에서 학업을 마치기 위해 1961년에 알제리를 떠났다(그는 곧 1962년에 되돌아간다). 다른 한편, 식수의 어머니는 전쟁과 독립 후 몇 년 동안 알제리에 머문다. 전쟁 중에, 알제리의 많은 프랑스 건물들이 민족주의적인 민족해방전선Front de libération nationale, FLN에 의해 불타버렸다. 소문에 따르면 식수의 어머니는 지역의 산파라서 어머니의 집만이 그런 운명에서 벗어났다(Stigmata, p. 160). 그럼에도 불구하고 그녀의 어머니는 다른 "프랑스" 알제리인들을 따라서 결국에는 1971년에 추방된다.

프랑스

1959년 식수는 아그레가시옹을 통과했다. 그녀는 보르도대학과 파리의 소르본에서 자리 잡기 전에 고등학교lycée에서 몇 년 동안 가르쳤다. 1960년에 그녀는 장-자크 마이유Jean-Jacques Mayoux의 지도하에 제임스 조이스에 대한 박사 학위 논문을 쓰기 시작한다. 2년 후 1962년, 식수는 자크 데리다Jacques Derrida를 만났다. 데리다 또한 작가로서의 경력을 막 시작하고 있었는데, 그 만남은 둘 사이의 오랜 관계의 시작이었다(4장과 5장). 식수가 칼-그뤼버에게 전하듯이, 그녀와 데리다는 "종종 동일한 미스테리들에 매혹되고, 흥미를 보였으며, 탐구하고, 추동되고, 괴로워했다"(*Rootprints*, p. 81). 1967년에, 식수는 박사 학위 논문을 아직 완성하지 않았음에도 불구하고 (그녀는 이듬해에 완성한다), 낭테르대학교 영문과 교수직을 얻게 된다. 바로 그 후 1968년 5월 사건 후에, 식수는 뱅센의 실험대학교인 파리 8대학의 창설 과정에 깊이 관여했다(1978년 이후 파리 8대학은 생드니에 자리 잡고 있다). 상대적으로 자유롭게 재량을 가지면서, 그녀는 질 들뢰즈Gilles Deleuze, 제라르 주네트Gérard Genette, 미셸 푸코Michel Foucault, 츠베탄 토도로프Tzvetan Todorov, 그리고 수많은 라틴 아메리카 작가들의 교수진 지명을 감독했다. 또한 식수는 주네트와 토도로프와 함께 학술지 《포에틱Poétique》을 만드는 데에도 관여했다. 이듬해에 그녀는 파리 8대학의 교수로 지명되어 1974년에 여성학Etudes Féminines 박사과정을 열었다. 그것은 유럽에서는 최초의 과정이었으며, 꽤 복잡한 역사를 견뎌냈다. 그 과정은 때때로 "공식적" 지위가 주어지기도 했지만, 또 다른 때에는 승인이 취소되기도 했다—매번 정부의 이데올로기 입장에 달려 있었다. 그것의 공식적 지위는 여전히 불분명하다(2002년 여름 현재 시라크 정부는 또다시 여성학 박사과정을 승인하기를 거부했다). 이와 같은 변동들에 대한 대응으로, 1980년에 식수는 여성학연구센터Centre de Recherches en Études Féminines를 창설했다. 센터는 수많은 학부 및 대학원 프로그램을 제공하고 있다. 이런 프로그램들과 더불어, 식수는 박사과정 연구 세미나를 시작한다(이것이 센터 내에서 박사과정을 위한 것으로 계획되었음에도 불구하고, 세미나는 공식 자격 조건을 위한 필수 조건 없이도 높은 수준의 연구에 참여할 수 있는 공간이었다—세미나에 참석하는 많은 이들이 이미 다른 기관에서 박사 학위를 가진 사람들이기도 하다). 매년 다양한 주제와 문제를 탐구하고, 여성 저자나 남성 저자의 텍스트들을 읽기 위해 전 세계의 학자들과 대학원생들이 이 세미나에 참석하고 있다. 식수가 진행한 세미나의 영어 번역본이 3개의 선집으로 되어 있다(5장).[25]

여성해방운동Mouvement de Libération des Femmes, MLF의 창립자 중 한 명인 앙투와네트 푸케Antoinette Fouque와 만남의 자리를 가진 후, 1975년에 식수는 정치적 선택의 일환으로서 자신의 작품들을 푸케의 출판사인 데 팜므Des Femme와 독점 출판하기로 했다. 많은 연극 작품들, 수필 선집과 몇몇 소설 작품들 외에도, 데 팜므와의 독점적 관계는 20년 이상 지속되었다(식수의 현재 출판사는 갈릴레Galilée이다). 또 다른 중요한 문학적 만남은 1977년에 일어났다. 식수에게 브라질 작가인 클라리시 리스펙토르Clarice Lispector의 작품이 〔자신의 이론의〕 사례들로 나타나게 된 것이다(3장, 5장. 안타깝게도 식수와 리스펙토르는 개인적으로 만난 적이 없다—리스펙토르는 1977년 말에 암으로 사망

했다). 식수는 그녀의 책을 읽고 압도되어 매우 기뻐했다. 그녀는 식수 자신의 이론 작업에서 설명했던 바로 그 방식으로 글을 쓰는 한 여성을 처음으로 리스펙토르에게서 발견한 것이다 (이 지점까지, 식수의 주요 사례들은 남성 작가들에게서 왔다—셰익스피어Shakespeare, 클라이스트Kleist, 카프카Kafka, 주네Genet 등). 1980년대 초반에 아리안 므누슈킨Ariane Mnouchkine은 식수에게 태양극단Théâtre du Soleil을 위해 글을 써줄 것을 요청했다. 므누슈킨과 태양극단과 했던 그녀의 공동 작업은 그녀의 이론적 글쓰기에 추동력과 방향을 제공하는 데 도움이 되었다(3장). 1990년대 내내 파리 8대학에서 가르치는 동안, 식수는 북미의 다수의 방문교수직을 맡았다. 그녀는 미국, 캐나다, 영국, 스코틀랜드 등의 대학들로부터 명예박사 학위를 받기도 했다. 그녀는 또한 1994년도에 레지옹 도뇌르 훈장Légion d'honneur도 받았다. 1990년대 초 이후, 식수의 많은 텍스트들이 영어로 번역되었다. 그녀의 작품은 문학, 철학, 신학, 사회인류학, 젠더 연구 등의 영역들과 연결되면서 매우 풍부한 학제적 호소를 이끌어낸 것으로 인정된다. 엘렌 식수는 자신의 시기를 파리와 프랑스 남부 사이로 나누며, 지속적으로 글을 쓰고 있다.

　이 책은 식수 전작에 대한 종합적 연구를 제공하지 않는다 (그것은 이런 종류의 단행본으로는 불가능한 일이다). 대신 특정 주요 텍스트들을 위주로 다루면서, 수년에 걸쳐 발전하고 변화해온 식수의 글쓰기에 대한 이론적 방법, 즉 여성적 글쓰기écriture féminine를 다룰 것이다. 다음 장인 '여성적 글쓰기'는 식수의 글

〈출구〉(와 다른 몇몇 텍스트들)를 자세하게 살펴보며 1970년대 중반의 여성적 글쓰기의 이론적 틀을 추적할 것이다. 그리고 여성적 글쓰기의 중심에는 자아가 비-자아("타자")를 상호 존중, 조화, 사랑 속에서 탐구하고 경험할 수 있는 공간, 즉 비-착취적 공간을 만들려는 욕망이 존재함을 보여줄 것이다. 타자에 대한 "여성적" 접근은 아낌없이 줌이다. 그것은 타자의 차이를 전유하고 무화시키려는 ("남성적") 충동을 회피한다. 그것은 타자를 "타자"로서 남을 수 있도록 허용한다. 그와 같은 글쓰기의 "여성적" 접근이 여성들에게 더 쉬운지에 대해 논의하면서도, 식수는 여성적 글쓰기를 여성들만의 영역으로 생각하지 않는다. "남성적"과 "여성적"의 함축을 경계하면서 식수는 자신의 이론을 비-젠더-특수성의 "리비도적 경제들" 내에 재위치시킨다. 식수는 여성적 글쓰기가 글쓰기의 "실천"임을 강조하고 싶어 한다. 식수의 픽션과 연극에 관한 장(3장)은 식수의 소설과 연극 텍스트들을 선별하여 살펴보면서, 여성적 글쓰기를 착안하게 된 생각들이 어떻게 이와 같은 장르들과 수년간 연결되고 그 안에서 변화해왔는지 탐구할 것이다. 더불어 초기 텍스트들로 시작해서, 식수의 "이론"과 실천 사이의 표면적인 차이를 볼 것이다. 그러면서 초기 텍스트들이 자아-탐구와 실험의 필수적 기획에 연계되어 있음을, 즉 여성적 글쓰기로 가는 길을 닦았음을 주장할 것이다. 1970년대 후반과 1980년대 초기 글들은 식수가 1980년대 중반 태양극단과 함께한 작업들을 검토하기 전에 먼저 살펴볼 것이다(극단과 함께 한 작업의 중요성은 이미 언급했다). 그런 다음 1980년대 후반부터의 식수의 글쓰기의 탐구와 함께 모든 논의를 마무리 지을 것이다—그녀의 훨씬 최근의 작품은 "타자의 글쓰기"라는 이상에 다다른 것처럼 보이긴 하지만, 새로운 관심과 문제들이 그녀의 글쓰기 공간 안으로 진입했다. 4장인 '시적 이론'은 이런 관심들 중 하나를 자세하게 살펴볼 것이다. 그것은 식수의 작업 내에 있는 "시적"인 것이라는 개념에 부착된 점증하는 긴급함이라는 감각/의미에 관한 것이 될 것이다. 시적 글쓰기에 대한 더욱 최근의 글들과 관련해서, 이 장은 여성적 글쓰기라는 생각이 1970년대 중반에 처음 등장한 이래 어떻게 진화하고 변경되었는지를 고찰할 것이다. 식수의 최근 글들은 "알려지지 않은 것"의 경제에 점점 더 관심을 보이고 있다. 이 경제란 그것이-일어나고-있음as-it-is-happening이라는 글쓰기 행위, 지나가버리는 순간의 "포착"과 보존의 불가능성, 그리고 그녀의 글들을 창조하는 데 있어 꿈의 역할을 말한다. 식수의 글쓰기에 대한 시적 접근과 데리다의 글쓰기의 철학적 비틂과 뒤바꿈turning 사이에 있는 유사성과 차이들 또한 논의될 것이다. 5장인 '타자에 대한 식수: 식수에 대한 타자'는 식수의 문학비평을 살펴본다. 특히 여성학연구센터 세미나에서 했던 그녀의 작업들을 중심으로 말이다. 식수의 클라리시 리스펙토르의/와의of/with 독해를 시작으로, 5장에서는 그녀의 비평에서 나타나는 읽기와 쓰기 사이의 상호연결에 대한 식수의 믿음이 어떻게 그녀 저작의 나머지들에도 중요한 함축들을 갖는가에 대해 확인할 것이다. 이 장은 또한 현재의 식수에 대한 비판적 읽기들에 관해 논의할 것이다(식수에 관한 비평 논문들이 현재 영어권에 많이 있다. 그녀의 글쓰기에 관한 많은 짧은 글들 중에는, 미레이유 칼-그뢰버와 자크 데리다가 쓴 중요하고 통찰력 있는 저작들도 존재한다). 식수에 "대한" 본 장들 다음에는 식수와 "함께"하는 장이 나온다—2002년 6월 파리에서 행해진 엘렌 식수와의 미출간 인터뷰가 그것이다(6장 '식수 라이브'). 이 인터뷰에서 식수는 자신의 영향과 영감들, 글쓰기의 본성과 세계와의 윤리적 관계의 필요성에 관한 믿음을 논하고 있다. 이 인터뷰는 또한 이 책의 나머지에서 논의되는 많은 지점들을 밝혀주고 확장시킨다. 그리고 이 책은 식수의 프랑스어 판본과 많은 영어 번역본(단행본, 논문, 인터뷰)들을 보여주는 광범위한 참고 서지書誌들로 끝을 맺을 것이다. 이 참고문헌에서는 식수에 관해 쓰여진 많은 책과 논문들의 선집 또한 목록화된 것을 확인할 수 있을 것이다.

2장
여성적 글쓰기

오늘날 글쓰기는 여성의 것이다.
《새로 태어난 여성The Newly Born Woman》, p. 85.

여성적 글쓰기écriture féminine라는 개념으로 모아진 다양한 창조적, 시적, 철학적, 이론적 접근들은 식수 전작에 걸쳐 어느 정도 연속적인 맥락 내에서 흐르고 있다. 무엇이 그런 생각들의 배치와 연결되는지 설명하는 것은 쉽지 않다. 특히나 정확하게 '여성적 글쓰기'가 무엇'인지' 혹은 무엇을 '하는지'조차 말하는 것이 쉽지 않다. 식수가 1975년 글인 〈출구〉에서 언급한 바, "오늘날 글쓰기의 여성적 실천을 규정하는 것은 불가능하며, 앞으로도 그럴 것이다. 이런 실천은 결코 이론화되거나 제한되거나 코드화되거나 할 수 없을 것이기 때문이다. 그렇다고 그것이 존재하지 않는다는 의미는 아니다"(p. 92). 이 문장은 꽤 널리 인용되었다—그도 그럴 것이, 왜냐하면 기만적인 단순한 문장으로 문제의 핵심에 다다르기 때문이다. 식수의 경고를 읽을 수 있는 다양한 방식들이 존재하긴 하지만, 아마도 우리가 집중해야 할 가장 중요한 단어는 "실천"일 것이다. 우리는 여성적 글쓰기가 무엇인지 정확하게 말할 수 없다. 그러므로 논의는 다음과 같이 계속되어야 한다. 우리는 단지 여성적 글쓰기를 여성적 글쓰기가 하는 행위 안에서 관찰할 수 있을 뿐이다—이는 꽤 문자 그대로 글쓰기에 대한 '실험적' 접근이다(차후에 분명히 나타날 것인데, 실험적이라는 단어는 여기에 몇 가지 의미의 층위에서 작동하고 있다). 그러면서 여성적 글쓰기의 이러한 "실천"이 "철학적-이론적 영역에 속한 영역과는 다른 장소에서 발생하고 있고 또 발생할 것"이라고 식수는 덧붙인다(p. 92). 그렇다면 다음 질문이 생긴다. 여성적 글쓰기를 '이론'으로 말하는 것이 온당한 것인가?

짧게 대답하자면 '그렇다'이다. 그러나 조건을 달아야 한다. 다시 말해, 여성적 글쓰기는 그 자체 이론(최소한 통상적으로 이해되는 의미에서의 이론)은 아니다. 그러나 여전히 이론과 관계를 맺고 있는 어떤 것이다. 그것을 이론의 '영역' 외부에 둠으로써, 식수는 바로 이런 〔이론의〕 영역들과 상대주의적 관계를 설정한다. 다시 말해 여성적 글쓰기와 이론과의 차이는, 그것이 이론과 특정한 것들을 공유할 것을 요구한다. 하나와 다른 하나 사이의 대조가 만들어지려면, 유사성 혹은 관계항의 지점들이 필요하다—만일 그런 관계항이 없다면 어떤 비교도 공허하거나 무의미하게 될 것이다. 그러므로 여성적 글쓰기는 어느 정도는 '이론적'이다. 그러나 식수는 사태를 분명하게 하려면, 여성적 글쓰기의 비이론적, 경험적 측면을 전면에 내세울 것을 권한다. 그녀는 전통적인 이론의 형식들과는 다른 여성적 글쓰기의 차이를 강조하기 위해서 어느 정도는 독립적일 것을 주장하고 싶어 한다. 결과적으로 그녀가 (잠재적으로 제한적인) 따라야–할–공식formular-to-be-followed을 제공하지 않지만, 식수는 여성적 글쓰기의 속성에 관한 다양한 힌트와 암시들을 제공한다. 처음에 이런 힌트와 암시들을 풀어내고 독해하는 것이 힘들지만, 이 힌트와 암시들이 매우 크게 도움을 주는 것으로 판명된다―사실상 일반적으로 규정/정의가 그래왔던 것보다 더욱 도움이 된다. 여성적 글쓰기가 이론화 "불가능하다"라고 주장하면서도, 〈출구〉에서 여성적 글쓰기에 대한 식수의 설명은 사실상 그녀의 "이론"의 기본들을 도입하는 일을 매우 훌륭히 해내고 있다는 점이 아이러니하다. 최소한 초기에는 그렇다. 다음의 장들에서 다시 논의하겠지만, 식수는 끊임없이 여성적 글쓰기에 대한 자신의 생각을 몇 년에 걸쳐 조탁하고 수정한다(3장, 4장을 보라).

여성적 상상계

〈출구〉에서 여성적 글쓰기는 "결코 이론화될 수도, 제한될 수도, 코드화될 수도 없을 것이다"라고 설명한 후에 식수는 다음과 같이 언급한다. "우리는 말하기를 시작할 수 있다. 어떤 효과들, 무의식적 충동의 요소들, 여성적 상상계the feminine Imaginary가 실재The Real와, 즉 글쓰기와 맺고 있는 관계들을 지적하면서 시작해보자"(p. 92). 식수가 여기서 사용하는 단어들은 좀 더 설명이 필요하다. 전체적으로, 1970년대 학계에서 통용되는 이론적 글쓰기의 특징들이었던 어려운 전문용어의 사용을 피하면서도(당시 이런 글쓰기에 포함된 생각들과 통찰들을 널리 보급하는 데 있어서, 이런 경향은 분명 이점보다는 손해가 더 많았다), 식수는 정신분석 이론 내에서 발생한 근본적으로 창조적이고 해석적인 가능성들에 훨씬 흥미가 많았고 여전히 그러하다.

가령, '상상계'와 '실재'는 프랑스의 후기-프로이트 정신분석가인 자크 라캉의 아동발달이론에서 나타나는 세 계界의 중첩된 단계 중 두 계界이다—세 번째 단계는 상징계로 알려져 있다.¹ 상상계는 아이가 오이디푸스 콤플렉스를 '해결'하기 전 거주하는 비-언어적 혹은 전-언어적 단계로 간주될 수 있다. 상상계에서 아이는 최초로 개별적 자아—라캉이 '나moi'라고 부른 것이자 프로이트가 에고라고 부른 것—라는 감각을 발달시킨다. 그러나 아이는 또한 어머니와 매우 근접하게 동일화된 채 머물러 있다. 프로이트와 라캉에게서 이 어머니와의 유대는 오이디푸스 콤플렉스의 '해결' 과정에서 '깨지게' 된다. 프로이트처럼 라캉도 이 '해결'을 은유적 거세로 보고 있다—그것은 '제3항'인 아버지의 개입, 어머니와 아이라는 이자二者 통일성을 방해하고 깨는 개입에 의해 일어난다. 라캉은 이러한 과정을 그가 '아버지의 법'이라고 부르는 것의 도입을 통해서 작동하는 것으로 보고 있다. 부성적 금지의 법, 아버지의 이름/nom, 혹은 부정/non(프랑스어로 'nom'과 'non'의 발음은 동일하다)은 '거세'의 위협을 도입하여 결과적으로 어머니/아이의 이자관계를 깨뜨리고, 아이가 상징계로 들어갈 수 있게 한다. 상징계는 언어의 장이며, 라캉 이론에서 프로이트의 재독해는 언어의 견지에서 요약될 수 있다. 다시 말해, 라캉의 프로이트 재독해는 언어가 부재하는 것, 혹은 "결여된 것"을 대리하는 것이라고 보는 데 있다. 라캉의 상징계에서 아이가 "결여한" 것들 중 하나는 어머니이다. 상상계에서 상징계로의 운동은 일방향이며 돌이킬 수 없다—아이가 일단 아버지의 개입에 의해 상징계/언어로 들어가면, 상상계(와 그것이 함축하는 어머니)는 오직 상징계를 통해서만 접근할 수 있다. 그 결과, 아이와 어머니의 유대는 약화되는 반면, 아버지와 언어 사이의 유대는 거의 파괴불가능한 것처럼 보인다.

그러나 아이는 여전히 어머니의 부재를 감지하고 있으며, 전오이디푸스 단계의 지복至福과 통일성으로 되돌아가고자 욕망한다. 실재는 이런 욕망이 '충족'에 다다를 수 있는 공간이다. 실재는 우리가 무를 '결여한' 공간이다. 그러나 실재는 또한 비언어적—비공간적인데, 말하자면 상상계와 마찬가지로 그것은 오직 상징계를 통해서만 접근할 수 있다(즉 언어를 매개로 해서만). 더구나, 상징계/언어가 결여를 통해 구조화되므로 실재, 즉 이 결여가 없는 공간은 영원히 얻어질 수 없을 것이다. 그러므로 라캉의 상징계/언어라는 '어른의' 세계로의 진입은 '잃어버린 무구함'의 은유로 생각될 수 있다. 실제로 식수는 구조들과 기저에 있는 가부장제의 가정들을 비판하면서 이브와 에덴동산의 이야기로 곧잘 돌아간다(아래 참조). 상징계를 통해, 언어를 통해 라캉이 무의식이고 비언어적인 욕망들의 감옥을 창조한다고 볼 수도 있다. 상상계와 실재는 결코 직접적으로 경험될 수 있는 것이 아니기 때문에, 라캉은 상징계에게 다른 두 항들〔상상계와 실재〕보다 선재先在한다고 말함으로써 상징계를 특권화한다.

식수가 〈출구〉에서 하고자 한 것은 이와 다른 길이 있지 않을까, 관계의 다른 체계가 가능하지 않을까 하는 것에 대해 질문하는 것이었다. 이것은 상상계와 실재에 더욱 가까운 체계일 텐데, 이 체계는 '결여'라는 개념 주위를 돌 필요가 없는 것일 테니 말이다. 겉보기에는 추상적인 문제들과 연관되어 있기는 하지만, 식수는 이 새로운 체계가 존재할 수 있다고 주장한다. 그리고 결정적으로, 그러기만 한다면 지대한 정치적 사회적 결과를 가져올 것이라고 주장한다. 식수는 이와 같은 다른 체계는 자아와 비-자아의 관계, 즉 자아와 '타자'와의 관계에 대한 급진적인 재평가를 통해서 가능할 수 있다고 생각한다.

어머니/타자m/other 살해

〈출구〉의 첫 질문은 다음과 같다. "그녀는 어디에 있는가?"(p. 63) 그다음, 손 밖으로 빠져나온 카드 한 무더기처럼 페이지를 타고 흐르는 단어들의 목록이 눈길을 끈다.

능동/수동
태양/달
문화/자연
낮/밤.(p. 63)

의식적이든 무의식적이든 연결이 만들어졌다. 서구 유럽 언어들이 읽히는 방식 때문에, 사회의 표면 아래 도사리고 있는 총체적인 문화적 참조들의 체계 때문에, '여성'은 오른쪽 항들에서 발견된다. 의식적이든 무의식적이든 왼쪽 항들은 특권을 가지고 있는 듯이 보이며, 더욱 중요한 것으로 나타난다. 식수가 "아버지/어머니", "머리/심장" 등등의 리스트를 계속 만들 때까지 이 과정은 계속된다(p. 63). "동일한 은유"가 계속 나타나는 것에 식수가 통탄한다(p. 63). 역사 내내, "항상 대립을 통해 작동해왔던" 특정한 사유 과정이 존재함을 그녀는 목격하게 된다(p. 63). 식수가 "로고스 중심주의Logocentrism"라고 부르는 것(p. 64), 이와 같은 대립의 철학 체계가 본성적으로 위계적이고 사실상 모든 곳에 퍼져 있다고 주장한다. 이 체계는 모든 대립항들 내에서 "여성"이 수동적 파트너로 존재할 것을 요구한다. "여성"은 자신의 운명을 통제하도록 허용되지 않는다. 식수는 가부장제에서 "여성"은 실재에 있는 어머니라는 전-오이디푸스적 몸과 같이 "부재하고, 그러므로 욕망되는" 어떤 것으로 묘사하고 있다(p. 67). "여성"은 이 체계에 필수적이지만, 동시에 이 체계로부터 배제된다. 식수가 묘사하는 그런 종류의 위계적 체계의 한 사례가 라캉적 자아와 타자 사이의 관계 내에서 발견될 수 있다. 라캉이 "거울 단계"라고 부르는 시기에 최초로 일어나는 자아의 구성은 자아의 이미지를 되돌려주는 "타자"의 현존에 의지하고 있다.[2] 자아와 타자 사이의 관계는, 자아와 자아의 이미지(자신의 반영을 볼 때 누군가 거울 속에서 보는 이미지)의 사이의 관계와 동일한 선상에서 구성된다. 라캉이 설명하다시피, 최초로 "반사적 이미지"를 지각하면서—이것이 현실적 거울이든 은유적 거울(어머니의 몸과 같은)이든—아이는 이미지와의 "동일시"를 겪으며 아이가 나와 내가 아님 사이, 자아와 타자 사이를 구분하도록 허용하는 몸의 "이마고"를 생산한다(*Écrits*, pp. 2~3). 또한 자아와 타자의 이러한 관계는 상호적이지 않다는 것이 중요하다. 타자는 라캉적 자아의 정체성을 확인해줄 수 있지만, 라캉적 자아는 타자의 정체성을 부인한다. 타자는 전유되고, 이용되고, 버려진다. 식수 자신이 말하듯이, 라캉적 자아는 "타자 살해"를 통해 만들어진다(*The Newly Born Woman*, p. 70).

"여성"(어머니)이라는 개념과 "타자"라는 개념을 한데 모으면서 우리는 이 두 개념이 〈출구〉에서 어떻게 연결되는지 알 수 있다("어머니/타자m/other"라는 용어는 종종 이 연결을 가리키기 위해 사용된다). 여성과 타자 모두 식수가 "주인/노예 변증법"이라고 부르는 것에 종속되거나 그에 의해 노예화된다(p. 70). 둘 중 하나가 묵인되는 것도 아니고, 그 자체로 존재할 수 있도록 허용되는 것도 아니다. 〈출구〉에서 보이는 여성과 타자에 관한 식수의 논의에서, 때때로 미끄러짐이 발생하는 것은 어쩌면 피할 수 없을지도 모른다. 여기서는 식수가 여성과 타자 사이의 관계에 관해 논의하고 있는 것 같은데, 저기서는 타자로서의 여성에 대해 말하고 있는 것 같기 때문이다. 그러나 주목해야 하는 것은 때에 따라 사용되는 특수한 지시 대상들이 아니라, 이 지시 대상들 사이의 관계의 체계이다. 식수는 모든 "위계적으로 조직된 관계"에서(p. 71) 타자는 (그것이 어떤 형태를 취하고 있건 간에) 그 근본적인 이분법적 체계를 통해 전유되고 억압되며 배제되고 무화된다고 주장하는 것이다. 그리고 그녀는 이 타자와의 관계를 변경함으로써 그 체계 자체 또한 변화할 수 있을 것이라고 말한다.

남성적 경제가 규정한 전통과 완전히 다른 관계맺기의 방법들이 존재해야 한다. 그러므로 긴급하고 초조하게 나는 다른 종류의 교환, 죽음이라는 옛이야기와 결탁하지 않을 다른 종류의 욕망이 생산될 장면을 탐색하고 있는 것이다. 이 욕망은 사랑을 발명할 것이며, 그것만이 사랑이라는 단어를 이와 같은 대립을 감추는 용도로 사용하지 않을 것이다… 반대로, 서로에 대한 인정이 존재해야 할 것이다… 각자가 타자, 차이라는 위험을 감수할 것이다. 타자임의 존재를 위협으로 느끼지 않으면서, 아니 오히려, 발견하고, 존중하고, 애호하고, 소중히 여겨야 할 알려지지 않은 것을 통해 커지는 기쁨을 느끼면서 말이다.(p. 78)

식수는 타자와의 이와 같은 다른 방식의 관계맺기가 글쓰기를 통해 표현되고 탐구될 수 있다고 생각한다. 그녀는 글쓰기가 "가부장제의 지긋지긋한 반복을 벗어날 수 있는" 어딘가라고 주장하는 것이다(p. 72). 식수는 소위 가부장적 담론의 "남성적" 경제에 대한 대안을 시도하면서, "여성적 글쓰기"라는 다른 경제를 가리키고 있는 것이다. 그것이 écriture féminine이다.

성차의 수식어

식수의 작업에는 "성차"에 관한 물음을 둘러싸고 수년간 어
느 정도의 혼란과 오해가 있었다. 앞에서 지적했다시피, 〈출
구〉의 경우, 이런 혼란이 발생한 이유는 부분적으로 식수 자신
이 자신의 용어를 전체적으로 일관되게 사용하지 않았기 때
문이다. 때로 그녀는 성적으로 특수한 경험들, 가령 어머니
임motherhood(아래 참고)과 같은 경험에 집중하기도 하고, 다른
곳에서는 몸에 대한 소위 '본질주의적' 개념과 거리를 두려고 애
쓰기도 한다. 그녀를 방어해보자면, 식수의 글이 1970년대 중
반 당시의 역사적 소용돌이 속에 상당 정도 붙잡혀 있었다는 점
을 기억하는 것이 중요하다. 그러므로 논쟁적 비판의 요구들이
(〈메두사의 웃음〉에서 훨씬 더 분명하게 보이는데) 〈출구〉에서의 비
일관성들을 설명해줄 수 있을 것이다. 그러나 또한 우리가 주목
해야 하는 것은, '의미'에 대한 일반적인 양가성이 식수의 여성
적 글쓰기를 상상하는 데 있어 본질적인 특징이라는 점이다(특
히 5장을 보라). 가부장제는 모든 것들을 단일한, "팔루스적" 의
미로 환원하려고 한다. 여성적 글쓰기에서는, 표현에 있어 다의
적이고 심지어 모순적인 의미들과 형식들이 더욱 가치 있는 것
으로서 추구된다. 그러므로 특히 1970년대의 식수를 읽을 때
"남성적"과 "여성적" 등의 단어들은 아주 유연한 개념으로 생각

할 필요가 있다―그 단어들의 의미는 끊임없이 전환되고 불안정하며 해결되지 않는 것이다.

식수가 "남성적"이나 "여성적"이라는 단어들을 〈출구〉에서 사용할 때, 그녀는 그 단어들을 "성차의 수식어구qualifiers"로서 사용하고 있는 것이다(p. 81). 이것은 식수의 조어인데, 그녀는 이를 "남성/남성적, 여성/여성적 등의 혼란을 피하기 위해" 사용했다고 덧붙인다(p. 81). 남성성은 남성들의 전유물이 아니고, 여성성도 여성들의 전유물이 아니다. 우리는 성들 사이의 차이들에 대한 "본질주의적이고 이데올로기적인 해석으로 기세등등하게 혹은 맹목적으로 빠지지 않도록 유의해야 한다"고 그녀는 언급하고 있다(p. 81). 식수는 이런 차이들이 "사회적으로 규정된 '성들'에 기반하여" 결정될 수도 없고, 성적 차이-대립의 "자연적"이고 해부학적인 결정에 의존하지도 않을 것이라고 주장한다(p. 81). 다시 말해, 남성들과 여성들이 다르게 존재한다 해도, 이 차이가 어떻게 사유되고 규정되는지가 더 중요한 일이라는 것이다. 차이들에 대한 특정한 "사회적" 혹은 "해부학적" 결정들은 가부장제의 권력과 통제를 강화하고 정당화하는 데 이용된다. 그러나 그녀는 성적 차이가 보여지고 표현될 수 있는 다른 방법들이 존재한다고 확신한다.

성차에 대한 식수의 대안적 접근은 그녀가 프로이트의 거세이론을 '해체'하는 방식으로 나타난다. 프로이트 이론에서 오이디푸스 콤플렉스는 아이가 어머니와 아버지의 벗은 몸을 보며 어머니가 페니스를 '소유하지' 않음을 관찰하게 되면서 '해소'된

다. 아이는 무의식적으로 이것을 아버지가 (어머니의 페니스를)
'거세'하는 행위 탓이라고 생각하면서, 아직 오지 않은 유사한
'거세'의 위협을 느낀다. 그러면서 아이의 애정과 "충성"을 어머
니에게서 아버지에게로 전환시킨다. 분명히 해야 할 것은, 식수
가 〈출구〉에서 프로이트를 과도하게 단순화시켜서, 그가 실제
로 보이는 것보다 훨씬 교조적이고 이해가 부족한 것으로 만들
고 있다는 점이다.[3] 그러나 식수는 사실 가부장제 사회의 작동에
대해 좀 더 포괄적인 주장을 하기 위해 특정 '진실들'을 의도적
으로 과장하고 있는 것이다. 프로이트의 분명한 가부장적인 그
리고 때때로 여성 혐오적인 세계관 때문에 프로이트 이론들을
전면적으로 폐기했던 1970년대의 여성 운동에 참여한 많은 이
들과 달리, 식수는 프로이트의 작업—특히 프로이트의 꿈과 무
의식에 관한 작업—이 얼마나 유용하고 영감을 많이 주는지에
대해 다른 곳에서 역설하기도 한다(꿈을 주제로 한 식수 자신의 글
은 4장에서 논의될 것이다).[4] 여성학센터의 구성원들과의 〈대화들
Conversations〉에서 말하듯, 식수는 프로이트를 유비적類比的 의
미에서 사용한 것이었다. 마치 아무도 '페미니스트'(이 단어는 그
녀 스스로 거리를 두고 있는 또 다른 용어이다)에게 비행기를 남성
이 발명해서 비행기를 이용하지 않을 것이라고 기대하지 않듯
이, 우리는 프로이트 자신이 그런 류의 남성이었다는 이유로 프
로이트의 이론을 무시해서는 안 될 것이다.

프로이트는 엄청난 일련의 발견들 중 무의식에 주목했다. 우리

가 무의식이 존재하지 않는 것처럼 행동해야 할까? 우리는 전기와 비행기가 있는 후기 프로이트, 데리다의 시대에 살고 있다. 그러니 현대인들이 하는 대로 하자. 현대적 교통수단을 이용하자. 우리는 무의식의 탐구에 대해 프로이트에게 빚을 지고 있다.[5]

프로이트의 이론에 (혹은 최소한 식수가 씨름하고 있는 프로이트 이론에 대한 의도적이고 생산적인 독해에) 내재되어 있는 것은, 모든 것이 항상 "남성적"인 것으로 되돌아온다는, 즉 페니스의 현존과 부재로 되돌아오고 있다는 생각이다. 여성 섹슈얼리티를 거세 이론과 적절하게 화해시키기가 불가능함을 관찰하면서, 식수는 프로이트가 미스터리이자 알 수 없음이라는 베일로 여성 섹슈얼리티를 가려버렸다고 주장한다. "검은 대륙"이라는 속임수가 여성에게 씌워졌다. 여성은 자신으로부터 계속 멀어졌다. 여성은 남성이 여성에게서 보기를 원하는 것에 기반해서, 즉 거의 무無에 기반해서 여성을 보도록(=보지 않도록) 만들어졌다(The Newly Born Woman, p. 68). 프로이트는 여성 섹슈얼리티의 비밀들을 서구 식민주의적 시각으로 신비롭고 불가해한 아프리카 대륙을 보는 것과 비교한다. 그의 요점은, 여성 섹슈얼리티가 '탐구불가능하고' '인식불가능하다'는 점에 있다. 그러나 그는 또한 이런 방식으로 표현함으로써, 비-남성과 비-백인 유럽인 '타자', 이 둘 모두의 본성에 대한 그의 생각 속에 함축된, 기저의 억압과 부인의 문화를 강조하는 셈이다. 프로이트는 식민주의와 가부장제를 하나로 만들어버렸다—여성으로서, 유대인으로서, 그리고 "프랑스 알제리인"으로서, 식수는 역으로 다양한 방식으로 프로이트에 의해 영향을 받은 것이다.

식수는 가부장제가 여성으로 하여금 자신의 섹슈얼리티에 대해 두려워하고 심지어 "혐오"하도록 길들여왔다고 주장하면서, 여성이 "어둠이라는 이런 두려움을 내면화했음"을 관찰한다. "그들이 감히 즐기지 못했던 그들의 몸은 식민화되었다"(p. 68). 그녀는 성적 차이의 문제에 대해 이런 방식이 아닌 다른 접근을 제공하려 한다. 식수는 프로이트에게서 나타나는 시각적인 것에의 의존, 즉 "해부학과 맺은 환상화된 관계"에의 의존을 거부한다. 그 대신 몸의 감각적이고 성적인 경험들에 근거한 "차이"를 주장한다—이 차이는 "가장 분명하게 주이상스["쾌"]의 수준에서 지각되는 것이다"(p. 82).[6] 그녀가 주이상스로 표지되는 차이를 선호한다는 점이 대립적 차이(남성과 여성의 성적인 경험과 쾌락들은 서로 동일하지 않다는 의미의 차이)라는 생각을 지속시키는 것처럼 보일 수도 있겠다. 그러나 실제로는 관계들의 체계가 작동하는 방식에 미묘한 변화가 일어났다. 식수는 기존의 성차의 규정에 존재하는 위계적 요소들을 효과적으로 제거한다. 식수는 페니스를 소유하는지 소유하지 못하는지의 여부에 따라 [성차를] 규정하려는 것을 두고, 성차에 대한 낡은 접근, "팔루스중심주의"라고 부른다(p. 83). 그녀는 이 단어가 남성에게 호의적인 듯 편협하게 보일지도 모르지만 (앞서 말한 대상[페니스]의 소유가 여하간에 우월하다는 마술적 의미를 전달하는 것을 가정한다는 의미에서), 사실상 그것은 "모두"를 억압한다(p. 83). 두 성 모두 팔루스중심주의로부터 악영향을 받고 있는 것이다 (심지어 한 성이 다른 성보다 이런 사실을 덜 의식하고 있다고 해도 말이다). 남성이 느끼는 "상실"의 경험은 여성이 느끼는 상실과는 "다르지만 또한 그만큼 심각하다"고 그녀는 설명한다(p. 83).

리비도 경제들

식수는 이와 같은 새로운 글쓰기의 방법/타자와 관계 맺는 방법이 오직 우리가 "복잡하고, 동적이며, 개방된" 자아와 성에 관한 개념을 가질 때 획득될 수 있다고 주장한다. 즉 "타자의 성"이 자유롭게, 그리고 주저함 없이 자아의 "부분"으로 받아들여지는 방식이어야 한다는 것이다. "우리가 발명할 이런 조건들에서만 그것은 가능하다"(p. 84)라고 주장하면서, 식수는 무의식적으로 버지니아 울프가 《자기만의 방(1929)》에서 했던 말을 상기시킨다.[7] 〈출구〉처럼 긴 울프의 에세이는 글쓰기에서의 젠더 효과에 관심을 기울인다. 작가에게 "그야말로 남성 혹은 여성이라는 것"이 "치명적"임을 고찰하면서, 울프는 "창조적 예술이 성취될 수 있기 전에…" 두 성들 간의 어느 정도의 "협력"이 "마음속에서 일어나야 함"을 제안하고 있다(p. 94). 울프처럼, 식수도 주체를 발명하는 데 있어 "타자, 다양성의 풍부함을 제외하면… 어떤 발명도 가능하지 않다"고 언급한다. 논란의 여지가 있지만, 식수는 타자(의 성)에 열려 있는 이러한 상태로서 "양성애bisexuality"를 예로 든다. 〈출구〉와 그즈음의 여타 다른 글에서 식수의 "양성애"에 관한 논의는 수년간 아주 많은 혼란을 야기했다. 지금은 그녀 스스로 그 용어와 완전히 거리를 두고 있기는 하지만 말이다(*Rootprints*, pp. 50~51). "양성애"는 1970년대에 정신분석학 서클에서 굉장히 인기 있던 용어였다. 식수가 그 용어를 쓰는 것은 이러한 배경에서였음을 주목하는 것이 중요하다. 다시 말해 이 경우 "양성애"는 우리가 마음에 있는 두 성들의 "현존"을 받아들일 때 만들어지는 정신적 각인인 것이다―이는 울프가 콜리지Coleridge를 따라서 "양성적androgynous 정신"이라고 부르는 것과 유사한 어떤 것이다(*A room of One's Own*, p. 95).

식수가 남성과 여성 모두에게 이런 "양성애"에 대한 잠재성이 있다고 보면서도, 대개의 경우에 그것은 여성에게서 발견될 것이다―[왜냐하면] 남성은 "영광스러운 팔루스적 단일섹슈얼리티를 목표로 하도록 훈련되어왔기 때문"이라고 식수는 주장한다(*The Newly Born Woman*, p. 85). 식수로 하여금 "오늘날 글쓰기는 여성의 것이다"라고 주장하게 만든 것도 바로 이런 가정에서 시작한 것이다(p. 85). 그녀는 이것으로 "어떤 도발"을 의도한 것이 아니라, 단지 "여성은 타자가 존재함을 받아들이고 있다"는 것에 대한 인식이었다고 설명하고 있다(p. 85). 식수가 남성들을 이 과정에서 배제하는 것은 아니다. 그러나 현재의 성적 차이의 체계에서 훨씬 더 타자와 친연한 이는 여성이라고 주장한다. "남성이 타자를 받아들이는 것은 훨씬 어렵다"(p. 85). 이를 설명하기 위해, 식수는 여성과 남성의 몸이 주이상스/쾌의 경험에 집중하는 서로 다른 방식을 주목한다. 식수에게 "여성의" 섹슈얼리티는 무한히 복수적이며 다양하고 변화무쌍하다. 즉 그것은 "주요 "기관들"이 없는 무한정한 몸"이다(p. 87). 그녀는 이를 "남성적 섹슈얼리티"와 대조시키고, 남성 섹슈얼리티를 안정적이고 단일한 것, 즉 "페니스를 중심으로 돌아가는 것"이라고 말한다(p. 87).[8] (〈출구〉 이후에 바로 쓰여진) 〈글쓰기로의 도착〉에서 식수는 다른 성이 접근할 수 없는 성적으로-특수한 경험들이 있다고 분명하게 자신의 생각을 밝히고 있다. "모든 여성이 어둠과 빛 속에서 느끼는 것, 그것은 남성이 자신의 장소에서는 경험할 수 없는 것, 즉 절개, 출생, 리비도적 폭발, 분열, 상실, 우리의 리듬 속의 쾌이다"(p. 56). 그러나 남성이 그와 동일한 감각을 경험하지는 못하더라도, 혹은 최소한 여성이 경험할 수 있는 정도로 강하지는 않을지라도, 남성이 그와 "유사한" 혹은 등가의 감각을 경험하는 것을 상상해볼 수 있다고 식수는 주장한다(p. 56). "여성성이 금지되지 않을" 때, 혹은 한 남성이 "자신의 섹슈얼리티를 수도꼭지를 중심으로 환상화하지 않을 때"(라고 생생하게 표현하면서), 이런 것도 생각해볼 수 있다고 그녀는 결론을 내린다. 물론 식수가 칼-그뤼버에게 인정했듯이, 그녀는 "남성적 주이상스"의 감각이나 경험을 "알고 싶지만", 여성이기 때문에 그것을 정말로 "아는" 것은 불가능하다(*Rootprints*, p. 53). 그 이유는, 주이상스가 "여성적"이든 "남성적"이든, 그것은 언어로 완전히 표현될 수 있는 것이 아니기 때문이다—그것은 언어 공간의 주변에, 심지어는 그 바깥에서 작동하기 때문이다. 그러므로 주이상스는 한 성으로부터 다른 성으로 완전하게 "전달될" 수 없다(그러나 3장에서 식수의 연극을 위한 글쓰기가 이 문제를 어떻게 피해 갈 수 있었는지에 대해서 보게 될 것이다). 다른 한편, 언어 안에서 표현될 수 있는 것은, 우리가 주이상스/쾌와 관계하는 방식―특히 우리가 스스로 주이상스/쾌를 "부인"하는가 하지 않는가이다.

〈진리 안의 저자〉라는 제목의 강연에서 식수는 성차에 관한 논의에서 "리비도적 경제들"이라는 용어를 "자주" 사용해왔다고 언급한 바 있다.[9] 창세기의 이브 이야기나 성배 원정대의 퍼시벌Percival*의 이야기를 예로 들면서, 그녀는 "욕망과 금지가 공존하는" 상황에서 반응을 선택할 수 있는 다른 방법으로 다른 리비도적 경제들을 보여줄 수 있다고 설명한다(*Coming to Writing*, p. 49). 식수는 앎의 나무의 과실을 따 먹을 것인가 먹지 않을 것인가 하는 결정을 마주했을 때 이브가 "법의 말"(p. 150)에 대해 보인 반응을, 아브라함이 "그가 사랑하는 이, 그의 아들을 희생시키라는" 명령을 받았을 때 보인 반응과 비교한다(p. 151). 둘 모두의 상황에서, 그녀는 "법이 불가해하다"는 점을 지적한

---

* 독일어로는 파르지팔Parsifal/Parzival, 프랑스어로는 페르스발Perceval로 알려져 있다. 아서왕의 기사가 되기 위한 여정에서 퍼시벌은 어부왕의 연회에 초대받는다. 그런데 피 흘리는 창과 술잔(성배)을 든 하인들의 이상한 행렬을 몇 번이나 보고도, '질문을 하지 말라'는 전언 때문에 그것이 무엇인지 묻지 않는다. '질문을 하지 않았기 때문에' 어부왕의 병이 낫지 못한 것에 대해 퍼시벌이 고뇌하고 자책한다는 이야기이다.

다—에덴 동산에는 "죽음"과 같은 것이 존재하지 않으며[죽음이 무엇인지 모르고], 아브라함에게는 그의 아들이 죽어야 하는 어떤 이유도 주어지지 않는다[아들을 왜 죽여야 하는지 모른다](p. 151). 그러나 이브가 불복종하고 사과를 "맛볼" 것을 (사과를 먹는 쾌락을 경험하기 위해) 선택한 반면, 아브라함은 아들에 대해 느끼는 사랑에도 불구하고 "어떤 의문도 없이 절대적으로 복종한다"(p. 151). 식수에게 음식과 먹기라는 상징은 이브와 법에 관한 논의에서 중요하다. 식수는 이브의 이야기가 "단순한" 딜레마로 환원될 수 있다고 주장한다. 즉 우리가 알려지지 않은 "과일 안의 은밀함 때문에 위반하고 쾌락을 누릴 것인가"(p. 149), 아니면 우리는 법의 편에 서서 굶주리고 있지만, 무지의 지복 속에 만족하고 있을 것인가? 쾌락과 금지 사이의 이러한 충돌은 식수가 어부왕Fisher King의 저택에서 벌어진 퍼시벌의 "화려한 식사marvelous meal"이야기에 관한 설명에서 다시 나타난다(p. 149). 식사 중에 퍼시벌은 "화려한 음식들을 들고 다른 방으로" 가는 "시중들의 행렬"을 보게 된다(p. 153). 그는 질문하지-말-것에 대해 가르침을 받은 터라, 그것을 보고도 아무것도 묻지 않았다. 그는 (거세를 암시하는) 피 묻은 "창"이 그의 앞에서 "수차례" 왔다 갔다 해도 그는 개입하지 않는다(p. 153). 퍼시벌은 식사 내내 침묵을 지킨다. 법의 규약에—그는 이 규약에 대해 마음속으로 진실했다—묶여 있는 퍼시벌은 단순히 "그에게 제공된 이 모든 훌륭한 음식들로 쾌를 얻는다"(p. 153). 그러나 식수는 퍼시벌에게는 알려지지 않은 그 법이 그를 해결불가능한 상

황에 놓음으로써 퍼시벌을 농락했다고 말한다. 그의 앞에서 벌
어진 사건에 대해 말하지도 못하고 묻지도 못한 그의 실패 때문
에, 그는 어부왕의 죽음을 막는 데에도 실패했던 것이다. 퍼시벌
은 자신의 죄로 비난받았지만, 식수가 보기에는 법이 내린 비난
이 불공정하다. 퍼시벌은 질문하지 말 것이라는 법의 규약에 묶
여 있었다. 그가 법에 복종했음에도 불구하고, 그는 "그가 하지
말아야 했던 것을 하지 않았다는 이유로 처벌을 받는다"(p. 154).
식수에 따르면 우리가 이브와 퍼시벌의 비난에서 볼 수 있는 것
은, 법에 내재한 "부조리"이다(p. 154). 한편으로는 법의 무의미
하고 터무니없는 요구가 있고, 다른 한편으로는 단순하고 무구
한 쾌의 경험이 있다. 식수는 이브와 퍼시벌의 이야기 모두가
"시적" 텍스트, 법이 대리하는 "안티-쾌락"의 담론에도 불구하
고 주인공이 "쾌락"을 경험할 수 있는 텍스트라고 주장한다(p.
154). 후자의 경우, 퍼시벌은 "순수"와 "쾌락"의 피조물이다. "법
이 자신의 망을 짜놓았지만, 퍼시벌은 매우 행복하다. 그는 향유
할 수 있는 것들을 먹으며, 스스로 할 수 있는 만큼 향유한다"(p.
154).[10] 그러므로 퍼시벌이 자유롭게 그리고 전적으로 스스로에
게 쾌의 경험을 선사한다는 사실은, 그를 이브의 그것과 유사한
위치에 두게 한다. 식수가 결론 내리듯이, "우리가 여성이든 남
성이든 우리의 삶 내내 서로 다른 경로들을 새기는" 것은, 쾌락
과 법 사이의 "이런 이상하고 적대적인 관계에 대한 개별자의
반응들"이다(pp. 154~155).

식수는 이브와 퍼시벌의 이야기에서 우리가 "이른바 여성적

경제so-called feminine economy의 운명이 관건이다"는 점을 확인할 수 있다고 생각한다(p. 149). 그녀는 '여성적'이라는 낱말에 대해 유보적인데, 왜냐하면 퍼시벌이 보여주듯이, "이런 경제는 여성만의 자질이 아니기" 때문이다(p. 149). 그녀가 "여성적"이나 "남성적"이라는 낱말들을 사용하는 이유는 우리가 언어 속으로 태어났기 때문에, 그리고 우리에게는 언어에 앞서서 우리 자신을 생각할 다른 방법이 없기 때문이라고" 그녀는 설명한다(p. 150). 식수는 이 단어들이 '유의어들'로 대체된들 별 차이가 없을 것이라고 주장한다. 왜냐하면 그런 유의어들 또한 오늘날의 "남성적" "여성적"이라는 말들만큼 폐쇄적이고 비유동적이며 석화될 것이기 때문이다(p. 150). 그녀가 강조하는 바, 우리가 할 수 있는 것은 이런 단어들로 유희하면서 이 단어들의 의미나 의미 작용을 최대한 확장시키는 것뿐이다. 그러므로 그녀는 "여성적"이나 "남성적"이라는 단어를 사용하겠지만, 그녀는 이 단어들의 안과 밖을 뒤집어놓고 위아래를 바꿔놓고, 구부리고, 접어놓고, "사과나무 흔들 듯, 매번 흔들고 있을 것이다"(p. 150).

몸을 쓰기

차이는 많은 형태로 기입된다. 식수는 〈출구〉에서, 우리는 또한 "글쓰기에서 〔…〕 전유된 것을 소비하고 가치화하는 방식에서 차이가 만들어지는" 것을 볼 수 있다고 주장한다(p. 86). 주이상스와 마찬가지로, 증여gift 개념도 "남성적"이고 "여성적"인 경제들의 견지에서 사유될 수 있다. 이 주제에 관한 매우 영향력 있는 연구인 《증여론》(The Gift: The Form and Reason for Exchange in Archaic Societies, 1950; trans. 1990)에서, 사회인류학자 마르셀 모스Marcel Mauss는 산업화 이전에 있었던 일련의 상호관계적 교환체계로서 가장 유명한 북미 포틀래치potlatch를 소개하고 있다. 모스에 따르면, 포틀래치에는 세 가지의 구별된 의무들이 있다. 즉 "주기, 받기, 화답하기"이다.[11] 이 의무들 중 하나라도 수락하지 않으면 엄청난 모욕으로 간주된다. 각각의 화답은 자신만의 방식으로의 또 다른 증여가 되기에, 주기–받기–화답하기라는 사이클은 계속되며 깨지지 않는다. 모스는 "이런 관찰들을 우리 사회로까지 연장할 수도 있음"을 시사한다. "우리의 도덕성과 삶의 상당한 부분이 여전히 이와 같은 증여의 분위기로 점철되어 있다. (…) 화답되지 않는 증여는, 특히 증여를 되돌려 줘야 한다는 생각이 없이 받은 경우, 증여받은 사람을 열등한 사람으로 만든다"(p. 67). 〈메두사의 웃음〉에서 "빼앗는–증여gift-that-takes"(p. 292)라고 부르며 그에 대해 고민했던 식수는 "여성이 되돌려 줌의 법을 벗어나는" 방법이 있을지 탐구한다(The Newly Born Woman, p. 87). 〈글쓰기로의 도착〉을 포함하여 수많은 글에서 그녀가 보여주듯, 어머니라는 경험은 저러한 자기–영속적이며 "남성적인" 증여의 순환경제를 벗어나는 방법을 제공한다. 어머니됨은 우리가 타자에게 "주는" "증여/능력gift"이다.[12]

식수는 어머니됨이 아마도 얻어질 수 있는 타자와의 가장 강렬하고 완전한 관계를 대표한다고 생각한다. 〈진리 안의 저자〉에서 식수가 언급하듯, 임신을 한다는 것의 잠재적인 혹은 현실적인 경험은 여성들에게 타자에 대한 독특한 관점을 갖게 한다. "여성은 (…) 내부의 경험, 타자를 위한 능력이라는 경험, 타자에 의해 유발되는 부정되지 않는 변화이자 긍정적인 수용성이라는 경험을 갖는다"(p. 155). 〈출구〉에서 식수는 어머니됨의 개인적 경험에 의지하여 타자, "여성적" 몸, 글쓰기의 관계들에 대해 근본적으로 재평가하게 만드는 임신이라는 잠재력에 대해 다음과 같이 강한 주장을 펼치고 있다.

> 이는 여성적 신체의 더 많은 자원, 즉 여성의 살이 살아 있는 어떤 것의 장소가 되어 그것을 생산하는 특수한 힘에 관한 문제인 것만이 아니다. 그것은 리듬이나 교환의 변형, 공간과의 관계, 전체적인 지각 체계에 관한 문제만이 아닌 것이다. 그것은 또한 스트레스, 신체의 위기의 순간이라는 대체불가능한 경험, 즉 출산이라는 놀라운 순간에 터지기 위해 오랫동안 평화롭게 계속되어온 작업의 경험에 관한 문제이기도 하다… (중략) … 그것은 또한 타자와의 "유대", 세상에 내놓는다는 메타포로 겪게 되는 모든 것에 관한 경험이기도 하다. 내가-아님이 내 안에 존재한다는 것을 경험한 여성이 어떻게 쓰여진 것과 특수한 관계를 갖지 않을 수 있겠는가?(p. 90)

식수가 여기서 언급하는 "유대"는 모스가 말하는 화답과 되돌려 줌의 유대가 아니다. 그와 반대로, 식수는 (성적으로 특수한) 임신과 출산이라는 경험이 "여성의 리비도적 경제—여성의 주이상스, 여성적 상상계—와 여성이 미련 없이 분리되는 주체성을 스스로 구성하는 방법 사이의 유대"를 보여준다고 말한다 (p. 90). 임신으로 그러했듯이, 식수는 여성적 글쓰기에서 나타나는 타자 존재의 수용을 일종의 (긍정적이고 즐길 만한) "점유된 상태possession"에 비유한다(p. 86). 식수는 자신이 글쓰기라는 과정을 시작하면, "우리일지도 모를 것들이 자기 스스로들을 나로부터 써 내려간다"고 말한다(p. 100). 이런 타자들의 나타남을 가능하게 하기 위해, 식수는 자아를 상실할 위험을 감수하는 것, 그리고 완전히, 기꺼이, 돌이킬 수 없도록, "되돌려 줌" 없이, 자신을 "알려지지 않은 것"에 내맡기는 것이 필수적이라고 주장한다(3장과 4장을 보라). 〈글쓰기로의 도착〉에서 그녀가 말하듯, 글쓰기가 우리의 알려지지 않은 거주자들의 목구멍에서 솟아오르는 것은, 바로 이 지점, 즉 신체와 타자가 가장 가까이 접촉하는 지점에 있을 때, "살이 낯섦을 겪을 때"이다(pp. 38~39). 모성의 경험이 보통 성적으로 특수한 경험이지만, 식수는 〈출구〉에서 남성들도 할 수 있고 그래야 할 것이라고 그녀는 생각한다. 식수는 아이에게 자신이자 타자가 되는 데에 필수적인 자유를 주기 위해, 부모 역할들 "또한 재고되어야 한다"고 주장한다. "오랜 관계와 그 관계의 모든 결과들을 시대에 뒤떨어진 것으로 만드는 것, 그리고 새로운 주체를 삶으로, 낯섦 속으로 내놓는 것을 사유하는 것은 여성과 남성의 일이다"(p. 89).

이런 과정이 "낳는" 글쓰기는 상징계의 엄격함과 영적 공허함으로부터 일보 물러설 수 있는 글쓰기이다. 식수는 이와 같은 다른 글쓰기, 여성적 글쓰기는 무의식과 본능 충동들의 전-언어적 공간들에 가깝게 다가간다고 말한다. 그것은 "언어-이전에-오는-것what-comes-before-language의 잔향을 듣기 위해" 귀 기울이며 받아들이는 것이다(p. 88). 그런 글쓰기가 경계들을 넘어서고 "아찔하면서도 도취적인" 방식으로 "넘쳐흐른다"는 것이 식수의 생각이다(p. 91).[13] 식수는 여성적 글쓰기의 통제 상실의 감각에서 오는 약간의, 그러나 즐길 만한 불안을, 여성이 공적으로 발화해야 할 때 스스로 "노출시키는" 끔찍한 "고문"과 비교한다(p. 92). 여성들은 "문화적으로 나서서 발화하는 데에 익숙하지 않다"고 식수는 주장한다(p. 92). 우리는 "여성적"인 것이 완전히 표현되도록 허락한 시대도 자유도 없었다고 식수는 열변한다. 그녀의 말은 매우 확신에 차 있다. 어떤 '불안'이나 '의심'도 없이 그러하다. 그것은 "낭비", "과잉", "무용"의 가능성을 제한한다—이 모든 것들을 여성이 "선호"하고 "필요로" 한다고 식수는 주장한다(p. 93). 이것이 식수가 글쓰기를 특권화하는 이유들 중 하나이다. 발화와는 달리, 글쓰기는 자신만의 시간에, 자신만의 말로 일어날 수 있는 것이라고 그녀는 생각한다. 글쓰기는 비난하는 시선에 의해 제약되지 않을 것이다. 식수는 자신이 그 누구가 아니라 자기 자신을 위해서 글을 쓰는 것이라고 단언한다(*Rootprints*, p. 100). 그녀에게 글쓰기는 실험의 공간, "혀가 스스로 말하게 할 수 있는" 공간이다(*The Newly Born Woman*, p. 93). 즉 식수가 드러내려는 관점에서 보면 글쓰기는 해방의 공간인 것이다.

식수는 이러한 해방이 몸에게로 돌아가는 것을 통해, 몸을 재발견하는 것을 통해 가능하게 된다고 생각한다. 앞서 논했듯이, 그녀는 여성이 자신의 몸을 수치스럽게 여기도록 만들어져 왔다고 주장한다. "자신을 어리석은 겸손으로 채찍질하도록" 말이다(p. 94). 이에 대항하기 위해, 식수는 "여성이 자신의 몸을 써야만 한다"고 강하게 말한다(p. 94). 식수에 의하면, 이것은 여성들이 자신의 몸에 대한 비-언어적이고 무의식적인, 본능적 충동들과 감각들에 귀 기울여야만 함을 의미한다―여성들은 이런 상태에서 발생하는 패턴들, 잔향, 반향들로 언어에 힘을 줘야 한다. 식수는 "여성이 남성보다 더욱 몸적"임을 주장한다(p. 95). 그러나 〈출구〉에서 "여성"이라는 낱말은 해부학적 혹은 생물학적 성을 지시하는 것만이 아니다. 그것은 또한 타자(그리고 주체성과 글쓰기)에게로 향하는 다른 접근에 대한 기표이기도 하다. 가령, 이 구절 바로 다음에, 식수는 (복수에서 단수로 전환되는 것이 눈에 띄는데) 셰익스피어와 클라이스트가 "여성이 될 수 있는 남성들"의 범례로 간주될 수 있다고 말한다(p. 98). 그녀에 의하면 자신이 현재 글쓰기를 할 수 있는 것은 그런 작가들 덕분이다. 그녀는 셰익스피어와 클라이스트에게서 대세를 거스르고 관습에 저항할 용기를 가졌던 남성들의 사례들을 보고 있는 것이다. 그녀가 주장하기를, 셰익스피어와 클라이스트는 체계를 비껴가고 탈출하는 방법을 발견한 이들이다. "수세기 동안 자기의 "진리"로 술수를 쓰고 반복해온 거대한 기계가 실패를 맞았기 때문이다… 대가代價를 치르고서라도 전통과는 다른 어떤 것을 해낸 시인들이 있었다—사랑을 사랑할 수 있는 남성들, 그래서 타자들을 사랑하고 타자들을 원할 수 있었던 남성들 말이다"(p. 98).

글쓰기의 물질성이 중요하다. 데리다와 같은 다른 이들처럼 식수도 "글쓰기écriture"가 "쓰기"이자 "필적handwriting" 둘 모두를 뜻할 수 있다는 점으로 유희한다. 식수는 "여성적" 텍스트들이 쓰여져야 하는 속도—손의 흐름, 손가락의 촉감, 팔의 맥박 등을 강조한다.[14] 몸이 "스스로를 들려지도록" 허함으로써 여성적 글쓰기는 식수가 "무의식이라는 거대한 자원"이라고 부르는 것에로 접근해간다(p. 97). 여성적 글쓰기 실천은 표면적으로 "안정적인" 텍스트들에 행사되는 다양한 분열적 의미들을 낳는다. 이와 같은 불안정성의 도입은 급진적이고 창조적이다. 식수는 여성들이 팔루스적/상징적 담론의 "문법", "설명", "해석" 그리고 "국지화" 같은 통제장치들을 일소해야 한다고 주장한다(p. 96). "voler(날다/훔치다)"라는 동사의 이중 의미를 유희하면서, 식수는 언어로 침입해서 자신을 위해 언어를 전유하는 것—그것을 소유하고 그것을 변형시키는 것—이 "여성의 제스처"라고 지적한다. 즉 "언어 속으로 몰래 들어가서 언어를 날아가게 하는 것이다"(p. 95). 이런 관점에서 우리는 여성적 글쓰기가 상징계, 즉 지배적 코드이자 가부장제 담론을 감염시키고 다시 쓰는 일종의 컴퓨터 바이러스처럼 행위한다고 말할 수도 있을 것이

다. 식수가 언급하듯, 그 과정은 "느리고" "어렵다." 그러나 그것
은 거침없다. "굼뜨고 미련한 것, 아둔한 것, 그리고 그 많은 말들
을 찢어 열고 적시고 벌려놓을, 절대적으로 멈출 수 없고 고통스
러운 솟아오름"(p. 88). 그런 글쓰기로 언어가 일단 장악되면, 그
것이 "여성의 것"이 되면, 모든 것은 바뀔 것이다. 식수의 글 중
가장 많이 인용되는 구절 중 하나에서 그녀가 의기양양하게 주
장하듯이 말이다. "이제, 나-여성은 법을 날려버릴 것이다. 지금
부터 빠져나갈 수 없는 폭발로. 그 일이 일어나게 하라, 지금 당
장, 언어 안에서"(p. 95).

3장
픽션과 연극

> 여성의 영역에서는 어느 것도 이론화될 수 없다.
> 우리가 말할 수 있는 유일한 것은
> 글쓰기가 그것을 말하거나 이론화할 수는 없지만,
> 그것으로 유희하고 노래하는 것이다.
> 〈무의식의 장면에서 역사의 장면으로〉, pp. 11~12.

식수의 픽션과 연극적 글쓰기는 시적 형식과 철학적 사유 사이 어딘가의 공간에서 작동한다. 그녀의 글쓰기는 항상 관습적인 것들을 가지고 유희했다. 비표준적(비"남성적") 접근을 문체, 성격묘사, 플롯에 적용하며 독자/관객이 갈피를 못 잡게 하고 기쁘게 하며 그들에게 도전한다. 식수의 픽션과 연극적 글쓰기에서 관찰되는 것은, 여성적 글쓰기의 기저를 이루는 많은 생각들이 실천으로 옮겨져 있다는 점이다. 텍스트에서 발생하는 변화와 전개들은 여성적 글쓰기가 주체성, 정체성, 주제, 문체, 장르와 같은 문제들과 어떻게 담판을 지을지에 대한 많은 것들을 드러내고 있다. 또한 이 장에서는 식수의 픽션과 연극적 글쓰기가 그녀의 '이론적' 글쓰기—여성적 글쓰기에 대한 자신의 '이론'에 영향을 준 경험적 실험의 실행—에서 내놓은 생각들을 위한 일종의 "테스트 베드"로 작동한다는 점을 보일 것이다.

시작들Beginnings

〈출구〉와 다른 텍스트들에서 타자에게로 글쓰기를 개방해야 할 필요, 즉 타자로 하여금 타자로서 말하게 할 필요를 크게 강조한 점을 생각하면, 식수의 초기 텍스트들이 놀랍게 다가올 수도 있다. 식수 최초의 픽션인 《내부》에서, 독자는 "나"(이는 "캐릭터"를 말하는데, 왜냐하면 식수는 자신의 픽션에서 관습적인 캐릭터들을 피하려고 했기 때문이다—아래를 보라)라는 "등장인물"에 대한 과잉-강조 때문에 텍스트와 거리감을 느끼게 된다.[1] 타자(그가 "아버지"의 형상이든, "어머니" "남자 형제" 등의 형상이든)는 "나"를 거치며 걸러진다. 그러면서 독자는 사건들의 매우 주관적인 판본을 짐작함으로써 나오는 것에 전적으로 의존하게 된다. 처음에 이는 식수가 여성적 글쓰기에 대한 자신의 글에서 설명하고 옹호하는 타자와의 새로운 관계와 반대인 것처럼 보일 것이다. 그러나 《내부》는 식수가 자신의 여성적 글쓰기에 대한 "이론"을 완전히 발전시키기 전에 쓰였음을 확인하는 것이 중요하다. 여성적 글쓰기에 대한 식수의 중요한 저작들은 《내부》 이후에 최소한 5년이 지난 후 나온 것들이다. 이와 더불어, 식수가 여성학센터의 구성원들과의 〈대화들〉에서 설명하는 것처럼, 처음에 이 글쓰기를 창조할 주체의 본성을 이해하지 않고 타자에게로 열린 글쓰기를 창조하는 것은 가능하지 않다.

글쓰기의 최초의 제스처는 항상 나르시시즘과 필연적으로 관계한다. 우리가 글쓰기를 시작할 때, 우리는 끊임없이 사실로서의 우리 자신을 떠올리고 있는 것이다. 즉 "내가 쓴다"…"내"가 "나"에게 익숙해지기까지 시간이 걸린다. "내"가 존재한다고 "내"가 확신할 수 있게 되는 시간. 오직 그때만이 타자를 위한 공간이 존재할 수 있다.(p. 153)

식수가 《내부》를 쓸 때 일부러 이런 의도로 설정한 것인지, 아니면 차후에 이런 의도로 자신의 초기 저작을 읽었는지는 크게 중요하지 않다. 중요한 것은 《내부》와 여타 초기작들이 (의식적이든 무의식적이든) "자아"에 대한 더 큰 자각을 통해 타자에게로 도달하는 이와 같은 과정 내에서 쓰여졌다는 점이다.

《내부》는 자전적 암시들로 빽빽하게 암호화된 텍스트 내의 "나"의 발생을 기록하고 있다(그러나 식수가 칼-그뤼버와의 〈내부-관점/인터 뷰Inter Views〉에서 밝힌 것처럼, 그녀의 글쓰기는 결코 그 자체 자서전이라는 장르에 직접적으로 혹은 완전히 가담하고 있는 것으로 생각되어선 안 될 것이다—아래와 *Rootprints*를 보라. p. 87).

《내부》는 여성적 글쓰기의 필수적 조건들을 탐색한다. 그것은 터를 잡는 작업이었는데, 가령, 픽션의 중심적 이미지들 중 하나를 보면, 탈체화된 입이 나타났다 사라지고, 마찬가지로 탈체화된 손이 입의 자리에 나타나기도 한다(*Inside*, pp. 63~65). 이 구절의 이미지에서 우리는 〈출구〉에서 나타난 '목소리'와 (수)기(hand)writing에 대한 서술—여성의 목소리는 자신의 (수)기에서 가장 분명하게 표현되고 들려진다—과의 평행을 볼 수 있다. 그 이미지는 또한 〈진리 안의 저자〉에서 논의된 먹기와 쾌락 사이의 연결도 시사하고 있다. 성차에 대한 가부장적 관념들을 우려하면서도 식수의 후기 "리비도적 경제들"의 개방성과 유동성을 예견하면서, 《내부》에서의 "나"라는 젠더는 바뀌고 불안정하다. "성은 해부학적이고 생리학적인 조건들과는 별개로 결정된다"(p. 79). 죽음이 《내부》에서 얼마나 중요하게 나타나는지도 눈여겨볼 부분이다. 죽음은 식수의 전체적 글쓰기 기획에서 중심적인 관심이다—특히 이는 자신의 여성적 글쓰기에 관한 전망에서 중요하다. 《내부》는 "자아"가 아버지의 죽음과 담판을 지으려 애쓸 때, 아이였을 때와 20년 후 어른이었을 때 모두, 그 투쟁을 따르는 기록이다. 죽음과 '결여'라는 주제들을 탐색함으로써, "자아"는 언어의 '내부inside'와 '안within'에서 정체성을 구성한다(《내부》의 프랑스어 제목인 'Dedans'는 '안'으로 또한 번역될 수도 있다). 죽음은 언제나 시작점이다. 〈무의식의 장면에서〉 그녀가 이야기하듯, "우리가 오직 발견의 길목을 따라서 (…) 애도의 지점에서부터 전진을 시작할 수 있다"는 것이 그녀의 믿음이다(p. 5). 모든 것이 상실되었을 때에만이, 작가는 발견되거나 "다시 얻어지는" 것이 무엇이든 그것을 알아보고 붙잡을 수 있게 될 것이다(p. 4). 그러므로 작가가 필멸성Mortality을 습작하는 것은 필연적이라고 식수는 덧붙이는 것이다. 이런 과정에 있는 어머니의 역할은 여성적 글쓰기에서 글을 쓰는 주체의 발생에 있는 어머니(그리고 모성성)의 역할과 매우 친연하다. '나'에게 언어를 주는 것은 아버지가 하는 일이지만, 아버지가 죽은 후 언어 안에서 '나'라는 사회적 자아를 형성하도록 돕는 이는 어머니이다. 마찬가지로, 성인인 '나'가 그 픽션의 두 번째 부분에서 수많은 (남자) 연인들을 (아마도 그 '나'는 그들이 아버지의 '대리물들'이라고 주장할 텐데) 갖게 되더라도, 어머니는 여전히 '내'가 죽음에서 사랑으로 돌아서는 자아의 감각을 발달시킬 때 중요하게 작용하고 있을 것이다. 그 픽션이 끝날 무렵, 아버지의 죽음이 받아들여지고 '내'가 새로운, 초월적인 언어의 가능성들 내에서 무성해지고 있을 때, (살아 있는) 어머니의 유령 같은 현존이 발견될 수 있다. 아버지의 형상이 전경에 있긴 하지만, 어머니도 마찬가지로 중요한 '캐릭터'이다. 식수가 〈무의식의 장면에서〉에서 말하듯, "어머니? 그녀는 음악이고, 그녀는 거기, 숨쉬는 힘의 뒤편에 존재한다"(p. 4).

　식수는 《내부》에서 글쓰기의 많은 "실험적" 형식들을 사용하고 있다. 구두점, 텍스트적 공간 두기, 구조, 픽션의 성격묘사 등을 즉흥적으로 사용하면서 말이다. 그러나 전체적으로 《내부》는 그 형태상 '전통적'인 것으로 남아 있다. 최소한 식수의 다른 초기 픽션들과 비교하면 그러하다. 세 번째 픽션인 《세 번째 신체/책Le Troisième Corps, The Third Body》은 돌아가신 아버지 및 현재의 연인(그녀는 그에게 'T.t.'라는 이름을 주었다)과 자신과의 관계의 중요성을 파헤치고 분석하면서 이름 없는 여성 화자를 따라간다.[2] 《내부》에서 그랬던 것처럼, 수많은 자전적이고 정신분석적인 암시들이 《세 번째 신체/책》에도 존재한다. 그것이 식수의 여성적 글쓰기에 대한 후기 사유와 어떤 관계를 맺고 있는지에 대해 아마도 가장 흥미로운 점은 제목인 '세 번째 신체/책'이 '여성적' 글쓰기의 형식을 취하고 있는 듯 보이는 방식에 있을 것이다. 성차의 효과들을 숙고하면서, 아마도 사랑을 나눌 때나, 사랑을 나누는 꿈을 꿀 때나 (텍스트는 의도적으로 그런 지점들에 대해 모호하다), 그 화자는 다음과 같이 말한다. "우리의 혀tongue가 서로 교차할 때, 세 번째 신체가 우리에게로 도착한다. 거기에 법은 존재하지 않는다"(p. 70). "혀"가 여기서 중요하다. 프랑스어 'a langue'는 신체 부위와 언어 둘 모두를 가리킬 수 있다—혀라는 단어가 영어에서는 두 번째 의미[언어]로는 덜 쓰이는 편이다(물론 '모국어'mother tongue라는 표현에서 볼 수 있기는 하지만). 이와 같은 언어와 몸의 리비도적 '교차'에서 아버지의 '법' (팔루스로고스적 담론의 '법')은 관계 맺음의 새로운 체계에 길을 내주게 된다. 그것은 불확정성, 다수성, 주이상스에 있는 '여성적'인 것이다. "살의 내부에는 우리의 무한한 존재의 특이한 여성적 보통명사가 있다. 구멍 속에 내려앉아, 적셔지고 늘여지며, 눈이 감긴 채로, 나는 누구든지 그/그녀가 원하는 것을 남성적인 것과 여성적인 것이 더 이상 구분되지 않을 수 있는 지점까지 물질화할 수 있도록 하련다"(p. 75). 그 화자와 T.t.가 쓰기를 시작할 때 (그는 목소리로, 그녀는 손으로), 화자의 "오른편"과 T.t.의 "왼편"이 "동일한 세 번째 신체/책"에서 합쳐지는 하나의 책을 창작할 때, 픽션의 대단원dénouement에 이르러 살은 텍스트가 된다(p. 156).

글쓰기의 이와 같은 "세 번째 신체/책"과 함께, 식수는 자신의 픽션 작품에서 혁신적인 레퍼런스 체계와 서사 테크닉 등을 도입하고 있다. 이런 혁신들 중 어떤 것들은 더 성공적이고 다른 것들은 덜 성공적이기도 하지만, 전반적으로 어느 정도는 타자 혹은 타자성의 현존에게 그 텍스트를 개방하고 있다. 예를 들면 식수는 영어의 "knuckle", "knock", "suckle"과 같은 타 언어의 낱말들을 집어넣는다(p. 110). 화자는 또한 자신의 생각을 수비학numerology으로 표현하거나(p. 9) 대수학이라는 수학적 언어로 표현한다(pp. 100~103). 심지어 빈칸도 《세 번째 신체/책》에서는 의미가 있다. 식수는 항상 자신의 텍스트에 있는 빈 공간이나 빈 페이지들의 의미화 잠재력을 매우 강조해왔다. 《세 번째 신체/책》의 어떤 지점에서 그 글은 극도로 표현적인 "빈 공간"으로 환원된다. 이 공간은 아무 말도 없지만 암시적으로 결여, 망각, 말해지지 않은 것이라는 주제를 지속시키고 있다. 이런 주제들은 앞선 구절에서 화자를 점령했었던 것들이다(pp. 98~99). 또한 기표 차원의 다양한 유희들도 존재한다. 《세 번째 신체/책》이 1970년에 출간되었고 같은 해에 롤랑 바르트의 《S/Z》(발자크의 소설 《사라진Sarrasine》에 대한 바르트의 정교한 해부)도 출간되었다는 것은 아마도 우연이 아닐 것이다.[3] 바르트와 마찬가지로, 식수도 자음 's'의 이중적 특성에서 비롯하는 가능성들을 유희한다. 식수의 화자는 "리자드lizard"(프랑스어로는 "레

자흐lézard"), 영어 단어인 "치즈"(텍스트에서는 괄호 안에 "Tchi:z"
라고 표기함), 그것의 독일어 단어인 "케제Käse"와 이름인 "조
이Zöe"를 들고 있다(pp. 113~114). 이 단어들이 발음될 때 모두 'z'
소리를 포함하고 있다. 이런 것들을 언급하고 몇 페이지 다음에,
'z'로 발음되는 's'로 표기된 모든 기표가 소리 나는 대로 적혀 있
다(《세 번째 신체/책》 pp. 164~166을 보라).[4] 's'와 'z'에 대한 유희
의 마지막 중요성은 나중에 서사 안에서, 화자가 자신의 아버지
가 제시한 "최초의 수수께끼"를 회상할 때 분명하게 나타난다
(《세 번째 신체/책》, p. 143). 그녀가 이야기하듯이, "어떤 것이 이
모든 모음들을 포함하고 있을까? 어떤 것이 이중적 의미를 갖
고 있는 하나의 자음에 의해 나눠질까? 나는 이 물음에 대답해
야 했다"(p. 144). 이 물음에 대한 답은 "새bird"(프랑스어로는 'oi-
seau'이며 'wazo'로 발음된다)이다.* 화자가 우연히 이 답을 맞닥
뜨렸을 때 그녀가 느낀 기쁨(그녀는 새의 꿈을 꾸고 있고 크게 외친
다)은 그녀의 아버지에게 칭찬받는 기쁨과 같다. 그것이 중요한
순간이다.

　기표로 하는 다른 유희들은 시적 변형으로 얻어진다. 물론
1장에서 언급했다시피, 이런 말장난, 두운, 신조어들은 타 언어
와 완전히 교차될 수는 없다. 가령, T.t.라는 이름은 "Tôt"('일찍'
이라는 뜻)뿐만 아니라, 문자 그대로 (영어의 의미에서) "T.(or)

---

　* 'oiseau'는 5개의 모음 모두를 가지며 'z'로 발음되는 's'에 의해 나뉘어
　　있다.

t."로 읽힐 수도 있는 "T.(ou)t."로 변화된다.** 그러면서 또한 "Tout"('모든 혹은 전부'라는 뜻)를 의미하는 것으로 이해될 수도 있다(pp. 149~150). 이와 같은 기표 유희와 더불어서, 식수는 다른 작가들의 텍스트들을 암시하고 인용하며 요약한 것을《세 번째 신체/책》으로 엮어 넣는다.[5] 특히 세 개의 텍스트가 픽션을 통해 그 글쓰기 안팎으로 통과하고 꿰어져서, 그 글의 서사들과 화자의 삶 사이의 경계들이 서로 삼투하고 불투명해진다. 이 텍스트들은 바로 빌헬름 옌센Wilhelm Jensen의《그라디바Gradiva》와 클라이스트의 두 개의 이야기들(〈칠레의 지진〉과 〈O 후작 부인〉)이다.[6] 중요하게도, 식수의 화자는 옌센의 소설에 대해 더 잘 알려지고 많이 읽힌 프로이트의 정신분석 연구가 아닌, 절판된 원본을 읽기를 택한다.[7] 그렇게 함으로써, 그녀는《세 번째 신체/책》이 쓰여진 시대의 파리 지성계를 흐르는 정신분석의 유행에 가까이 가면서도 그로부터 거리를 두려 했다. 클라이스트가 옌센보다 더욱 훌륭하고 흥미로운 작가이긴 하지만, 그의 저작도 여전히 우리가 '유명하다'고 부를 수 있는 것이 못 된다. 그러므로 식수가 종종 자신의 "범례들"이나 영감들을 널리 알려지지 않은 작가들로부터 끌어온다는 사실을 주목하는 것이 중요할 것이다. 그녀의 동기는 부분적으로는 개인적일 것이지만 (그녀가 이 작가들을 다른 이들과 함께 읽었을 때 경험했을 기쁨을 공

** 프랑스어 'ou'는 영어의 'or'와 같은 '혹은'이라는 의미이다.

유하고자 하는 욕망), 그러면서도 그것은 또한 정치적인 것이었
다. "정전 격이 아닌non-canonica" 작가들과 텍스트들에 목소리
를 부여하려는 행위는 식수가 대안적이고 배제적이지 않은 글
쓰기 공간을 만드는 데 도움이 되었다.[8]

　그녀의 픽션들에 타 작가들의 텍스트들을 이렇게 포함시
키는 것은 비평적 차원이 아니라 시적 차원에서 일어난다. 다시
말해, 식수는 (그녀의 다른 장르의 글쓰기에서도 그러하듯이) 그 텍
스트들에 대해 해석이나 논평을 하지 않는다. 그러나 그 텍스트
들 내에서 발견한 주제들이나 모티프들(숨겨진 이름들, 정체성들,
아버지들과 모성)을 이용한다. 한 예술가가 팔레트에 배열해 있
는 물감들을 사용하거나, 혹은 콜라주를 위해 취합된 이미지들
을 사용하여, 전체 작품에 빛을 주고 그림자를 만들고 질감과 복
합성을 주듯이 말이다. 《세 번째 신체/책》 이전의 픽션 작품인
《시작들Les Commencements》에서, 식수는 15세기 피렌체 화가
우첼로가 그린 성 게오르기우스와 용의 회화에 대해서도 유사
한 방식으로 작업한다.[9] 가령, 식수의 1973작 픽션인 《태양의 초
상Portrait du soleil》[10]과 1976년작 희곡인 《도라의 초상Portrait de
Dora》[11]은 모두 프로이트가 최초로 출간한 사례 연구에 대한 재
작업이자 성찰이다.[12] 프로이트와 함께, 카프카는 특히 식수 초
기작에서 보이는 공통된 레퍼런스이다. 그녀의 1975년 글인 《불
가해한 어떤 KUn K. incomprehensible: Pierre Goldman》는 카프카
의 《소송The Trial》을 재작업한 것이다. 이는 동시대의 "오심" 사
건을 조명하기 위함이었다.[13] 그녀의 1982년 작인 《레모네이드

모든 것은 너무 무한했다Limonade tout était si infini》는 그것의 제목과 서사를 카프카의 마지막 작품들 중 하나에서 가져왔다. 그 작품들은 카프카가 더 이상 말할 수 없게 되었을 때 소통하기 위해 수기로 썼던 노트들이었다.[14] 다른 픽션작인 《심연 너머의 결혼을 위한 준비Préparatifs de noces au-delà de l'abîme》는 카프카의 짧은 이야기들 중 하나인 〈시골에서의 결혼 준비〉라는 제목을 생각나게 한다.[15]

식수가 《내부》에서, 그리고 더 광범한 정도로 《세 번째 신체/책》에서 행하고 있는 형식적 실험들은 또한 후기작에서도 계속된다. 《부분Partie》은 양쪽 끝에서부터 읽을 수 있도록, 그래서 그 픽션의 두 반쪽이 중간에서 만날 수 있도록 인쇄되었다.[16] 《무덤Tombe》은 33개의 숫자로 매겨진 진술과 명제의 목록으로 펼쳐져 있다.[17] 식수의 많은 픽션(과 다른 작품)들이 그렇듯이, 단락들은 쉼표로 끝나거나 어떤 구두점도 없이 끝난다. 낱말들과 단락들은 텍스트로부터 고립된 것처럼 보이고 종종 이탤릭체로 되어 있다. 식수는 또한 《무덤》에서 텍스트의 조판으로도 유희한다. 그러면서 "다람쥐un écureuil"라는 낱말을 다음과 같이 쓴다(p. 78).

‚ ‚ ‚ ‚ ‚ ‚

! Un écureuil !

‚ ‚ ‚ ‚ ‚ ‚

혹은 다른 사례에서, 그녀는 자신이 사랑하는 것들의 목록을 만들기 시작하면서 다음과 같이 쓴다(p. 87).

la peur	l'amour	la vérité	le présent	la présence
et	et	et	et	et
[fear	love	truth	present	presence
and	and	and	and	and]

　《중성Neutre》에서 이러한 혁신들과 실험들이 극단적으로 실행된다.[18] 표지에는 "소설"이라고 쓰여 있지만, 《중성》은 사실 혼합 장르이다. 픽션이자 드라마이고 시이자 심리학이고 철학이다. 6개의 짧은 경구 다음에(pp. 6~15)[19], 《중성》은 **플레이어, 조각 그리고 유령**JOUEURS, PIECES ET REVENANTS이라는 목록을 주는 역할을 떠맡는다(p. 17). 식수는 또한 동시대 문학비평의 패러디들(사례들로는 pp. 165~166 참고)과 사전들(p. 30)에도 참여하고 있다. 생략들이 자주 도입되어 있으며, 때때로 이것들은 한 단어의 부분이나(pp. 20, 23, 66), 어떤 목록의 한 항목의 부분을(p. 28) 대체하기도 한다. 그러나 가장 빈번하게는 이것들을 서사를 중단시키기 위해 사용하고 있다―불확실성의 지점들을 삽입하고, 말해진 것과 말해지지 않은 것이 "들릴 수" 있도록 하는 가능성을 보여주면서 말이다. 낱말들은 또한 줄이 그어져 있거나(pp. 68, 73, 92), 위아래가 뒤집힌 채 있기도 하고(p. 108), 긴 점들로 대체되기도 한다(p. 93, 104). 심지어 그녀는 인용문의 단어들과도 유희한다. 밀튼Milton의 작품인 《투사 삼손》에서 가져온 아래와 같은 사례들처럼 말이다(원본 텍스트의 영어로).

0 darK dark dark amid the blaze of noon

0   a   a   a   a   a   oo   (p. 34)

"darK"의 맨 뒤 대문자를 보라. 이것은 카프카의 요제프 K Joseph K나, 프로이트의 "도라" 사례에 나오는 K씨 가家, K씨 내외Herr and Frau K를 암시하는 것일까?

　이와 같은 다양한 텍스트적 실험이 글쓰기를 향한 "여성적" 방식을 구성한다고 말하기는 힘들 것이다. 그러나 초기 픽션에서 보이는 "나"에 대한 탐구로 그러했듯이, 이 시기 동안에 내용과 형식상의 실험은 여성적 글쓰기를 향한 여정의 중요한 전진으로 간주될 수 있을 것이다. 이와 같은 초기 텍스트에서, 식수는 문학의 관습들(장르, 서사, 문법, 구두점, 통사, 페이지상의 텍스트 레이아웃 등)을 사용하여, 그것들이 어디까지 갈 수 있을지 보기 위해 늘여놓는다. 종종 그녀는 해체될 때까지 시험하기도 한다. 이런 텍스트들은 하나의 해석을 향한 충동에 저항하기라는 의도로 쓰여 있다. 그러나 때로는 (특히 《중성》의 경우에서) 식수는 우리가 어떤 해석이라도 가능하기는 할지 의문시할 정도로 글쓰기의 형식들을 해체한다. 그것들이 독자에게 약간의 두통 그 이상을 (비유적으로뿐 아니라 문자 그대로) 줄 수도 있겠지만, 거시적으로 보자면 이런 새로움과 실험들은 급진적이면서도 과거로부터 멀어지는 매우 필수적인 움직임으로 생각될 수도 있을 것이다. 타자에 대해 쓰는 것으로 향해 가기 전에 "나"를 완전히 이해하고 인정하는 것이 필수적이라면, 이러한 글쓰기가 발생할 공간을 이해하는 것도 필수적인 것이다. 때로는 우리는 사태들을 분해함으로써만 사태들을 이해할 수 있다. 때로는 우리가 모든 것을 다시 되돌려놓고자 할 때에 한두 조각만이 남아 있게 될 것이다.

변신

1970년대 중반, 식수의 픽션에 어떤 전환이 일어나고, 강조점은 아버지의 형상에서 (간접적이긴 하지만) 어머니의 형상, "여성적인" 것의 형상으로 옮겨 가게 된다. 1장에서 논했듯이, 이때는 식수가 여성해방운동Mouvement de Libération des Femmes, MLF과 관계하던 시기이다. 이는 또한 식수가 자신의 작품을 앙투와네트 푸케의 데 팜므Des Femmes 출판 레이블을 통해 발간하기로 선택한 시기와 동일하다. 이 시기의 주요 작품들 중 하나는 식수의 1977년 작인 《불안Angst》이다. (2개국어로 쓰여진 《오랑주 살기Vivre l'orange/To Live the Orange》를 계산에 넣지 않는다면) 이 작품은 영어로 번역된 최초의 픽션이다.[20] 《불안》은 여성적 글쓰기의 발전에 있어서 매우 흥미롭다. 이 작품은 엄청나게 높은 강도로 초기 텍스트들에서 발견되는 상실과 분리의 주제를 다루고 있다. 《불안Angst》에서 경험된 고통은 날것이며, 때로는 견디기 힘들다. 글을 시작하는 문장들은 도래할 것을 위한 분위기를 설정한다. "최악의 것이 내게로 엄습한다. 이것이 그것이다. 엄청난 고통의 장면"(p. 7). (감정적 차원에서) 읽기에 쉽지 않은 책이지만,《불안》에는 시작부터 또한 전진의 감각, 어려운 질문들과 문제들이 철저히 탐구되고 해결되는 감각이 존재한다. 많은 장면에서 버려짐과 배신이 난무한다. 이 모든 것들은 처음으로 그녀의 어머니가 그녀를 혼자 남겨뒀을 때와 같은, 화자를 압도하는 "외부"에 있다는 느낌과 연결되는 듯하다. "어머니는 나를 바닥에 내려놓았고, 방은 닫혔다. '거기 기다리고 있어, 곧 돌아올게.' 어머니는 나갔고, 바닥은 닫혔다. 나는 외부에 있다. 내가 존재하지 않으면 당신은 죽는다. 배신. 모든 것이 죽기 시작한다"(p. 8).

　《불안》은 매우 과도기적인 텍스트이다. 죽음은《불안》에서 강한 힘으로 남아 있지만, 그것은 또한 식수의 글쓰기가 사랑에 대한 문제의 탐구로 향하기 시작한 교차점을 가리키기도 한다. 프랑스어 판본의 후기(영역본에는 포함되지 않음)에서, 식수는 《불안》과 논평들을 낳은 자신의 글쓰기를 되돌아본다. "dix ans pour faire un pas, le premier après dieu la mort, dix ans pour arracher l'amour à la contemplation de dieu la folle. Dix livres à vouloir en finir avec la mort[한 걸음 내딛기 위한 십 년, 죽음의 신 후의 최초, 광기의 여신의 응시에서 사랑을 빼내기 위한 십 년. 죽음과 함께 그것을 끝내길 바라는 열 권의 책]"(프랑스어본, p. 281).《불안》에서 자아는 그녀 자신의 필멸성을 인식함으로써 (다시) 태어난다(영역본 p. 29). 글쓰기는 우리가 죽음과 연결될 수 있도록 하는 매개체이다. 식수의 화자는 글쓰기 행위를 "죽음과 싸우는 결투"와 비교한다(p. 116). 그러나 그녀는 우리가 글쓰기를 원한다면, 결코 이 결투에서 이기면 안 될 것이라고 주장한다. "만일 그것들을 한데 묶는 전쟁이 당신의 승리이자 죽음의 패배로 끝난다면, 당신은 결코 펜을 들 수 없을 것이다"(p. 116). 차후에 논의하겠지만(아래와 4장을 보라), 이와 같은 해결불가능한 불확실성의 상태는 식수에게는 엄청난 매력과 같은 것이다. 만일 닫힘과 종결이 피할 수 없게 되는 상황으로 글쓰기가 밀려 들어갔다면, 글쓰기는 죽을 것이다. 《불안》의 화자가 지적하듯, "그것은 종결 없는 종결에 관한 물음이다. 끝나지 않는 죽음, 내가 여전히 오늘도 탐닉하는 죽음"(p. 188). 《불안》 내내, 화자는 "죽음과 영원성의 경계에서 발생하는 행복이라는 폭력적 강도를" 표현하기 위해 애쓰고 있다(p. 144). 픽션의 초반에 식수는 자신의 출생을 "언어의 진지한 실험"이라고 묘사하고 있다(p. 19). 그리고는 머지않아, 식수가 〈출구〉에서 주장하는 언어-내-혁명의 요구와 강하게 공명하는 구절에서, 화자는 조언한다. "만일 세계가 없다면, 창조하라. 만일 세계가 충분히 빨리 가지 않는다면, 두고 떠나라. 만일 길이 없다면, 발로, 손으로, 팔로, 열정으로, 필요로 그것을 새롭게 만들라"(p. 54). 언어와 신체 사이에 구축된 강한 연결이 존재한다. 그것은 "신체와 말 사이를 가르는 선이 없다는" 감각이다(p. 112). 여기에는 '여성적' 상상계의 전-언어적 공간에 대한 식수의 설명과도 또한 연결점이 있다. "어떤 보통의 언어도 발화되지 않았다. 어떤 것도 설명될 수 없다. 일어났던 사태들은 말로 표현되지 않았다"(p. 190).

　《불안》은 자아와 자아의 타자에게로의 새로운 접근이 도래

함을 목격하고 있다. "나"와 "외부" 모두와 연결되는 새로운 방법의 도래를. 자아는 내버려두기letting go라는 실로 급진적 행위로 타자를 위한 공간을 만들려 한다. "나"의 "내부"의 많은 측면들을 의도적이고 반복적으로 탐구하면서 식수의 화자는 자신이 이제 "다음 단계"를 취할 수 있는 지점에 이르게 되었음을 감지한다(p. 190). "외부"로 발걸음을 옮기면서, 화자는 친숙함의 모든 감각을 손에서 놓으려 한다let go. "당신 자신을 완전히 잘라낼 것. 낯선 자가 될 것. 당신 내부에 당신보다 더욱 강한 타자의 강력한 현존을 느낄 것. 그리고 타자가 아닌 다른 누군가가 되기를 그칠 것"(p. 191). 이것은 정신적 황무지로의 여정이요, 이전에 존재했었던 모든 것을 씻어내는 일이다. 식수의 화자는 이런 과정 동안의 자신의 고립을 〔성경의〕 대홍수의 "사십 일 밤낮"과 비교한다(p. 168). 그 글의 마지막 구절까지, 쓸려 나갔던 화자는 잠재성의 공간이 되었다. "나는 신을 없앴다. 나는 결국 사랑을 포기했다. 헐벗은 영혼 외에는 아무것도 남지 않았다. 내가 얼마나 순수했고, 깨끗했고, 말끔했던가… 나는 어떤–신체any-body도 사랑할 수 없었다. 그것은 내가 사랑하는 이를, 사랑하는 사랑이었다"(p. 219). 《불안》의 마지막에는 타자로 들어가는 길이 열린 채로 남아 있다. 그러나 또한 이러한 "정화"는 어떤 교착이나 막다른 골목이라는 결과를 낳을 가능성도 존재한다. 클라리시 리스펙토르의 글쓰기가 그 장면에 나타나는 것이 우연하게도 바로 이 순간이다. 식수가 리스펙토르의 글쓰기를 "발견"한 것은 과장될 필요가 없을 정도로 중요하다. 식수가 클라리시 리스펙토르의 작품을 만나지 못했었다면 그녀의 픽션이 어떻게 발전했을까를 추측해보는 것 또한 흥미로울 것이다. 이것은 1980년대의 식수에게 매우 중요해진다. 식수의 리스펙토르에 대한 비평적 글쓰기는 차후에 논의될 것이다(5장을 보라). 지금 중요한 것은 리스펙토르의 글쓰기가 식수의 픽션 실천에 준 영향력이다.

타자의 목소리

〈무의식의 장면에서 역사의 장면으로〉에서 식수는 우연한 만남을 통해 그녀가 처음으로 클라리시 리스펙토르의 글쓰기를 보았을 때를 회상한다.

> 1977년에 두 사람이 클라리시 리스펙토르라는 작가에 대해 대화를 나누고자 나에게 왔다…나는 몇몇 글들을 언뜻 봤는데, 매혹되었다. 그것은 엄청난 사건이라고 말할 수 있다. 그러고 나서 나는 계속 그 텍스트를 읽었고 나에게는 카프카에 맞먹을 만한, 무언가가 더 있는, 엄청난 작가를 발견했다. 이것이 여성으로서 글을 쓰는 여성이었다. 나는 카프카를 발견했고 그것은 여성이었다. 내가 다작을 하고 다독을 하며 문학에서 약간 외로움을 느꼈던 그때가 바로 이때이다. 그런데 갑작스레 나는 이 여자를 만난 것이다. 예상치 못하게.(p. 10)

이런 발견에 대한 식수의 가장 가시적이고 강력한 반응들 중 하나가《오랑주 살기》였다. 이 책은 짧지만 강렬한 시적 텍스트이다—부분적으로 헌사이고, 부분적으로 찬가이며, 부분적으로 말, 소리, 이미지, 생각들의 환희에 찬 분출이다. 그 글에서 식수는 리스펙토르가 작가로서의 그녀를 구했다고, 그녀의 글쓰기를 구출했다고, 식수라는 작가와 그녀의 작품 모두에 새 생명을 불어넣었다고 아주 일찍부터 솔직하게 말하고 있다. 리스펙토르의 글쓰기는 식수의 "쓰는-존재writing-being가 홀로 있음에 슬퍼하고 있을 때," "천사의 발자국"과 함께 찾아왔다(p. 10). "나는 엄청난 고독 속에서 십 년간의 빙하기를 헤맸다. 한 명의 인간 여성의 얼굴도 보지 못한 채. 태양은 물러났고, 치명적인 추위만이 찾아왔다. 진실이 저물었다. 나는 죽음 앞에서 마지막 책을 펴들었고, 읽었다. 그것이 클라리시였고, 글쓰기였다"(p. 48). 식수가 리스펙토르에 대해 느꼈던 감사와 사랑은《오랑주 살기》의 모든 페이지마다 거의 종교적인 열정으로 스며들어 있다. 리스펙토르의 글쓰기가 식수에게 선사한 것은 "내가 되고 싶었었던 여성"이자 "오렌지의 좋음을, 과일의 충만함을" 한 번 더 알 수 있는 기쁨이기도 한 이중의 선물이었다고《오랑주 살기》에 묘사되어 있다(p. 14).《오랑주 살기》의 오렌지는 다양한 사물들이다. 이브의 사과처럼, 그것은 생명의 기쁨, 삶의 기쁨에 대한 은유로 작동한다.[21] 오렌지는 어린 시절의 경험들로 돌아가는 것과 연상되기도 한다(p. 14). 그것은 또한 식수가 "원천"이자 "탄생-목소리"라고 부르기도 하는 것으로 가는 여정의 방식을 열어주기도 한다(p. 16). 식수가 여기서 말하고 있는 "원천"이란 그녀가 〈출구〉나 〈글쓰기로의 도착〉 등에서 묘사하고 있는 '여성적' 상상계의 전-상징적 공간으로 인식될 수도 있다. 이전-상징계적 "원천"은 "모든 항해를 가능하게 하는" 힘을 갖고 있다(*Vivre l'orange*, p. 20). 식수가 여성적 글쓰기를 창조하기 위한 자신의 탐색 과정에서 매년 찾고 있었던 바로 그 전례이자 범례를 리스펙토르에서 발견한 것이라고 말할 수도 있겠다. 앞에서 논의되었던 것처럼, 여성적 글쓰기는 타자의 쓰기로, 즉 타자로서의 타자를 위한 공간을 만들고 타자를 가치화하는 글쓰기로 생각될 수 있는 것이다. 타자에 관계하고, 또 타자와 더불어 존재에 관계하는 이 새로운 방법을 만드는 데 필요한 "순수"와 "용기"를 리스펙토르가 지니고 있다고 식수는 주장한다. 리스펙토르는 "자아의 낯선 부분들에" 가 닿을 수 있고, "거의 자아가 없이도, 그리고 현재를 부인하지 않으면서도" 돌아올 수 있다(p. 28). 대조적으로 《불안》의 마지막에서, 즉 자신의 글쓰기의 이 단계에서, 표현된 훌륭한 의도들에도 불구하고, 그녀는 자신이 아직 완전히 스스로를 이 여정에 헌신토록 할 수 없었다고 생각한다. 리스펙토르의 오렌지라는 선물은 식수가 그렇게 할 수 있도록 영감을 주는 것이다.

《오랑주 살기》에서 강조된 또 다른 문제는 언어 내에서 사랑-받는-타자에게 생명을 주려고 할 때 작가를 덮치는 "무한한 연약함"이라는 위치이다(p. 8). 타자의 독특함과 타자성을 보존하기 위해, 작가는 "잘 살피고 구제하면서도 잡아채지 않는" 방법을 터득해야만 한다. 그녀는 잡아채고 의도하려는 충동에 저항해야 한다. 대신에 새로 태어난 것처럼 연약한 그것들을 "비추고 보호할" 위치를 채택해야 한다(p. 8). 사랑받는 타자와 관계하는 작가의 위치는 식수의 1983년 작인 《프로메테아의 책Le Livre de promethea》의 주요한 관심들 중 하나이다.[22]

《프로메테아의 책》은 처음에 다음과 같이 시인是認한다. "나는 이 책이 약간 두렵다. 이것이 사랑에 관한 책이기 때문이다"(p. 3). 그러나 《프로메테아의 책》은 단순히 사랑하기나 사랑에 빠지는 것에 관한 책이 아니다. 그것은 또한 사랑받기에 관한 책이기도 하다. 화자는 사랑하기에 있는, 자신의 사랑을 표현하기에 있는 자신의 능숙함을 인정한다. "그러나 사랑받기, 그것이 진정한 위대함일진대. 사랑받기, 자신을 사랑받도록 하기, 관대함이라는 마술적이고 끔찍한 회로로 들어가기, 선물을 받기, 적합한 감사의 말들을 찾기, 이것이 사랑의 실제 작업인 것을"(p. 20). 《프로메테아의 책》에서 식수가 증여의 경제를 어떻게 재작업하고 재구성하는지를 살펴보는 것이 중요하다. 모스의 "증여하고, 받고, 화답하기"라는 의무는 "마술적이고 끔찍한 관대함의 회로"가 된다("끔찍함"이 반드시 여기서 부정적 단어일 필요는 없다—그것은 "경외로이 영감을 주다"라는 의미로 간주될 수도 있다). 프로메테아, 즉 식수의 "여자 영웅"인 사랑의 대상과 원천(사랑을 받는 자와 사랑을 주는 자)을 설명하면서, 식수의 화자는 "쓰기의 문제는 나의 적수"임을 반추한다(p. 14). 쓰기는 그녀의 적수이다. (결국 프로메테아의 책이 될) 피조물에 접근할 때,

그녀는 지배의 위치, 혹은 과잉-결정의 위치를 피하려 하기 때문이다.[23] 프로메테아를 "반영하고 보호"할 수 있는 글쓰기의 위치를 활성화하기 위해, 식수는 자신의 글 쓰는 자아를 두 개로 분리한다(이는 마치 그녀가 《오랑주 살기》를 영어와 프랑스어로 나눈 것과 같다). 결과적으로 《프로메테아의 책》에는 하나가 아닌 두 화자가 있다. 바로 "나"와 "H."[24] 식수의 화자는 그녀가 자신을 '나'와 'H'로 나누었기 때문에 그녀 자신이 "하나에게 다른 하나로 계속 미끄러져" 갈 수 있다고 강조한다(p. 12). 이는 "자전적인 글"—그녀가 "시샘"이자 "기만"이라고 생각하는 글쓰기의 형식(p. 19)—의 연쇄로부터 자신을 해방시키는 것이기도 하다. 독자는 '나'와 'H' 사이의 연결을 자각할 수 있게 되기 때문에, '나'라는 기표가 텍스트에 나타나면 그것이 마치 어떤 캐릭터의 이름인 것처럼, 그것이 1인칭 대명사가 아닌 3인칭 대명사인 것처럼 읽고 싶은 충동이 들게 된다. 이것은, 자기규정을 위해 '나'를 쓰기라는 특성에 의존하는 글쓰기 장르인 자전적 글의 바로 그 근간을 탈안정화시키는 것이다. 이 '나'는 자전적 글의 기획에 중심적이다(그것은 결국 "자기-삶을-쓰기"이다). 이 장르에 대해 가장 영향력 있는 연구들 중 하나로, 필리프 르죈느Phillippe Lejeune는 자신의 1973년 글에서 "자전적 계약"에 관해 쓴 바 있다. 즉 자서전은 "어떤 실제 사람이 그의his 존재에 관해 쓴 서사"로 규정될 수 있으며, "여기서 초점은 그의 개인적 삶, 특히 그의 인격에 관한 스토리"가 된다는 것이다.[25] 르죈느는, 그의 규정이 작동하기 위해서는, 비평가가 자서전 그 자체와 자전적 픽션(허구적 화자가 1인칭으로 '개인적 삶'과 '[자신의] 인격에 관한 스토리'에 대해 설명하는 것)을 구분할 수 있어야 한다고 말한다. 따라서 르죈느에 따르면 저자, 화자, 주인공이⋯ (중략) ⋯동일해야 하는 것이 자서전의 필요조건이라는 것이다(p. 5). 그와 대조적으로, 식수의 비-자전적인 "나"는 "'저자'는 누구도 기만해서는 안 되는 필명이라고 말한다"(*Promethea*, p. 11).[26] 'H'도 '나'도 각자의 방식대로 이 책을 쓸 수 없었음이 인정되어야 한다—그 책은 프로메테아의 도움이 없이는 존재할 수 없었을 것이다(p. 13). 서사의 목소리와 주제는 끊임없이 뒤바뀐다. '나'와 'H' 사이뿐만 아니라(pp. 16, 209) '나'와 프로메테아 사이에도(p. 139) 미끄러짐과 혼동이 존재한다. 화자들과 프로메테아에게는 말들 너머로 연장되는 상호 이해가 있다(p. 21). 흥미롭게도, 앞의 2장에서 논의한 신체와 "여성적" 상상계 사이의 연결과 관련해 보아도, 프로메테아를 재현하는 데 있어 글쓰기는 그 자체의 한계를 가진다는, 즉 언어를 초과하고 언어의 외부에 존재하는 프로메테아의 측면들이 존재한다는 시인是認이 《프로메테아의 책》에서도 드러난다. "'나'가 약속할 수 있는 것이라고는 프로메테아가 프랑스어로 큰 소리로 말하는 단어들을 충실하게 적었다는 것이다. 나머지에 관해서 '나'는 어떤 보증도 할 수 없다"(p. 22).

《프로메테아의 책》에서 자신의 서사적 목소리/자아를 나눈 것 외에도, 식수는 자신의 픽션 문체에 대해서도 다르게 접근하고 있다. 《프로메테아의 책》은 그것이 쓰여지기 이전과 그즈음에 쓰여진 식수의 다른 픽션들과 비교하면 형식적으로 훨씬 관습적이다. 클라리시 리스펙토르의 영향이 여기서 다시 작동하고 있는 것 같다. 리스펙토르의 글쓰기가 실험적 형식에 관여하긴 하지만, 이것들이 보통은 가벼운 터치 정도여서 거의 보이지 않는다. 그래서 리스펙토르의 텍스트에서 타자의 현존은 (식수의《중성》과 같은) 텍스트의 경우보다 독자에게 훨씬 접근성이 있다. 식수의 〔《중성》에서의〕 문체 실험은 그것이 잘 의도되기는 했지만 부지불식간에 타자의 목소리를 떠내려보내거나 모호하게 만든다. 우리는《프로메테아의 책》의 시작 부분에 나타나는 다소 덜 수수께끼 같은 문체로의 전환을 발견할 수도 있다. 이 책에서 시작하는 페이지를 쓰는 이는 'H'가 아니라 '나'임이 설명되고 있다. "한 주 동안 'H'는 헛되이 분투했다…그녀의 지금까지의 노력은 발작, 취한 듯한 콧노래, 최면을 거는/최면에 걸린 상태 외에는 어떤 쓰기도 생산해내지 못했다"(pp. 5~6). 화자들은 그들이 여태까지 익숙해졌던 도구와 방법이 더 이상 적합하지 않음을 깨닫는다. "프로메테아의 구체적인 인물의 현실과" 생생히 마주했을 때, 이전에 추상적인 것을 다룰 때는 잘 되었던 것이 더 이상은 충분하지 않다(p. 6). 그래서 'H'는 "낡은 책, 매뉴얼, 논문, 이론 서적들을 태워버리느라" 바빠진다(p. 6). 과거의 잡동사니들을 쓰기의 공간에서 치워버리는 것이다. '나'는 그녀의 신체로 유사한 작업을 수행한다. 그녀가 "새로운 손에게 너에게 꼭 맞는 손인 너를 어루만지라고, 너를 쓰라고" 했음을 전하면서 말이다(p. 42). 이와 같은 움직임은,《불안》의 마지막에

옹호했던 자아를 벗겨내는 작업이 《프로메테아의 책》에서 실천으로 옮겨지기 시작했음을 보여주는 것으로 간주할 수 있다. 이것은 타자를 위한 공간을 만드는 것일 뿐만 아니라, (타자의 또 다른 화신인) 독자에게 텍스트를 열어 보여주는 것이기도 하다. 《프로메테아의 책》은 식수의 초기 텍스트들보다 독자를 서사 속으로 더 잘 끌어들인다. 유머는 이런 과정에서 매우 중요한 역할을 한다(《프로메테아의 책》은 사실 매우 재미있게 읽을 수 있는 책이다). 또한 '나', 'H', '프로메테아'가 책을 쓰기에 대해 나눴던 많은 의심, 생각, 논쟁들도 중요하다―이 모든 것들이 독자들을 책에서 관찰자이자 참여자로서 연루시킨다. 화자들은 (부분적으로) 텍스트를 자신의 통제로부터 풀어놓으며, 다른 작가적 자유를 부여한다. 프로메테아와 함께 일상을 "탈조직적으로" 써 내려갔던 공책을 생각하면서, '나'는 "진실되고 직접적인 상태에서" 독자들에게 그것을 보여줄 "의무"를 느낀다(p. 61). 마찬가지로 끝에서 두 번째 페이지에, 프로메테아는 화자들이 책을 그대로 "끝내지" 않았으면 하는 소망, 그 대신 그 책의 통제권을 독자에게 선택할 수 있도록 넘겨주었으면 하는 소망을 표현하고 있다. 프로메테아는 독자에게 알려준다. "이제부터 모든 것은 당신에게 달렸어요"(p. 210).

《프로메테아의 책》은 자신을 독자에게 가까스로 "증여"하며―어느 정도는―그리고 여성적 글쓰기를 성취하기 위한 중요한 걸음을 내딛는다. 그러나 《프로메테아의 책》은 여전히 다소 미치지 못하는 것일 수 있다. 왜냐하면 그것이 쓰는 타자는 매우 개인적인 것으로 남겨져 있기 때문이다(프로메테아는 내밀하면서 알려진 타자이다). 여기서 여성적 글쓰기가 되기 위해서는, 이 용어가 이해되는 가장 넓은 의미로 말하자면, 작가는 외부 세계, 진정한 '타자'를 자신의 글쓰기로 가져올 수 있어야 한다. '내부' 와 '외부'로 특징지어질 수 있는 것 사이의 이런 역동은 《오랑주 살기》에서 자주 인용되는 구절에서 보여진다. 이 구절에서 식수는 삼 일, "72시간" 동안 오로지 오렌지에 관한 물음에 집중하고 있었다(p. 20). 그런데 갑작스레 전화가 울리고 어떤 목소리가 묻는다. "그런데 이란Iran인가요?"(p. 22). 내적 몽상의 이와 같은 중단, 이란 여성들을 지원하여 곧 있을 집회를 상기시키는 목소리는 그녀를 외부 사건들과 다시 연결시키고 있다. 그녀는 어떤 공간이 이란 여성들을 위해, 동방을 위해, 역사를 위해, 자신의 글쓰기의 "내적 동양〔타자〕inner Orient"에서 발견되어야 함을 이해하는 것이다(p. 20). 식수의 글쓰기 측면에서, 이와 같은 깨달음이 결실을 보는 데에는 몇 년이 걸린다. 프로메테아는 그 길을 가는 데에 중요한 발판이다. 그러나 자신이 원하는 완전한 결과를—정치적인 것이 개인적인 것과 함께 존재하게 되는 글쓰기— 얻기 위해서, 식수는 픽션의 세계에서 다소 거리를 두고 대신 연극의 세계를 품어야 함이 필수적임을 알게 된다.

인물들의 영역

식수는 여성학연구센터 구성원들과 나눈 〈대화들〉에서, 1980년대 중반에 자신의 글쓰기를 극작으로 옮기게 된 이유를 설명한다. "내가 정치를—시적으로—다룰 수 있는 유일한 길은 장르를 바꾸는 것이라는 것을 알았죠"(p. 153). 시적인 것과의 연결을 유지해야 함은 중요하다(4장과 6장을 보라). 1980년대 중반, 연극을 위한 시적 정치적 글쓰기는 그녀가 여성적 글쓰기라는 생각을 계속 발전시키는 데 지대한 영향을 끼쳤다. 이 시기 식수의 연극적 글쓰기의 개화, 즉 연극의 특수한 본질과 타자성을 이해하게 되었던 것은 또 다른 매우 눈에 띄고 중요한 "만남"의 결과였다. 클라리시 리스펙토르의 작품이 식수의 글쓰기의 '여성적' 형식에 접근하는 데에 새 생명을 불어넣어 주었다면, 태양극단의 연출가인 아리안느 므누슈킨Ariane Mnouchkine과 그의 배우단들과의 관계는 식수의 전체적인 글쓰기 기획을 활성화시키고 활력을 되찾게 한다.

1970년대에 연극을 위한 식수의 글쓰기는 두 편의 희곡과 한 편의 리브레토libretto(오페라 각본)가 전부였다. 《눈동자La Pupille》,[27] 《도라의 초상Portrait of Dora》, 《오이디푸스의 이름The Name of Oedipus》이 그것이다. 이 작품들이 픽션에서는 불가능한 특정 "연극적" 효과들을 지니고 있긴 하지만 (가령 《도라의 초상》을 상연할 때 무대의 스크린에 프로젝터를 이용해 일련의 스틸 이미지와 동영상을 무대에 올리기도 하고, 《오이디푸스의 이름》에서는 나란히 노래하는 "목소리들"을 표현하기도 함), 전체적으로 봤을 때 형식적으로나 내용적으로나 식수의 픽션과 큰 차이가 없었다.[28] 그러나 1980년대 중반, 연극을 위한 그녀의 글쓰기는 훨씬 눈에 띄게 "연극적"이 된다—또한 그런 글쓰기는 동방East으로 옮겨간다. 《프로메테아의 책》 바로 다음에 쓰여진 《마두바이 학교 점거La Prise de L'école de Madhubaï》는 현대 인도가 배경이며, 이른바 "도둑의 여왕"으로 불렸던 풀란 데비Phoolan Devi의 생애를 기반으로 한 작품이다.[29] 아시아는 식수가 므누슈킨과 태양극단과의 합작으로 탄생한 최초 희곡의 무대이다(공동 작업은 여전히 진행 중이다). 《캄보디아의 왕, 노로돔 시아누크의 끔찍한, 그러나 미완성의 이야기L'Histoire terrible mais inachevée de Norodom Sihanouk, roi du Cambodge》는 1985년 9월 11일에 최초 상연되었고, 《앙디아드, 혹은 그들의 꿈의 인도, 그리고 연극에 관한 단편들l'indiade ou l'inde de leurs rêves, et quelques écrits sur le théâtre》은 1987년 9월 30일에 최초 상연되었다.[30] 《시아누크》와 《앙디아드》에서 므누슈킨과 태양극단 단원들의 역할은 생각해볼 가치가 있다. 태양극단은 1964년에 세워졌다(이 극단이 최초로 만든 것은 막심 고리키Maxim Gorky의 《쁘띠 부르주아들Les Petits Bourgeois》의 각색이었다). 설립 이래로 극단은 언제나 하나의 집합체였다. 므누슈킨과 배우들은 즉흥과 실험을 통해 함께 작업하며 그들이 상연하는 희곡을 '썼다.' 실제로 극단은 1969년에서 1975년 사이 4개의 희곡을 무대에 올렸으며—〈광대들Les Clowns〉(1969), 〈1789〉(1970~1971), 〈1793〉(1972~1973), 〈황금시대L'Age D'or〉(1975)—이 희곡들은 통상적으로 '저자'의 이름을 쓰는 자리에 '콜렉티브 창작물'이라고 썼다. 그러므로 태양극단을 위한 글쓰기에서 식수는 자신의 작품에 대해 다른 접근을 취할 것을 요구받는 위치에 있었음을 우리는 알 수 있다.

혼자서 작업하는 것에 익숙했었던 식수는 이제 다른 사람들과 함께 작업하며 다른 사람들에 귀 기울이는 자신을 발견하게 된 것이다—자신의 글을 관찰하는 것은 타자의 손과 목소리 속에서 형태를 갖추고 변형된다. 〈인물들의 영역〉이라는 수전 셀러스Susan Sellers와의 인터뷰에서 식수는 《시아누크》와 《앙디아드》를 집필할 당시 겪었던 과정들을 묘사한다.[31] 그녀는 자신과 므누슈킨이 그 극의 테마를 정하기 전 "수많은 가설들"을 논의했던 때를 이야기한다(p. 127). 므누슈킨은 선택된 테마들에 굉장히 기여했던 것 같다. (식수가 '혼자서' 썼었던) 《마두바이》처럼, 《시아누크》와 《앙디아드》는 개인의 삶에 끼친 "역사"의 영향을 탐색하고 있다. 이 테마는 또한 1980년대 초반 태양극단이 셰익스피어의 "역사" 희곡 두 편(과 그의 희극 중 하나)을 무대에 올렸을 때 탐색했던 테마이기도 하다.[32]

셰익스피어의 (그리고 함축적으로 태양극단의) 영향은 《시아누크》와 《앙디아드》의 여기저기에서 발견된다. 식수가 이전에 셰익스피어로부터의 사례와 인용들을 자신의 글쓰기에서 사용하곤 했었지만,[33] 《시아누크》와 《앙디아드》가 〔이전의 글쓰기와〕 다른 것은 여기서는 식수가 '셰익스피어적' 구조와 형식을 눈에 띄게 도입한다는 점이다. 《시아누크》와 《앙디아드》 둘 모두 "고귀한" 눈과 "미천한" 눈을 통해 역사를 보는 데 있어 셰익스피어의 범례를 따르고 있다.[34] 인물들이 자신의 대화를 전달하는 페이지와 방법상의 대화 형식은 매우 강하게 셰익스피어를 생각나게 한다(다시 말해, 식수의 글쓰기에서 나타나는 조이스적 터치처럼, '셰익스피어적인' 것으로 보이는 인상은 전적으로 언어적 차원이라기보다는 본능적 차원에 있는 것 같다).[35] 셰익스피어의 희곡들처럼,《시아누크》와《앙디아드》도 5개의 장으로 구성되어 있다(셰익스피어의《헨리 4세Henry IV》처럼,《시아누크》도 두 부분으로 되어 있다—이 점은 두 희곡 사이의 많은 비교가능한 지점들 중 하나이다). 셰익스피어의 이런 영향과 더불어, 다른 변화들도 일어났다.《시아누크》와《앙디아드》에서 보이는 연대기/타임라인들은 식수가 이전에 썼던 연극적 글쓰기보다 훨씬 방대하고 더욱 '서사적'인 스케일을 갖고 있다.《마두바이》의 이야기가 전개되는 단 하루의 시간과 달리,[36]《시아누크》와《앙디아드》에서 사건들은 수년에 걸쳐 일어난다.《시아누크》는 1955년 시아누크 왕의 퇴위에서부터 (그리고 나서 그는 수상으로서 자신의 정치적 역할을 시작할 수 있게 된다) 이야기가 시작되어, 20년 후 1975년 폴 포트Pol Pot의 크메르 루주Khmer Rouge가 정권을 잡기까지 진행된다.《앙디아드》는 인도 독립투쟁의 마지막 10년과 1947년 인도아대륙의 분리와 파키스탄 독립을 둘러싸고 폭력들이 일어난 사건들이 배경이다.[37] 또한《시아누크》와《앙디아드》는 식수의 초기 희곡들에 비해 장소들의 범위뿐만 아니라 인물들의 출연 범위가 매우 넓다(그래서 훨씬 많은 배우들이 출현해야 한다). 이처럼《시아누크》와《앙디아드》에서 발견되는 다양하고 새로운 연극적 요소들은, 태양극단과 같이 큰 스케일과 복잡한 연극적 기획들에 익숙한 극단과 함께 작업할 때에 가능하게 된 것이다. 식수가 그런 큰 규모의 연극 기획들을 맡은 더욱 개인적인 이유들이 달리 있음에도 불구하고, 태양극단의 영향은 무시될 수 없다.

〈인물들의 영역〉에서 설명되듯, 식수는 자신과 므누슈킨이 각각의 희곡 주제에 대해 합의에 도달하면, 그들은 작품을 쓰기 전에 "수개월간 공들여 역사 연구"를 시작한다(p. 127). 그러나 심지어 식수가 희곡을 "써놨다" 해도, 어떤 변화들이 여전히 일어난다. 식수는 연극 작품을 상연하는 과정 자체가, 특히 태양극단과 같은 극단의 경우에서(태양극단은 리허설에서 상당한 시간을 쓴다), 그 희곡 텍스트의 결론과는 멀어질 수도 있음을 알게 된다.

리허설 동안, 희곡에 변화를 불러일으키는 수천 가지들이 발생한다. 텍스트에서 일어나는 변화가 아니다. 텍스트는 그대로 있다. 변화가 일어나는 곳은 희곡의 전체적인 시간 전개와 구성이다. 이를테면, 어떤 작가도 한 장면이 얼마나 시간이 걸릴지 미리 말할 수 없다. 어떤 장면은 아마 다소 느리게 상연될 수도 있을 것이고, 장면의 변화는 다른 공간에 20분 정도 영향을 줄 수도 있는 것이다. 그래서 내가 글을 쓸 때, 나는 긴 호흡으로 글을 쓴다. 시간에 대해서는 걱정하지 않고 쓴다. 각 장면의 핵심에 집중하고, 인물들이 생동하기에 필요한 모든 것을 인물들에게 부여한다. 그리고 나서 리허설이 진행될 때 나는 컷을 한다. 그러니 항상 그 희곡의 몇 개의 버전이 만들어지게 되는

것이다.(pp. 127~128)

므누슈킨 및 태양극단과의 공동 작업에 대한 그녀의 설명은 그녀가 다른 데서 한 여성적 글쓰기에 관한 설명과 매우 강한 유사성을 보인다. 태양극단을 위한 글쓰기는 자유롭게 주어진 선물로 생각될 수 있다. 타자에게 열린 글쓰기, 하나의 "팔루스 중심적인" 의미/텍스트로 귀결되지 않는 글쓰기 말이다. 이러한 공동 작업이 자신의 글쓰기와 글쓰기에 대한 관점 둘 모두에 어떤 의미였는지에 대해서는 식수가 행한 사유와 숙고들은 〈무의식의 장면에서 역사의 장면으로〉와 《앙디아드》의 태양극단 버전 뒤에 포함된 〈연극에 관한 단편들écrits sur le théâtre〉에서 길게 논의된다(pp. 247~278).

〈무의식의 장면에서 역사의 장면으로〉에서 식수는 연극을 위해 쓰는 글의 매력을 언급한다. 연극은 "글을 쓰는 사람에게 가장 놀라운 곳"이다(p. 12). 식수는 연극을 "타자의 욕망에 대해 직접적인 장소"라고 묘사한다(p. 12, 또한 6장을 보라). 그녀는 연극이 작가와 작가의 글이 모든 형태로 타자와 가능한 한 가장 가깝게 맞닿을 수 있는 공간이라고 생각한다. 시간을 고려하면, 연극의 직접성은 일종의 "폭력적인 응축"을 통해 작동하는 글쓰기를 창조하는 것이다(p. 16). 식수에 의하면 연극을 위한 글쓰기는 숙고나 방향 전환—특정되지 않은 시간 동안 잠시 멈추기, 알려지지 않은 방향으로 헤매기—이라는 긴 구간에 탐닉할 수 없다. 반대로, "우리가 시간도, 주의력도 잃어야만 한다. 우회로는 없다… 관객의 시선은 배우의 심장으로 곧장 나아가야 한다"(p. 16). 식수는 연극이 또한 직접적인 신체의 공간이라고—우리가 수많은 타자들의 존재에 아주 가깝게 근접해져서 자각하게 되는 공간—말한다. 연극에서 우리는 무대 위 배우나 인물들뿐만 아니라 관객의 현존을 받아들이고 인식해야 한다.[38] 저자의 관점에서, 이러한 것은 식수가 〈출구〉와 《불안》에서 말했던 "내버려두기letting go"를 통해 얻어질 수 있다. 희곡 작가는 자신이 연극 속의 배우와 매우 비슷한 역할에 있음을 알게 된다—저자와 배우 모두 "거의 증발해버린 자아" 감각을 필요로 하는 것이다 (p. 9). "배우란 타자가 자신을 침입해서 점령할 수 있도록 자신의 자아를 유보하고 낮춰야 하는 것처럼", 작가도 "탈아화脫我化, démoïsation"의 상태, 내가 없는 상태, 자아를 내어준/탈소유한depossession 상태, 인물들이 작가를 소유하게 할 수 있는 상태에 도달해야 한다(p. 13). 인물들의 문제는 식수의 연극적 글쓰기에서 중심적이다. 식수가 〈인물들의 영역〉에서 말하길, "연극을 위해 글을 쓸 때, 나에게는 허구적이지만 실제적인 사람들의 우주가 출몰한다… 나는 나의 인물들에 의해 살아지고 거주하게 된다"(p. 126). 이 때문에, 연극에서 작가와 텍스트 사이의 경계들은 사라지고 유동적으로 된다. 작가는 더 이상 자신의 신체를 쓰고 있는 것이 아니다. 그녀는 그녀 안에 '거주하는' 모든 이들의 신체를 쓴다. 아니면, 오히려 글쓰기를 하고 있는 것은 '그들'이다. 《앙디아드》에 있는 〈연극에 관한 단편들〉 중 하나인 〈당신은 누구인가?Qui es-tu?〉에서 식수는 희곡의 글쓰기에서 인물들이 하는 역할에 대해 다음과 같이 묘사한다.

> 나는 문을 연다. 그들이 들어온다… 무대에서는 더 이상 저자
> 에 의지하지 않는 자유가 지배하게 된다. 오직 그들의 운명들
> 에 의지할 뿐.(p. 276)

이로써 그녀는 남성의 주이상스를 "쓰는" 것이 가능해진다. 식수가 인물(혹은 배우)의 몸을 통해 글을 쓰기 때문이다. 〈무의식의 장면에서…〉에서 그녀가 지적하듯이, "몸으로" 쓰는 "한 여성"으로서 자신은 남성의 주이상스가 항상 그녀에게 알려지지 않는 법이라고 판단하여 "허구적으로 한 남성 인물을 결코 감히 창조하지 않았었다"(p. 15).[39] 그러나 연극에는 그런 규칙이나 제한도 적용되지 않는다.

> 아니, 우리의 피조물들[인물들]은 아무것도 결핍되지 않았다,
> 페니스도, 젖가슴도, 신장도, 배도… 이것은 연극이 저자에게
> 만들어주는 선물이다. 바로 화신. 그것은 남성 작가가 날조되
> 지 않는 여성을 창조할 수 있도록 해주며, 여성 작가가 완전하
> 게 구성된 남성을 창조할 수 있는 기회를 얻게 해준다!(p. 150)

여성적 글쓰기의 관점에서 연극은 제공해주는 것이 매우 많다. 식수는 연극을 위해 글을 쓸 때 작가와 인물/배우 사이에서 혹은 희곡과 관객 사이에서 일어나는 상호작용을 통해서 타자

가 자신의 글쓰기 안에 전례 없이 "거주하고" 연루될 수 있음을 알게 된다. 식수는 실제 살과 피의 인물들을 쓸 수 있을 뿐만 아니라, 완전히 "육화된" 남성 인물들도 창조할 수 있다. 간접적으로나마 남성의 주이상스를 "아는 것이" 가능해진다. 그러나 여성적 글쓰기와 관련하여 연극은 또한 결점도 지니고 있다. 예컨대, 연극의 본질은 작가가 인물들과 맺는 관계들이 변경된다는 점뿐 아니라, 희곡의 시간순이 픽션의 시간순과는 종종 아주 다르다는 데에 있다. 식수가 〈당신은 누구인가?〉에서 말하길, "연극에서 인물의 진리는 순간에 있다. 직접적이고 정확하고 덧없으며 통렬한 순간에"(p. 275). 이 차이는 식수가 각 장르에서 행한 글쓰기의 종류에서 보여질 수 있다. 그녀가 〈인물들의 영역〉에서 한 지적처럼, 그녀는 자신의 픽션에서 자신의 글의 "의미"가 "천천히 모아질 수 있도록"—자신의 글을 읽는 독자에게 "그녀가 소망한다면 영원성의 전체를" 선사하면서—하는 반면, 연극에서는 시간이 제한되어 있고 유한하다. 그래서 "의미의 직접적 노출이 존재해야 한다… 연극은 당장當場의 urgency 예술이다. 모든 것은 현재에 일어난다"(p. 126). 특히 "현재에서 글을 쓴다는" 식수의 견지에서 보면, 이런 당장성當場性이 그녀의 글쓰기의 긍정적인 측면이라고 생각될 수 있다(4장을 보라). 그럼에도 불구하고 그것은 또한 《오랑주 살기》나 《프로메테아의 책》과 같은 텍스트에서 탐색되듯 타자와 더불어 사랑하고 살아가기라는 장기적인 행위를 억제하는 데 일조하기도 한다. 그것은 식수에게 여성적 글쓰기가 생산해야 한다고 여겨지는 시적 과잉과

"낭비"를 제한하는 것이다. "메시지"에 대한 지각적 강조 때문에, 연극은 (혹은 최소한 식수가 이 지점까지 관여한 연극적 글쓰기의 종류는) 식수의 픽션의 특징이랄 수 있는 "매체"에 대한 성찰을 동일한 정도로 허용하지는 않는다. 가령 《시아누크》와 《앙디아드》는 나, H, 프로메테아가 어떻게 《프로메테아의 책》을 쓸지를 토론하는 방식으로 글쓰기 과정을 탐구하지 않는다.[40] 이런 측면에서 《시아누크》와 《앙디아드》는 식수가 여성적 글쓰기를 설명하면서 옹호하는 듯 보였던 자기-의식적 혹은 자기-반성적 글쓰기에는 미치지 못한다. 연극에 대한 그녀의 확실한 열정에도 불구하고, 《앙디아드》 이후의 텍스트들에서 식수는 연극적 글쓰기에서 습득한 것들을 가지고 픽션으로 되돌아간다.

(시적) 글쓰기를 방어하며

《앙디아드》 이후의 첫 픽션인 《만젤쉬탐들에게 만델라들에게 만나를Manna aux Mandelstams aux Mandelas》*은 식수가 태양극단

---

* 《만젤쉬탐들에게 만델라들에게 만나를(Manna aux Mandelstams aux Mandelas, Manna: For the Mandelstams For the Mandelas)》이라는, 번역도 쉽지 않은 제목을 가진 이 책은 식수가 태양극단 이후에 쓴 픽션으로, 20세기의 정치적 폭력에 맞서 저항의 삶을 살았던 만젤쉬탐Mandelstam 부부와 만델라Mandela 부부의 내밀한 이야기가 주 내용이다. 이 글에서 커플들의 사랑과 슬픔, 상실에 대한 이야기는 식수에 의해 상호 교차되고, 저자와 인물들의 경계도 흐려진다. 특히 식수는 이

을 위해 썼던 글에서 탐구해왔던 많은 주제들을 지속적으로 다루고 있다.[41] 《프로메테아의 책》처럼 《만나》도 사랑에 관한 책이다. 그것은 또한 추방과 이별에 관한 책이며, 사랑이 끔찍한 사건들에 직면해서 어떻게 지속될 수 있는가를 탐구한 책이다. 《만나》는 20세기 "역사" 내내 있어왔던 폭력과 억압의 순환에 붙잡힌 개인들의 내적 삶의 창을 열어젖힌다.[42] 《만나》는 《시아누크》나 《앙디아드》와 매우 유사한 구성으로 되어 있어서, 그 픽션의 단편적 특성이나, 명명된 장, 작은 표제, 막간들로 된 구분, 그리고 평행 서사의 사용(남아프리카의 만델라에서 소비에트 연방의 만젤쉬탐과 프랑스에 있는 화자/작가에게까지)을 희곡과 비교하여 읽고 싶게 만든다. 이런 것들은 마치 희곡이 막이나 장면들로 구분되는 방식과 비교될 수도 있을 것 같다. 《만나》는 확실히 다양한 연극적 터치를 보여주고 있다. 책의 첫 부분에 그녀 자신과 (자미Zami라고도 불렸던) 위니 만델라Winnie Mandela(넬슨 만델라 대통령의 전 부인이자 정치인) 사이에서 느낀 연결을 묘사한 부분은, 〈무의식의 장면에서…〉에서 희곡 작가가 어떻게 자신의 인물들에게 "사로잡히는"지에 대해 설명한 부분을 강하게 환기시키고 있다. "그녀의 발이 내 가슴 아래 있는 토양을 밟고 있다. 그것이 세상의 빛을 보게 된다면, 이 책은 출몰하는 것

글에서 감옥으로 사랑하는 연인을 보내고 함께 겪어내는 여성들의 섬세한 글들과 만나라는 음식이 상징하는 것들을 통해, '여성적 글쓰기'의 진화된 형식을 다시 보여주고 있다.

의 열매가 될 것이다…그녀는 나를 이겼고, 나에게 침입했고, 나를 압도했다"(p. 9). 마찬가지로, 식수는 처음으로 자신의 픽션에 "완결된" 남성 인물들(예를 들면 넬슨 만델라와 오십 만젤쉬탐Osip Mandelstam*)을 도입하기 위해 극작의 경험을 끌어낸다. 그러나 《만나》는 또한 그녀의 연극적 글쓰기와는 다르다—특히 자기-실험성, 글쓰기라는 매체에 대한 논의를 고려하면 말이다. 《만나》에서 픽션의 화자인 '나'는 텍스트가 진행하는 방식뿐만 아니라 자기 자신의 사유와 한계에 대해 설명할 때 자주 나타난다. "이 책은 공감compassion에의 시도이다. 그저 시도일 뿐이다. 왜냐하면 내가 올리브나무 아래로(foot) 갈 수는 있겠지만, 아무리 간청하고 눈물을 흘려도 병장 비셰Visser가 늙은 윌리 스밋Willie Smit의 발(foot)에 박은 못을 내 발에서 느낄 수는 없을 것이기 때문이다"(pp. 15, 138). 이런 "메타픽션적" 상호작용은 연극에는 없는 모호성을 끌어들인다. 이런 작용은 작가의 목소리와 글의 주체(들)의 목소리(들) 사이를 구별하기 힘들게 만든다. 화자로서의 '나'는 종종 인물로서의 '나' 안팎으로 미끄러져 들어오고 나간다. 가령, 앞의 인용문에서 그것이 누구의 "간청과 눈물"

---

* 오십 만젤쉬탐Osip Mandelstam(1892~1945)은 러시아 아크메이즘Акмеизм 유파의 시인이다. 아크메이즘은 러시아 상징주의의 지배적 경향을 비판하며 사물과 세계에 대한 편견 없는 보기와 표현을 중시한 예술 유파이다. 만젤쉬탐은 스탈린 치하에서 스탈린을 모욕하는 시를 썼다는 혐의로 체포가 되고 이후로도 추방과 체포를 거듭하다가 임시수용소에서 장티푸스로 사망한다.

이란 말인가? 윌리 스밋의 것인가, 작가의 것인가? 이 모든 것은 우리가 어떻게 읽고, 어디에 강조를 두는지에 따라 달라진다. 마찬가지로, 1960년 6월 12일에 관한 다음 구절을 보자. 이날은 만델라가 석방된 상태였고, 그가 4년이라는 시간 후에 다시 감옥으로 돌아갈 것임을 독자는 알고 있다(이날 종신형을 선고받게 된다). 여기서 1인칭으로 말하는 이가 위니 만델라인지 작가인지는 열려 있다.

> 이것이 내가 사는 법이다. 한 글자, 한 글자, 내 열 손가락으로 현재를 붙잡으며 마치 내가 모르는 것을 알았던 듯, 나의 법은 두려움이다. 아주 신중하게, 또 아주 기분 좋게, 자미는 섬세한 근성으로 살아내고 있다. 그녀가 가진 것은 시간뿐이다.(p. 136)

언어와 글쓰기의 변형적(이고 위험한) 힘―이는 여성적 글쓰기의 주요 관심인데―은 《만나》의 배경에서 언제나 현재적이다. 오십 만젤쉬탐의 운명은 스탈린에 대한 풍자시를 쓴 1933년에 정해졌다. "16개의 둔중한 발길… 가슴이 넓은 오세트인Osset 주위에 도사리는 죽음의 무도"(p. 140).[43] 두 가닥의 서사는 글쓰기의 누락된 단어들과 값지고 생을 유지하는 조각들에 대한 주제로 끝맺는다. 한 가닥은 위니와 넬슨 사이에 오간 "감옥" 편지들이고(pp. 227~241), 다른 한 가닥은 오십 만젤쉬탐의 "유고시遺稿詩", "무명 병사에 관한 시"[44]이다. 이 중 하나는 안나 아흐마토바Anna Akhmatova*와 나데즈다 만젤쉬탐Nadezhda Mandel-stam이 기억과 희망을 살리기 위해 서로에게 읊어준 시이다(pp. 253~254).《만나》에서 글쓰기는 위협, 유약함, 덧없음 아래에 있는 것—그러나 동시에 인내하는/항구적인enduring 것 (두 가지 의미 모두 포함하여)—으로 묘사되고 있다.

글쓰기의 주체가 식수 작품의 중요한 측면이었음에도 불구하고,《만나》이후의 픽션에서는—처음에는《새해 첫날들Jours de l'an》이었고[45], 그다음에는《숨겨진 천사L'Ange au secret》와《대홍수Déluge》였다[46]—글쓰기가 시적 탐구와 사유의 주요한 초점이 되어 전면적으로 부상한다는 점이 중요하다.《만나》를 출판하는 시기에 행해진 한 인터뷰에서 식수는 이런 변화의 이유를 다음과 같이 주장한다. "대중매체의 언어는… (중략) …마지막 세대인 우리에게 마치 저주처럼 내려왔다… (중략) …이 시점에서 글쓰기는 내가 시작했을 때 의미했던 것 이상을 의미하게 된다."[47] 1970년대 여성적 글쓰기에 대한 식수의 최초의 전망은 "여성적"이라는 개념을 둘러싼 "방어선"을 구축하는 수단으로 여겨졌었던 것처럼, 대중매체의 시대에 그녀가 가장 직접적으로 공격받고 있다고 생각한 것이 바로 글쓰기, 에크리튀르인 것이다. 식수가 설명하듯, "대중매체는 시적 언어가 될 수 있는 모든 것을 완전히 배제했던 담론을 생산할 뿐만 아니라, 이 시

---

* 안나 아흐마토바(1889~1966)는 만젤쉬탐과 동시대의 시인으로 자전적이면서도 명료한 아크메이즘 학파의 주도적 시인이었다.

적 언어를 더욱이 위험하고, 정신병적이며, 아무짝에도 쓸모없는 언어라고 공격한다"(p. 33). 식수의 관점에서 대중매체는 "팔루스 중심적" 담론의 새로운 조짐들이 되었다고 말할 수도 있겠다. 즉 "영광스러운 팔루스적 단성monosexuality의" 조달자이자 차이의 파괴자라는 것이다(*The Newly Born Woman*, p. 85). 시적 글쓰기의 대의에 대한 식수의 헌신은《첫날들》의 서두에서 분명히 나타난다. 여성적 글쓰기에 대한 식수의 설명을 강하게 환기시키면서 이 텍스트는 다음과 같이 시작한다. "글쓰기는 흐름을, 노래하는 줄기들로 가느다랗게 이어지는 침묵하는 흐름을… (중략) …한 공동체에서 다른 공동체로, 한 생명에서 다른 생명으로 흐르는 침묵하는 말들을 되돌려 준다"(p. 3).[48]《첫날들》에서 식수는 자기 자신인 "엘렌 식수"와 픽션의 "작가" 사이의 차이를 만들기 위해 무진 애를 쓴다. 그녀의 그런 방식은《프로메테아》에서 했던 방식과는 아주 다르다는 점이 눈에 띈다 (《프로메테아》에서 그녀는 자신의 서사적 목소리를 '나'와 'H'로 분리시켰다). 극작의 경험은 다시 한번 이 차이를 만드는 데 중요한 역할을 하는 것 같다. (서사의 목소리가 인물들에 의해 "사로잡혔던" 작품인)《만나》에서의 경우처럼,《첫날들》에서의 '저자'는 식수가 연극적 글쓰기를 하면서 발견했던 '탈아화脫我化, démoïsation'의 상태에서 나타난다. "내가 왜 저자에 대해 마치 그 저자가 내가 아닌 듯이 말하는가? 그녀는 내가 아니기 때문이다. 그녀는 나와 떨어져 있고 내가 가고 싶지 않은 곳으로 가고 있다… 〔그녀는〕 통제불가능하며 자유로이 있다"(p. 101). 1980년대 중후반에 글쓰기가 천착했던 역사 속의 타자들에 대한 탐구 이후,《첫날들》부터 식수는 '개인적인' 것에 관한 탐구로 회귀한다. 그러나《첫날들》은 식수의 초기 픽션에서 발견되는 '나'에 대한 내성적 탐구와는 매우 다른 '개인적' 글쓰기 형식에 천착한다. 이것은 다시 식수가 〈무의식의 장면에서…〉에서 언급했던 '탈아화'의 상태의 효과들로 추적될 수 있다. 이 경우에 그것의 궤적은 클라리시 리스펙토르가 자신의 마지막 텍스트인《별의 시간The Hour of the Star》에서 취했던 방법과 비교할 만하다. 그 텍스트에서 리스펙토르는 밤거리의 여자 마카베아의 이야기를 서술하는 데에 적당한 거리를 취하기 위해 어떤 남자의 몸과 영혼에 '거주한다.'[49] 〈진리 안의 저자〉에서 식수가 말하듯이, 리스펙토르가 자신의 자아를 탈소유depossession하는 것은 극적이고 전례 없는 방식으로 타자를 위한 길을 열어놓는다.

> 한 작가, 한 여성이 어떤 여성과 친해지기 위해 그녀를 여전히 모르는 채로 매우 가까이 다가가는 것은 일어날 수 있는 일이다. 그리고 친숙함으로 그녀는 그녀를 그리워한다. 무엇을 할 것인가? 타자의 편에 들어갈 곳을 만들기 위해 세계를 두루 여행하는 것, 이번에는 낯선 자로서.(p. 175)

그러므로《첫날들》에서의 '작가'가 '본인이 아니라'고 식수가 고집하는 것은 글쓰기의 (새로이 '낯선') 장면으로부터 멀리 떠난 여정의 결과이자, 똑같이 그곳으로 결국 돌아가게 되는 것으로 간주될 수 있을 것이다. 그러나 리스펙토르의 화자와 달리, 《첫날들》의 '저자'는 이 여정에서 되돌아 '오지' 않는다―최소한 완전히 돌아오지는 않는다. 도착의 지점은 영원한 심연에 있다. "저자"는 "진리를 발견할까 봐," (안) 돌아올 마지막 지점에 닿을까 봐 두려워한다(p. 11). 그녀는 일본 판화가인 가츠시카 호쿠사이Katsushika Hokusai(1760~1849)의 작품과 비교하면서 이런 두려움을 표현하고 있다. 식수의 "저자"가 언급하는 가츠시카 호쿠사이는 "자신의 전 생애를" 후지산 채색목판화를 만드는 데 보냈다(p. 11). 호쿠사이가 계속 그럴 수 있었던 것은 "후지산을 그리는 것의 불가능성"을 그가 알고 있었기 때문이라고 식수는 주장한다(p. 11). 그에게 계속하도록 "권한을 부여하는" 것은 바로 이것이다. "만일 우리가 일필휘지로 꿈에 그리던 그림을 그리는 데 성공하는 일이 발생한다면, 모든 것은 즉각 사라질 것이기 때문이다… (중략) …실패한 완성이 우주를 움켜쥘 것이다"(p. 11).

다른 앵글로 동일한 주제들을 탐구하며, 동일한 주제로 "되돌아감"이라는 이러한 비유는 언제나 식수 작품의 특징이었다(결국 《불안》을 쓰게 만든 "죽음la mort"이라는 주제에 대해 썼던 "열 권의 책"을 생각해보자). 이 귀환과 갱신이라는 사이클은 식수의 "시적인 것"에 관한 전망에 중요한 징후이다(이 지점을 더 논의하는 4장을 보라). (《앙디아드》 이후) 식수의 최근작들에서 시간적으로나 지리적으로 주제와 배경에서 훨씬 많은 다양성이 보이기도 하지만, 초기작들에서 그녀가 사로잡혔던 많은 것들이 여전히 눈에 띈다. 《대홍수》는 《불안》에 내내 흐르는 고통과 버려짐의 감각으로 돌아가고 있다. 《숨겨진 천사》에는 현재이건 과거이건 그녀의 다른 많은 픽션들처럼, 풍부한 "상호텍스트적" 작품이 있다.[50] 식수의 1997년 픽션인 《금, 내 아버지의 편지들Or, les lettres de mon père》을 쓴 계기는 오랫동안 잃어버린 아버지의 서신을 우연히 발견한 것이었다(그 서신은 매우 다른 방식으로—"낯선 이"로서—첫 픽션 작품인 《내부》로 그녀를 되돌려 보냈다).[51] 그녀의 1993년작 픽션인 《불멸의 베토벤 혹은 신의 존재Beethoven à jamais ou l'existence de Dieu》는 성차의 문제, 자아와 타자의 관계, 신과 죽음이라는 주제들을 탐구한다—이 모든 것들이 초기 작품들의 중심 주제이기도 하다.[52] 흥미롭게도 《불멸의 베토벤》 역시 《만나》의 "역사적인" 만젤쉬탐들과 "현재의" 만델라들 사이에서 탐구된 상호작용들을 재작업하고 있다. 그것은 한 이름 없는 동시대의 연인, 작곡가 베토벤과 그의 익명의 "불멸의 연인Immortal Beloved" (베토벤은 그녀에게 비밀스런 편지를 썼다) 사이의 관계를 참조하면서 작업하는 것이었다. 역사 속의 개인(타자)의 운명은 계속해서 탐구와 실험의 주요 주제이다. 1992년 식수가 번역한 아이스킬로스의 《에우메니데스The Furies》(태양극단의 상연을 위한 것이었다)는 직접적으로 1994년 희곡 작품인 《위증의 도시 혹은 복수의 여신들의 깨어남La Ville parjure ou le réveil des Erinyes》을 쓰도록 했다.[53] 1994년의 또 다른 "역사" 연극 텍스트인 《(우리가 결코 알지 못할) 이야기/역사L'Histoire (qu'on ne connaîtra jamais)》는 13세기 시인인 스노리 스털루손Snorri Sturluson의 이야기/역사를 말하기 위해 중세 아이슬란드로 여행한다.[54] 북유럽 신들이 스털루손을 저 멀리 신화적 과거로 돌려보내자, 그는 《니벨룽겐의 노래Niebelungenlied》의 전설에 묘사된 실제 사건들을 목도할 수 있게 된다. 이런 사건들의 과정은 식수가 연극이라는 매체의 세부적 무대 탐구에 연계시키기 위해 《이야기/역사》를 이용하도록 허용한다. 그녀의 픽션이 항상 그에 대한 메타픽션적 장르 요소를 갖고 있다 할지라도, 《이야기/역사》의 메타연극성은 이전에 충분히 발전되지 못했던 못한 그녀의 연극적 글쓰기의 한 측면이기도 하다. 1999년의 희곡인 《둑 위의 북: 배우들이 연기하는 꼭두각시를 위한 고대 희곡의 형식으로Tambours sur la digue: sous forme de pièce ancienne pour marionnettes jouée par des acteurs》도 유사한 메타연극적 경로를 따르고 있다. (태양극단의 재능과 육체적 기교뿐만 아니라) 일본의 전통 분라쿠 인형극*을 끌어와서, 연극 텍스트의 의미를 창조하는 데 있는 "연행자performer"로서의 배우의 역할을 탐구하는 것이다.[55]

《이야기/역사》나 《둑 위의 북》과 같은 연극적 텍스트에서 "쓰기"를 탐색함과 더불어, 픽션 텍스트인 《만나》에서 행한 "역사"를 끌어들인다는 점은 식수가 픽션에서 연극으로, 연극에서

---

* 일본의 중세에서부터 이어져온 매우 정교한 인형극이다. 인형들의 움직임뿐만 아니라 표정들까지도 서술되는 텍스트와 일체화되어야 하고 세 사람이 한 인형을 연행해야 하므로 숙련되고 정교한 조종술이 필요하다.

픽션으로 자유롭게 넘나들며 서로가 말을 건네고 타자를 강화할 수 있게 한다는 점을 가리킨다. 픽션과 연극 사이의 이러한 상호작용은 또한 1994년에 출판한 세 번째 희곡인 《흰 돛 검은 돛Voile Noire Voile Blanche》(《오랑주 살기》처럼 두 개의 언어로 된 텍스트로 출판됨)에서 분명해진다.[56] 《흰 돛 검은 돛》은 《만나》가 중지한 곳에서 계속된다—나데즈다 만젤쉬탐과 안나 아흐마토바, 그리고 아흐마토바의 친구인 리디아 추코프스카야Lydia Chukovskaya는 스탈린 사망 후 바로 수년간 글쓰기를 살리기 위해 여전히 분투한다.[57] 이 텍스트에는 불확실성이 크게 드리우고 있다. 시인 보리스 파스테르나크는 "현존하는-부재들"로 나타나지만, 다른 세 명, 즉 오십 만젤쉬탐, 아흐마토바의 첫 번째 남편인 니콜라이 구밀료프Nikolai Gumilev(1921년에 처형됨)와 그의 아들 레프 구밀료프Lev Gumilev(1937년에 체포되어 1949년에 추방됨)는 "부재하는-현존들"로 텍스트에 존재한다(p. 223). 이 세 인물들은 무대에서 그들과 "상호작용/상호연기interact"한다. 오십 만젤쉬탐은 모든 장면에 "출몰한다." 아흐마토바는 자신의 시집(출판될 수도 있고 출판되지 않을 수도 있는)과 수감된 아들(살아 있을 수도 있고 없을 수도 있는)의 소식을 계속 기다린다. 극작가로서 식수는 텍스트의 통제권을 연극에서 그것을 재창조하는 이들에게 넘겨준다. 세 주요 인물들인 아흐마토바, 나데즈다 만젤쉬탐, 추코프스카야가 "수다한 작은 러시아식 별칭들을 사용하며 서로에게 말을 건다"는 점에 주목하면서, 식수는 연기 방향을 지시한다. "여배우들이 필요하다고 생각할 때면 언제나 그들은 이것들을 사용할 것이다"(p. 223). 《프로메테아》처럼, 《흰 돛 검은 돛》에서도 외부로, 독자/관객으로 시선을 돌리며 끝이 난다(p. 351).

아흐마토바

(관객을 향해서) 나중에도 살아 있을 당신, 당신은 오늘날 오십과 그의 아내에 관해 들어본 적 있나요? 안나 아흐마토바는요?

나는 너무 알고 싶네요. 우리는 죽어야 하고, 한 세기를 건너 뛰어야 하고, 돌아가야 할지도 몰라요.

나데즈다

아니면 미래에서 올 전보를 받아봐요. 안전하게 도착한 시들이요. 서명된 것들이죠. 21세기 언저리에요.

리디아

안나 아흐마토바: 작품을 완성해요.

《흰 돛 검은 돛》은 '역사'와 글쓰기 사이의 충돌에 관한 희곡일 뿐만 아니라, 또한 나이 든 여자들의 일상에 관한 희곡이기도 하다. 이런 측면에서, 우리는 그것을 식수의 어머니에 관한 현재의 글쓰기와 연결해볼 수 있다.

《오스나브뤼크Osnabrück》(1999)로 식수는 본격적으로 어머니에 관해 글을 쓰기 시작한다—이는 그녀가 〈무의식의 장면에서…〉에서 알게 된 것이 동기로 작용한 것이다. 그에 따르면 작가란 "글쓰기는 자신에게 무엇이 존재하는지 떠올리게 하는 행위라는 점 (…) 사라질 것들을 기억하는 행위라는 점"을 "망각해선 안 된다."[58] 식수가 이 책에 수록된 인터뷰에서 설명하듯이(6장을 보라), 현재 90대인 자신의 어머니가 곧 돌아가실 것을 깨달으면서 어쩌면 완전히 사라질 수도 있는 것을 쓰기 시작했다.《오스나브뤼크》는 식수가 태어나기 전의 시대에 있었던 전체 가족 이야기를 연대순으로 기록하며 보존하고 있다(식수의 어머니는 〔독일의〕 오스나브뤼크 출신이다). 식수는 이와 같은 중요한 개인적 기획을 2000년에 출판한 두 텍스트에서도 계속한다.《내가 거기 없었던 날Le jour où je n'étais pas là》과《거친 여성의 몽상Les Rêveries de la femme sauvage》이 그것이다.[59] 이 두 글에서 식수는 자신의 어린 시절의 많은 것들, 전후 알제리의 병원에서 일했던 어머니의 기억들, 과거와 현재에 어머니와의 관계에서 있었던 세세한 것들을 이야기한다.《내가 거기 없었던 날》의 서사는 앞에서 논의한 많은 가닥들을 골라서 재작업한다. 예를 들면, 탄생의 이야기들, 식수 어머니의 병원 이야기들, 식수 자신의 아들의 출산 이야기들 (그리고 그것이 낳은 타자성, 불이익, 장애에 관한 문제들), 알제리 내에서의 유배의 감정과 알제리로부터의 유배의 감정 사이의 상호작용에 관한 탐구, 자신의 유대인임Jewishness과 유대인의 운명에 대한 고찰들, 죄의식, 죽음(아이와 할머니의 〔죽음〕), 유기(아기의, 숲에서 우연히 마주친 다리가 셋인 개의, 루마니아의 고아인 이레나Irena의 〔유기〕), 그리고 글쓰기 등이 있다.《프로메테아의 책》처럼, 그녀가 자신의 주관에 근접해 있을 때 작가에게 부과된 의무들이 《내가 거기 없었던 날》의 주요 관심들 중 하나이다.《내가 거기 없었던 날》에서 식수는 책을 쓰는 것 자체와 분투하고 있을 뿐만 아니라, 자신의 어머니의 "비밀들"을 적는 윤리와도 분투한다.

> 왜 그녀는 "출간하지 말라"는 경고를 하면서도 그 모든 비밀들을 조심스럽게 나에게 털어놓을까? 어머니의 가장 비밀스럽고 가장 위험한 보물들에 눈길이 가지 않았는데도. (…) 어머니는 나에게 다시는 하지 말라고 말씀하신다. 나는 무언가를 눈치챘다. 그 말이 의미하는 것은 그것을 하되 나에게 말하지 말라는 것이었다 (…) 내가 지금 말하고 있는 모든 것은 배반하기 위해서다. 나는 털어놨다. 이제 당신의 칼을 뽑고 휘두르시라. 다이네 란체〔Deine Lanze, 너의 칼〕, 어머니가 나의 펜을 두고 한 말.(p. 145)

《내가 거기 없었던 날》은 진지한 문제들을 다루면서도, 또한 아주 재미있는 책이다. 식수는 어머니의 개인주의와 독특한 성격을 전달하기 위해 매우 효과적으로 유머를 사용하고 있다(가령 100쪽에 식수가 어머니와 대화할 때 겪는 어려움들을 설명한 것을 보라. "그녀는 당신의 작은 휴대용 라디오를 항상 지니고 계셨다").

《내가 거기 없었던 날》은 또한 동물에 관한 책이기도 하다. 그녀의 "다리가 셋인 개" 이야기는 식수의 최근작에서 동물들이 상당히 중요해진 사례들 중 하나이다. 예를 들면 〈스티그마타, 혹은 개 욥Stigmata, or Job the dog〉과 《몽상》에서는 개들과의 관계(와 유기)의 이야기가 있다. 《메시아Messie》와 〈새벽의 공유Shared at dawn〉에서는 고양이 이야기가 있다.[60] 《내가 거기 없었던 날》에서 식수는 또한 이 책에 수록된 인터뷰에서 설명하듯이, 공장식으로 길러지는 닭들의 운명을 숙고한다(pp. 102~106). "동물을 대하는 비열한 방식 (…) 그저 홀로코스트의 형식일 뿐 (…) 나에게는 동물과 인간의 분리, 엄밀한 분리는 없다"(6장을 보라). 그러나 그녀가 동물과 맺고 있는 관계는 타자와 타자성의 본질에 대한 사유에 또 다른 차원을 부가한다. 한편으로는 그녀가 다른 인터뷰에서 말했다시피, 식수는 이런 관계를 은유적이고 몽상적으로 본다. "동물들이 나에게 중요한 이유는, 변이 중에 있는 동물이 아닌 인간 존재를 나는 상상할 수 없기 때문이다. (…) 내게는 한 인간 안의 본능과 야성이 필요하다. 내가 현실이든 꿈속이든 사람들을 만날 때, 항상 인간의 모습으로 깨어 있는 일종의 동물이 있다."[61] 다른 한편, 〈새벽의 공유〉의 짧은 이야기에서뿐만 아니라 6장에 나올 인터뷰에서도 나타나듯이, 식수는 인간과 동물 사이의 "교감의" 진정한 "순간"의 가능성을 탐구하고 싶어 한다(Stigmata, p. 178). 〈새벽의 공유〉는, 죽은 듯 보이는 새의 발견과 이 새의 몸과 생명을 갈구하는 자신의 고양이 테아Thea에 관한 내용이다. 식수는 동물들이 갖고 있는 권리들을 "인정하면서도," 그녀는 한 인간으로서 죽은 새가 갑자기 자신의 손에서 살아날 때 본능적으로 여전히 개입한다. "어떤 것이 내 집에서 죽는 것을" 원치 않았기 때문에, 그녀는 새를 잡아 창밖으로 날려 보낸다(p. 178). 그러나 그러면서도 그녀는 하루종일 이제는 사라진 새를 찾아 헛되이 헤매는 고양이 테아Thea의 분노와 "슬픔"과 마주하게 된다(p. 179). 식수가 깨달은 것은, 인간으로서의 행위 때문에, 자신의 고양이를 "배신"했다는 것이다(p. 179). 이 깨달음은 그로 하여금 테아의 위치에서 자신을 상상하여, 테아처럼 행동하고, 완전히 다른 존재가 될 수 있게 한다. "오 이런. 만약 그 새가 돌아오면 나는 이걸 테아에게 주겠어. 맹세코. (…) 그래, 만일 새가 돌아오면, 나 또한 그 미적지근한 작은 시체를 갖고 놀아야지. 발을 날카롭게 날려서 아주 기쁘게 목을 잘라버릴 거야"(p. 179).

식수의 최근작에서 드러나는 풍부한 다양성과 성취는 여성적 글쓰기의 기획의 목표가 결국 획득되었음을 가리키는 것으로 이해될 수도 있겠다. 분명히, 식수의 최근의 픽션과 극작은 훨씬 타자에 열려 있고 타자와 관계하고 있다. 또한 장르와 장르, 과거와 현재, '내부'와 '외부', (심지어 인간에서 동물로도) 쉽게 넘나든다. 그것은 또한 단일한 "팔루스 중심적" 의미에 "가까워지려는" 충동을 피하기도 한다. 그것은 《프로메테아의 책》에서의 경우처럼 식수의 초기 글에서 (잠재적으로) 문제적인 것으로 발견된 형식적 실험과 단어 유희를 훨씬 덜 사용하고도 이를 해낸다. 그러나 여성적 글쓰기에 관한 이런 가정은 또한 어려운 부분들이 많다. 이런 텍스트들에 있는 불확실성들, 가령《첫날들》의 "작가"에게 출몰하는 "냉담한 완전함"이라는 "두려움"은 식수의 글쓰기가 비규정적인 "어떤 것"—그녀가 아직 완전히 이해하지 못한 문제들에 대한 답들—을 향하며 추구하는 어떤 감각이 여전히 존재함을 암시한다. 그녀의 초기작들에서의 경우보다 훨씬 큰 정도로, 식수의 최근작은 여성학연구센터의 구성원들과의 〈대화들〉에서 그녀가 언급했던 "시적 경로를 통해 정치적으로 사유하려는 분투"와 관련된다(p. 152). 시적 글쓰기는 식수의 여성적 글쓰기에 관한 전망에서 언제나 현재적이었으나, 수년 동안, 부분적으로는 대중매체의 부상 때문에, 또 부분적으로는 태양극단과의 공동 작업 때문에, 뿐만 아니라 그녀의 글쓰기, 즉 '시적'인 것에 대한 관념의 자연스러운 성장과 발전이 가져온 변화들—글쓰기와 사유 둘 모두에서—때문에, 완전히 새로운 중요성과 긴급성의 차원을 가지게 된다.

4장
시적 이론

가장 진실한 것은 시적이다.

《엘렌 식수의 루트프린트Helene Cixous Rootprints:
Memory and Life Writings》, p. 3.

자크 데리다Jacques Derrida는 식수가 캘리포니아대학교 어바인 캠퍼스에서 1990년 5월에 행한 웰렉 도서관 비평이론 강연― 《글쓰기 사다리의 세 단계Three Steps on the Ladder of Writing》라고 번역 출간된 시리즈 강연―을 소개하면서, 작가로서 식수의 성취는 그녀가 "시인-사상가, 매우 시인이면서도 바로 사유하는 시인"이라는 사실에 있다고 밝힌다.[1] 데리다의 이 말은 식수가 해온 "시적" 글쓰기는 표준적('남성적') 철학적 담론의 관심들과 전적으로 달라지는 기저의 사유 과정 체계를 통해 일어났음을 함축한다. 실제로, 식수의 시적 글쓰기는 철학적 훈련보다는 회화 예술과 훨씬 더 공통점이 많다는 점이 (특히 식수 자신에 의해) 자주 지적되어왔다. 식수가 여성적 글쓰기에 관한 최근 논의에서 사용하고 있는 많은 사례들은 회화의 경제에서 끌어온 것이다. 그녀가 〈최후의 회화 혹은 신의 초상The Last Paint-ing or the Portrait of God〉에서 언급하듯, 글쓰기와 회화 모두에서 우리는 무엇보다도 사실이나 확실성들과 연루되는 것이 아니라 "미스터리"와 "물음들"에 연루된다.[2] 식수의 호쿠사이가 자신이 결코 후지산의 진정한 본질을 포착할 수 없을 것임을 알았던 것처럼(《첫날들》 p. 11), 식수의 시적 저자도 그녀의 마음을 어지럽힌 문제들을 그녀가 결코 이해할 수도 해결할 수도 없음을 알고 있다. 종결의 순간의 지연이 화가 호쿠사이에게, 그리고 시적 작가인 식수에게 중요하다. 식수의 시적 글쓰기가 표준적인 철학 담론의 관심들과 매우 분명하게 달라지는 것은 결론에 도달하는 것을 거부하는 것, 자신이 "임무"나 "퀘스트"를 완성시킬 수 없음을 기꺼이 받아들이는 데에 있다. 식수가 여성학연구센터의 세미나에서 설명했던 것처럼, 그것은 또다시 우리가 어떻게 타자와 관계하고 타자를 (타자에 대해서) 어떻게 쓸 것인가 하는 문제이다. "철학은 항상 자신의 타자를 사유하길 원했고, 타자를 내부화하고 합체하려고 했었다. 그것이 자신의 타자를 사유하는 순간부터, 타자는 더이상 타자가 아니라 동일자가 된다. 타자는 사유될 수 있는 공간으로 들어오고, 자신의 낯섦을 상실한다"(Readings, p. 90). 식수는 표준적인 "철학 담론이 (…) 추상적 방법으로 빠르게 발전될 수 있겠지만," 수용할 수 없었던 것은 "살아 있는" 것의 예측불가능성과 자유이다(p. 92). 살아 움직이고, 불가해하며, 덧없고, 변덕스러운 것은 표준적 철학 담론으로 합체(되거나 그것에 의해 포획)될 수 없다. 표준적인 철학에서,

그런 충동은 "명사로" 사유의 주제를 수집해야 하고, 그것을 "포착"하고 "단단히 잡아두어야" 하는 것이며, 그럼으로써 그것은 뿌리를 내리게 하고 그것에 부여된 의미나 꼬리표에 달라붙고 그로부터 자양분을 얻을 것이다(p. 112). 결과적으로, 식수는 표준 철학이 "부동의 대상들"에 대한 숙고로 스스로를 만족시킬 수밖에 없다고 주장한다(p. 92). 움직이는 것에 대한 작업, "탈출하는 것"에 대한 작업의 실천은 "오직 시적으로만 행해질 수 있는" 어떤 것이다(p. 92).

(시적) 글쓰기는 도착하지 않는다

"시적으로" 문제를 논한다는 것이란 무엇인가? 우선, 그것은 해석의 영역에서 얼마간의 자유를 허용하는 것을 의미한다. 시에서 우리는 언제나 단어와 구절들이 언뜻 의미하고 있는 것 이상을 의미하는, 그 안에 잠재된 것에 조응하고 자각한다. 시는 숨겨지고 말해지지 않은 것을 전달하려는 예술이다. 그것은 언어의 표면에서 도사리고 있는 잉여 자원들을 이용한다(가령 '여성적' 상상계의 비-공간non-space처럼). 우리는 식수의 텍스트에서 이 과정이 일어나는 것을 볼 수 있다. 예컨대 《프로메테아의 책》의 마지막 페이지에서, '나'와 'H'와 '프로메테아'는 자신들의 책에 어떤 "이름"을 줄 것인가를 두고 토론한다. 이 토론은 〈우리가-그렇게-불렀다면What-If-We-Called-It〉의 게임의 형식을 빌리고 있다(p. 210). 다양하고 진지한, 그러나 너무 심각하지 않은 제안들이 나온 후, 프로메테아는 〈프로메테아 사랑에 빠지다Promethea Falls in Love〉를 생각해낸다. 이때, 텍스트는 화자가 누군지 모를 대화 두 줄로 끝이 난다(p. 211).

빠졌다고Falls?
있는 거지Is.

이 부분은 책 제목이 '프로메테아 사랑 중에 있다Promethea Is in Love'이어야 할 것 같이 읽혀질 수 있다. 그러나 이것은 또한 프로메테아가 단순히 "있다is"를 가리키고 있는 것으로 이해될 수도 있다. 다시 말해 마지막 분석에서 그녀 자신의 존재(그녀의 "있음is-ness")이라는 적나라한 사실은 프로메테아의 책의 페이지들에서 수집될 수 있는 것이 전부이다. 그러므로 어떤 면에서, 그녀의 책의 페이지들은 기만적으로 평범하고 단일하며 신비로운 단어에 응축되고 집중되어왔던 것처럼 보인다. 그러나 식수가 본서에 실린 인터뷰에서 지적하듯이, 외양은 기만적일 수 있다. 프랑스어 단어 "est"("is")는 또한 "동쪽east"으로 번역될 수도 있다고 식수는 강조한다. "그것이 언어가 유희하는 방식이다. 다양한 방향과 다양한 수준으로"(6장을 보라). 책을 끝내려는 어떤 시도도 언어의 "시적" 자원에 의해 좌절될 것이다. 이런 엇갈리는 시적인 관점에서 보자면, 책은 자신의 저자(들)을 "탈출"한다. 식수가 자신의 글 〈눈먼 글쓰기: 당나귀와의 대화〉(《스티그마타: 탈출하는 텍스트Stigmata: Escaping Texts》에 실린 글 중 하나)에서 말한 것처럼, 심지어 가장 평범한 단어들에서도 나타나는 의미작용의 초과에 대한 이러한 잠재성은, 작가로서의 그녀가 "정직한 음악가처럼 언어를 유희하며 하나의 낱말-비트word-beat도 지나치지 말아야 함"을 발견했음을 의미한다.[3] 그녀가 자신의 글쓰기에 접근하는 이와 같은 꼼꼼한 방식의 글에서 그녀가 그린 그림은 아주 흥미로우며 분명하다. 식수는 유사한 이미지를 미레이유 칼-그뤼버와 행한 〈내부-관점/인터뷰Inter Views〉에서 사용한다. 여기서 그녀는 자신의 글쓰기가 "통달mastery"을 하려는 시도에서 나오는 것이 아니라고 말한다. 오히려 그것은 "기교의 연습an exercise of virtuosity"의 결과라는 것이다(*Rootprints*, p. 38). 통달과 기교 사이의 구별은 미묘하지만, 그 강조에 있어 매우 중요한 전환에 있다. 통달은 어떤 것이나 어떤 이에 대한 어느 정도의 지배를 가정한다—그것은 식수가 〈출구〉에서 묘사한 '로고스중심주의'의 ('남성적') 위계 체계의 행위들을 떠오르게 한다(2장을 보라). 그러나 기교는 예술가와 자신의 매체 사이의 상호작용이라는 특정한 존중의 ('여성적') 과정을 가리킨다고 볼 수 있다. 음악가들이 집중의 과정을 통해 엄청나게 "기교를 연습해서," 그들이 연주하는 악기가 음악가의 신체의 연장이 되는 것처럼, 식수의 기교적 글쓰기는 언어와 몸 사이, 쓰기와 쓰는 자 사이에 복잡하고 다방향적 경로들을 형성한다.

식수의 글쓰기가 "시적으로" 작업하기라고 할 수 있는 또 다른 점은, 픽션이나 극작이 취했던 전개, 틀, 방향이 시 배열의 경제에서 발견되는 패턴을 반영한다는 데 있다(3장을 보라). 시의 배열을 구성하는 시인처럼, 식수는 동일한 주제와 문제들로 다시 돌아가서 다양한 관점에서 탐구한다. 식수의 작품, 그녀의 텍스트 배열은 결론적인 답을 제공하지 않고, 오히려 독자를 그녀의 기분, 좌절, 기쁨, 발견, 통찰로 가는 여정으로 인도한다(그녀는 그 길을 따라 발생하는 아름다움, 영감, 계시에 감탄하고 묘사한다). 이것을 식수가 매우 존경하는 시인인 셰익스피어의 《소네트》 중 한 사례를 들어, 시 배열에서 일어난 것과 비교해보자.[4] 《소네트》에서 셰익스피어는 126개의 소네트를 무명의 젊은 남성(소네트 126번의 "사랑스러운 소년")의 아름다움이 어떻게 보전될 수 있을지에 대한 문제를 결론 없이 탐색하는 데에 바친다. 셰익스피어는 그 뒤의 26개의 소네트를 더 쓰면서 시인(셰익스피어 자신일 수도 있고 아닐 수도 있는 시인)과 신비한 (마찬가지로 무명인) "흑발의 여인" 사이의 복잡하고 겉보기에는 파괴적인 관계를 이해하려고 한다(그러나 거의 틀림없이 실패한다). 다시, 결론 없음에 도달한다. 심지어 오늘날, 수 세기 동안의 연구, 사색, 해설이 이 미스터리들에 바쳐진 후에도, 셰익스피어의 《소네트》는 여전히 답을 주기보다는 더 많은 질문을 던지고 있다. 식수의 텍스트가 그런 것처럼, 셰익스피어의 소네트들은 각각 그 자체로 예술 작품으로 읽혀질 수 있다. 그러나 또한 식수의 텍스트가 그런 것처럼, 각각의 소네트는 더 큰 전체의 부분이기도 하다. 어떤 셰익스피어적 소네트도, 어떤 식수적 텍스트도, 그것이 관계하는 미스터리나 문제를 온전하게 이해하거나 표현하길 희망할 수 없다. 대신에, 각각의 소네트, 혹은 텍스트는 더 큰, 알려지지 않은 (그리고 알 가능성이 없는) 낯섦의 작은 측면에 대한 성찰이자, 스케치, 짧은 통찰인 것이다. 《세 단계》에서 식수는 자신의 글쓰기가 종종 "앎과 모름이 접촉하는" 장소를 향해 뻗어나간다고 말한다(p. 38). 쓰기의 운동은 이중적이다. 그것은 "불가해한 것"―앞으로도 알려지지 않을 것―과 "보이지 않는 것"―지금 알려지지 않는 것―모두를 향해 작업하는 것이다. 식수의 호쿠사이가 불가능한 것(그릴 수 없는 것)을 그리기에 마주한 것처럼, 식수는 "사유할 수 없는 것을 사유하려는 노력"으로 시적 글쓰기로 가는 길에 나선다(p. 38). 그녀가 착수하려는 것이 십중팔구 성취할 수 없다는 사실은, 그것의 매력의 바로 그 본질이다. 식수가 《세 단계》에서 개진하듯이, 중요한 것은 우리가 가는 방향이 아니라, 추진력을 만드는 것이다. "우리는 시작해야 한다. 이것이 글쓰기의 정의이다. 시작하기 (…) 이것은 우리가 거기에 도착할 것이라는 것을 의미하는 것이 아니다. 글쓰기는 도착하지 않는다. 대부분 그것은 도착하지 않을 것이다"(p. 65). 틀림없이, 식수의 글쓰기는 자신의 픽션과 연극에서 타자의 쓰기를 창조하려는 시도에서 나타나는 '도착하지 않음'이라고 생각될 수도 있을 것이다. (《소네트》를 쓴 셰익스피어처럼) 그녀가 실제로 자신의 목표를 성취했는지 하지 않았는지에 관해 의문스럽다는 사실이, 쓰기에 실패했음을 의미하는 것으로 간주되어선 안 될 것이다. 반대로, 중요한 것은 구체적인 도착 지점이 아니라 그 여정이다. 그러나 식수의 경우, 이따금 "잘못된"

방향으로 가는 것이 또한 필수적이기도 하다—우리가 발견되길 생각해본 적 없는 새로운 것들로 우리 자신을 놀래키길 원한다면 말이다. 식수가 《세 단계》에서 관찰한 것처럼, "글쓰기는 당신이 쓰기를 완료하기 전에는 몰랐던 것을 쓰는 것이다"(p. 38). 아직 알려지지 않은 이러한 것들이, 그녀가 〈최후의 회화 혹은 신의 초상〉에서 말했던 "미스터리들"인 것이다. 선형적이고 닫힌 정신(과거의 잘못을 반복할 운명인 정신)으로 글쓰기에 접근하기보다, 그녀는 그것들을 위한 자리를 내기 위해, 예측불가능한 것들에 열려 있고 그에 응답하는 전략을 쓰고 있다. 언제이든, 어떤 기분이나 영감이 그녀를 사로잡든, 그녀가 자신을 기꺼이 끊임없이 중단시키고 새로운 방향으로 향하도록 준비하면서, 예민한 자각 상태를 유지할 수 있는 데 의탁하는 것이 바로 쓰기에 대한 접근이다. 그녀가 〈눈 먼 글쓰기Writing blind〉에서 언급하는 이런 방식은 "산만함으로distraction 쓰기"이다(p. 139). 그녀가 이것으로 의미하는 바, 자신의 "응시"를 지향된 대상으로부터 떼어놓는 것이, 그리고 만일 이 대상을 실제적으로 "포착"하는 위업을 이룬다면 발생할 치명적인 결과를 피하는 것이, 도움이 된다고 그녀는 생각했다(p. 139). 그녀에 의하면, 우리가 하려고 시작한 것, 알려지지 않고 알 수도 없거니와, 사유불가능한 알려지지 않은 것(클라리시 리스펙토르의 글쓰기처럼)이 수평선으로 막 떠오르게 되는 것은 바로 이런 "산만"이라는 과정을 통해서, 바로 그것을 행하기를 우회하기를 통해서이다(through를 though로 오기한 듯). "우리는 어떤 땅을 찾아 나서고, 우리는 다른 땅을 발견한다"(p. 150).

자크 데리다의 초상

"도착" 지점을 끊임없이 약속하지만 결코 내놓지는 않음으로써, 별 관련 없는 "발견들"을 향해 나아가는 동시에 식수의 시적 글쓰기가 취한 경로는 데리다의 차연différance 개념과 매우 공통점이 많아 보인다(〔차연 개념은〕 "의미" 혹은 의미화된 것은 끊임없는 차이의 연쇄에서 영속적으로 지연됨을 의미). 간단히 말해, 차연은 데리다의 신조어인데, 이것은 프랑스어 'différence(차이)'와 발음이 동일하다. 그것은 또다른 상호 동음이의어인 'différer(차이 나다)'와 'différé(지연된)'와도 밀접하게 관계된다. 그러므로 차연은 "차이 나다(다르다)"라는 의미와 "지연하다"(중지의 상태에 어떤 것을 붙잡아놓는다)라는 의미 모두를 품은 개념으로 생각할 수 있다. 이런 의미의 간단한 예는, 우리가 어떤 단어(혹은 기표)를 사전에서 찾을 때 발견된다. 그때 우리는 그 단어의 "의미"(혹은 기의) 그 자체를 찾는 것이 아니라, 단순히 다른 단어들(다른 기표들)의 집합을 찾는 것이 되는 것이다. 결국 그것은 사전의 다른 곳에서 찾아질 수 있는 것, 결국 단어들(기표들)의 더 많은 집합으로 인도하는 것, 결국 (…) 등등인 것이다. 그러므로 데리다의 차연 개념은, 서구 철학적 관점에서 만일 (데카르트나 헤겔처럼) 우리가 철저한 철학적 방법론을 정식화할 수만 있다면 궁극적 진리라는 것, 혹은 "초월적 기의"라는 것이 발견될 수 있음

을 함축하는 주장의 오류를 노출시킨다.[5] 그러나, 식수가 〈출구〉
의 시작 부분에서 이분법적 대립의 "해체"와 관여한다는 등의
분명한 증거와 같이,[6] 식수의 시적 표현poeticism과 데리다의 차
연 사이의 이런 유사성은, 식수와 데리다의 접근이 하나이자 동
일함을 가리키는 것으로 간주되어선 안 될 것이다. 식수가 칼-
그뤼버에게 말하듯이, 그녀에게 "데리다와 매우 큰 근접성이 있
기는" 하지만(*Rootprints*, p. 80), 그리고 "일련의 비옥한 우연의
일치들"과 "연결들"이 그녀의 쓰기와 데리다의 차연 사이에 존
재하기는 하지만,

> 내가 그에게 놀란 것은, 정확히 어느 정도까지 그가 나와 다른
> 가 하는 점이다. (…) 그것은 마치, 아주 오래전부터, 수천 년 동
> 안 같은 방향으로 같은 경로를 유사하게 다뤄오면서, 때로는
> 서로 멀찌감치 떨어져서, 또 때로는 같이해온 것처럼, (…) 우
> 리 안에는 우리 각자의 편에, 그 장구한 경로의 흔적들이 존재
> 했다.(p. 81)

그녀가 덧붙여 말하길, 그들 사이의 차이는 죽음에 관한 물
음에 대해 취한 서로 다른 접근을 식수가 설명하는 데서 (꽤 단
순화된 설명이라고 그녀도 인정한다) 나타난다. 식수에게 "죽음은
과거이다. 그것은 이미 일어났다." 그러나 데리다의 경우에 "죽
음은 그를 기다리고 있다 (…) 그는 미래의 죽음을 예기한다"(p.
82). 둘 중 하나는 죽음의 현실을 받아들이고 계속 나아간다. 나

머지 하나는 언제나 죽음의 그림자 안에 있는 것 같다. 그러므로 우리가 이 단순화를 받아들인다면, 식수의 글쓰기에는, 데리다의 글쓰기에 항상 나타나는 것은 아닌, 어떤 생에 대한 찬미, 어떤 생기가 있다. 다시 한 번 이것이 매우 복잡하고 생산적인 관계가 실제로 무엇일까 그려보기 위해 만들어진 단순화임이 강조되어야 한다. 그럼에도 불구하고 그 두 저자들 사이의 대조는 식수와 데리다가 1988년에 공저한 《베일Voiles》에 있는 것들 사이의 차이에서도 멋지게 드러난다.[7] 식수의 짧은 글인 〈지식Savoir〉(pp. 1~16)은 픽션, 회고록, 시가詩歌 사이를 유희하듯 맴돈다. 〈지식〉은 상실과 향수라는 낯선 감각뿐만 아니라 자신의 근시안을 "치료"하기 위해 그녀가 받은 수술을 상술하고선, 식수는 자신의 "비밀스러운 보지-않음secret non-seeing"을 조우한다(p. 16, 또한 6장을 보라). 데리다의 글인 〈자신만의 누에A Silkworm of One's Own〉(pp. 17~108)는 부분적으로 〈지식〉에 대한 화답이다. 그것은 또한 특정 철학적 신학적 주제에 대한 개인적 성찰이기도 하다. 〈지식〉보다 훨씬 길고 훨씬 '진지한' 작품인 〈자신만의 누에〉는 선택된 주제를 둘러싸고 전형적인 데리다식의 난해한 방식으로 비틀고 뒤집는다(〈지식〉과 달리 텍스트적 저자성과 학문적 주석에 자주 의지하면서). 식수의 〈지식〉은 기꺼이 글의 주제를 자유롭게 놓아두고 저자로부터 "탈출"하는 데 만족한다. 다른 한편, 데리다의 〈자신만의 누에〉는 (부분적으로) 그것의 다양한 가지들과 사유들을 "모으고" "고정하는" 시도처럼 읽힌다(그렇게나마, 그것이 하는 말들을 "정당화"할 수 있다). 하나는 "시적"이고 다른 하나는 "철학적"이다.

식수의 최근작인 《젊은 유대 성인 자크 데리다의 초상Portr-ait de Jacques Derrida en Jeune Saint Juif》은 그들 작업 사이의 근접성/차이에 관한 놀라운 사례를 보여주고 있다.[8] 《자크 데리다의 초상》은 〈생에 대한 H. C. 〔엘렌 식수〕, 말하자면H. C. Pour la vie, c'est à dire〉뿐만 아니라 〈우리만의 누에〉의 여운에서 나타난다. 〈생에 대한 H. C., 말하자면〉은 데리다가―식수에게 헌정된 컨퍼런스 발표문들의―선집에서 식수에게 헌사한 127쪽에 달하는 글이며, 《엘렌 식수, 하나의 작품으로 교직된Hélèn Cix-ous, croisées d'une oeuvre》으로 출간되었다.[9] 데리다에 대한 식수의 "응답"은 놀랍도록 유희적이고, 반어적이며, 농담조이다. 그것은 특히 1991년 데리다의 자전적 글인 〈Circonfession〉*을 참조하며 데리다만의 스타일에 대한 존경을 담아 비튼 패러디로 마음껏 유희하는 글이다.[10] 프랑스의 좌파 신문인 《리베라시옹Libération》에 실린, 《자크 데리다의 초상》에 대한 리뷰의 제목―"Cixous déride Derrida〔식수가 데리다의 근심을 덜어주다〕"―으로, 에릭 로레Eric Loret는 식수가 데리다를 "빛나게 하거나" "생기를 북돋아준다"고 주장한다.[11] 식수는 《자크 데리다

---

* 할례라는 의미의 'Circoncision(프)/Circumcision(영)'과 고백이라는 의미의 'Confession'의 조어이다. 자전적 성격의 이 글에서 데리다는 아우구스티누스의 《고백론》의 인용과 주석을 통해 주체에게 새겨진 타자성의 의미를 탐구하고 있다.

의 초상》에서 실제로 꽤 그렇게 해내고 있다. 단어들이나 단어의 부분들에 파랑이나 주황으로 강조를 주기도 하고, 그런 다음 자필로 주변에 논평이나 주석을 단다(pp. 15, 17, 23, 31, 43, 67, 75, 86, 93). 그 결과 그것은 텍스트적 해설이자 시각예술작품이 된다. 장르의 경계를 초월하는 《자크 데리다의 초상》은 부분적으로 수필이자 부분적으로 시가 되는 것이다.[12]

《젊은 유대 성인 자크 데리다의 초상》은 또한 식수와 데리다의 공통적인 알제리-유대인 유산을 조명하는 데 큰 도움이 된다. 식수에게 유대인임과 시적인 것은 두 방식으로 연결되어 있다. 첫 번째로, 그녀가 여성학연구센터에서 열렸던 세미나에서 지적하듯, 유대인임과 추방 사이의, 유대인임과 "소속됨"의 실패 사이의 연결이다. 러시아 시인 마리나 츠베타예바Marina Tsvetayeva가 (그녀 자신은 유대인이 아니었다) 〈종말의 시Poem of the End〉에서 썼던 구절을 들자면, "이와 같은 많은 기독교 세계에서, 모든 시인은 유대인이다." 식수는 이에 대해 다음과 같이 지적한다.

> 츠베타예바에게 모든 것은 유대인의 어떤 것이 모든 시인 안에 있음, 혹은 모든 시는 유대적임을 가리킨다. 이것은 종교와 관련 있는 것이 아니라 시학적으로 "유대인임"이 무엇을 의미하는 것인지와 관련한다. 그녀는 우리〔시인〕가 방황하는 유대인들, 우리가 속할 수 없는 곳에 속하는 유대인들이 되는 것이 나을 것임을 주장하는 것이다.(*Readings*, p. 150)[13]

1장에서 논의했듯이, 자신들의 공통점인 알제리-유대인이라는 배경 때문에, 식수는 칼-그뤼버에게 말했던 "프랑스어와의 낯선 관계"를 자신과 데리다 모두 갖고 있다고 본다(*Rootprints*, p. 84). 이 "낯선 관계"는 그들의 글쓰기의 관심사를 "결정하는" 것이 아니라 주조하고 만든다. 시인이자 유대인임은 정치적 외부자임이다(《불가해한 어떤 K_{Un} K. incompréhensible: Pierre Goldman》를 논의한 3장을 보라).[14] 그러나 이와 같은 정치적 충동을 품으면서도, 식수는 또한, 유대인임의 문학적이고 문화적인 감각에 기댄다. 유대인의 글들, 철학들, 전통 등에 말이다(데리다가 하는 정도까지는 아니긴 하지만 말이다). 이 책에 수록된 인터뷰에서, 식수는 "유대인적 유산"이라는 질문에 대해 처음에는 주저함을 내보이기도 한다. 그러나 결국 그녀는 자신의 "비밀스런 기억이 (…) 분명 유대적인 흔적들에 스며들어 있다"는 사실을 인정한다. 그러면서 이런 흔적들이 "시학적 힘에 속해" 있으며 이 힘들은 "유대 문화에서 고도로 발전된 독해의 특정 실천들"에서 비롯한다고 덧붙인다(6장을 보라). 특히 식수는 "알려지지 않는 것"에 대한 사유와 쓰기라는 시적 실천을, 탈무드(유대 종교법의 원천) 연구에 바쳐졌던 학술적 주해라는 엄청난 전수專修의 가치와 비교한다. 식수가 칼-그뤼버에게 전하듯, 탈무드에서 정말 놀라운 것은 "우리는 그것을 습득할 수도 없고 알 수도 없다. 우리는 그것을 읽고, 공부하고, 해석할 뿐"이라는 점이다(*Rootprints*, p. 56). 식수는 탈무드 식의 학문적 연구라는 실천이 글쓰기의 실천과의 유사하다고 생각한다. 이 책의 인터뷰에서 그녀가 말하고 있듯이, 탈무드에서처럼 그녀의 글쓰기에도 "마지막 판본은 존재하지 않는다. 수백 개의 판본이 존재할 뿐이다. 그리고 이 점이 매우 중요하다. 지금 내가 현실에서 일어난 어떤 것을 볼 때, 그것이 어떤 종류의 사건이라도, 나는 그것의 수백 개의 판본을 보고 싶다"(6장을 보라). 글쓰기의 창작에 접근하는 방식이, 학자가 탈무드 독해에 접근하는 방식과 동일하다고 그녀는 주장한다. 두 경우 모두 "무한정한" 책을 마주하게 되고 (*Rootprints*, p. 65), 그들이 읽고 쓰는 책의 진리가 항상 그들을 비껴갈 것임을 알고 있으며, 둘 모두는 바로 그 이유로 책을 읽고 쓰기를 계속할 것이라는 것이다(사실상, 〔읽기와 쓰기의〕 연결은 이런 유비가 처음에 보여준 것〔시인과 탈무드 학자의 유사성〕보다 훨씬 근접하다─5장에서 논의되겠지만, 식수에게 읽기의 행위와 쓰기의 행위는 서로 분리될 수 없다). 결국 식수가 다른 인터뷰에서 설명하듯이, 그것은 "당신이 결코 정복하지 못할 것을 정복하려는 노력에 대한 이야기를 쓰는" 문제인 것이다.[15] 순환적이고, 끝나지 않는, "끝낼 수 없는" 책을 읽고 쓰는 행위에 (즉 "도래하지 않을" 쓰기에) 헌신하는 것은, 아마도 "시인"이 되는 것이 무슨 의미인지에 관한 식수의 이해에서 가장 중요한 부분일 것이다. 식수가 〈최후의 회화 혹은 신의 초상〉에서 지적하듯, 시학의 운동은 미래, "내일"을 향한다(p. 113). 예술가는 잠재성의 그림을 그린다. "우리는 그것이 될 바를 그리며, 잠재성의 "절박함"을 그린다"(p. 113). 시인은 (혹은 탈무드 학자는) 언어라는 매체로 유사한 작업을 행한다. "나는 "다가가기"의 시간으로 생을 쓰는 모든 작가, 철학자, 극작가, 몽상가를 "시인"이라 부르겠다"(p. 114).

순간의 영원성

쓰기의 기원, 그것의 전생pre-birth은 식수에게 특히 매혹적이다. 그녀가 〈눈 먼 글쓰기〉에서 밝히듯, "내 작업은 우리의 감정을 쓰기로 옮기는 일이다. 맨 처음, 우리는 느낀다. 그러면 나는 쓴다. 쓰기의 행위가 작가를 낳는다. 나는 작가 이전에 나타나는 발생을 쓴다"(p. 143). 다른 최근의 글인 〈종결 없는, 아니, 도면이 없는, 아니, 그보다는: 집행인의 출발Without end, no, State of drawingness, no, rather: The Executioner's taking off〉에서, 식수는 자신이 원한 것이 "어떤 책의 이전 상태 (…) 페이지가 되기 전의 수많은 낱장들 (…) 쓰기의 과정–속에–있기"라고 고백한다.[16] 초기 프랑스어에서 번역자가 남긴 관찰을 통해, 식수는 왜 동명사형이 프랑스어에 사라졌는지 묻고 있다. "이 텍스트의 진정한 시제는 동명사다"(p. 20). 영어에서 확인할 수 있는 동명사는 동사의 어근에 접미사 '-ing'를 붙임으로써, 일어나고 있는 어떤 행위를 말할 때 사용되는 시제이다(말하자면, 말해지는 행위는 "과정 중에" 있다). 이것이 식수의 연극적 글쓰기의 시제이다(즉 그녀가 〈무의식의 장면에서…〉 언급했던 즉시성/직접성). 그것은 또한 식수의 시적 사유이자 쓰기의 시제이기도 하다(그녀가 〈최후의 회화 혹은 신의 초상〉에서 제시한 "'다가가기'의 시간"). 그녀의 수필인 〈1991년 10월에…In October 1991…〉의 서두에서 식수는 다음과 같이 말하고 있다. "나는 현재에 있는 것이 좋다. 나는 과정 중에 있는 것에 관심이 있다."[17] 식수가 이 글에서 "순간의 영원성"이라고 불렀던 것은 엄청나게 다양한 감정들, 디테일들, 들고 나는 것들, 말하자면 무한소만큼 짧은 시간에 일어나는 모든 것들을 압축하는 것이다. 언젠가 그녀가 주목했던 것처럼, 현재를 쓰려고 할 때 그녀는 정적인 캔버스나 스크린 위에 '빛'의 움직임을 복제하려고 애썼던 화가의 과제와 유사한 어떤 것을 하려고 하는 것이다. "시인과 같이, 화가가 그리려고 하는 것은, 움직이는 것이자 사라져가는 것이다… 쓰기에서도 정확히 동일하다. 내가 하는 일이란 그저 동일한 순간에 나타났다가 사라져가는 것을 다루는 것이다."[18] 또한 덧붙이길, 그녀가 "나타남과 사라짐의 이와 같은 구조"를 다루는 방식은 그것들이 일어나는 대로 적어 내려가는 것이다(p. 340).

어떤 것이 섬광처럼 번쩍이는 순간 (…) 나는 그것을 적으려고 한다. 5분 후면 그것의 그것임은 심지어 내 기억 속에서도 완전히 사라질 것임을 나는 알고 있기 때문이다. 그것은 내가 수전노라서 그런 것이 아니다. 단지 이것이 절대적으로 예외적이기 때문이다. 소여所與, 환원불가능한 것이 바로 그 어떤 것이다. 내가 그것을 바로 적어놓으려 애쓰지 않는 이상, 그것은 마치 결코 일어나지 않은 것과 같은 것이 된다.(p. 341)

그러나 분명한 것은, 식수가 칼-그뤼버에게도 설명한 것처럼, "현재에서 쓰려는" 그녀의 욕망이 엄청나더라도, 식수는 또한 스스로에게 부과한 그 과제가 불가능한 것임을 잘 알고 있다. 즉 "현재 이후에," 현재가 이미 과거가 되어버렸을 때에만 쓰는 것이 가능한 것이다(*Rootprints*, p. 78). 식수는《세 단계》의 첫 단계에 있는 이러한 어려움을 〈죽음의 학교The School of Death〉에서 토로한다. 한편으로, 그녀는 "쓰기란 그 像을 망각하지 않으려는 노력"이라고 성찰한다(p. 7). 말하자면, 쓰기란 기억하기의 행위, 있었던 것, 있는 것, "5분 후에는" 사라질 것을 보존하려는 노력의 행위인 것이다. 식수가 최근작인《오스나브뤼크》, 《내가 거기 없었던 날》과《거친 여성의 몽상》에서 자신의 어머니에 대해, 어머니의 기억과 이야기에 대해 결국에는 쓰려고 결정한 것을 보면, 우리는 "망각하지 않으려는 (…) 이와 같은 노력"을 확인할 수 있다(3장과 6장을 보라). 셰익스피어가《소네트》를 쓰도록 밀어붙이고 위안을 준 것도 같은 충동이다. 가장 잘 알려진 소네트 18("내 그대를 한여름 날에 비할 수 있을까?")*에서 셰익스피어는 젊은 남성의 아름다움은 단지 일시적이고 지나가버릴 것이라는 앎("여름의 빌려온 기간은 너무 짧아라")에 직면한다. 그러고는 그 젊은 남성의 신체적 아름다움은 지속되지 않을 것이라는 사실을 보이면서 셰익스피어는 글쓰기가 보존과 기억의 수단으로 사용될 수 있음을 제시한다.

---

* 피천득의 번역이다.

그러나 그대의 영원한 여름은 퇴색하지 않고
그대가 지닌 미는 잃어지지 않으리라.
죽음도 자랑스레 그대를 그늘의 지하세계로 끌어들여
방황하게 하지 못하리.
불멸의 시구 형태로 시간 속에서 자라게 되나니.
인간이 살아 숨을 쉬고 볼 수 있는 눈이 있는 한
이 시는 살게 되어 그대에게 생명을 주리라.

물론 아이러니하게도 이 소네트, 그러니까 이와 같은 쓰기의 찰나는 여전히 우리와 함께 있지만, 여기 쓰여진 젊은 남성은 돌이킬 수 없이 이미 사라졌다. 그러므로 쓰기는 그것이 어떤 사람 혹은 이야기의 특정 측면은 보존할 수 있지만, 모든 측면을 보존할 수는 없는 일이다. 삶에서 텍스트로, 현재에서 과거로 옮겨지는 과정에서 어떤 것은 언제나 상실될 것이다. 이런 상황은 식수의 많은 신조어들 중 하나인 'oublire'로 간결하게 표현된다. 'Oublire'는 우리가 읽을 때 우리는 또한 망각한다는 것을 가리키기 위해 만들어진 단어이다('oublire'는 '혼성어'로, '망각하다'라는 의미의 'oublier'와 '읽다'라는 의미의 'lire'의 조합으로 만들어짐).[19] 결과적으로, 식수가 《세 단계》에서 관찰하듯, 쓰기도 사물들을 보존하려는 (부분적으로는 실패할 운명인) 시도일뿐만 아니라, 또한 떠나보내는 것letting go에 관한 것, 사물들이 사라짐을 받아들이게 되는 것, 이 사라짐을 기리는 것에 관한 것이 된다. "쓰기는 죽기를 배우는 것이다. 두려워할 필요가 없음을 배우는 것이며 (…) 생의 극한에서 살기를 배우는 것이다"(p. 10). 심지어 쓰기는 끝이 있을 것임을 아는 것이요, "현재는 지나갈 것"을 아는 것과 함께 오는 이해이다(〈무의식의 장면에서…〉, p. 7). 이 앎과 이해야말로 식수가 현재를 붙잡고 보존하려는 것(마치 그것이 고정불변할 것처럼 현재를 영원히 가두는 것)의 치명적인 결과를 피하는 데 도움을 주는 것들이다. 현재를 쓰기의 불가능성은 소유하지 않는, 붙잡지 않는, 순간에 대해 귀 기울이는 '여성적' 접근을 가능하게 한다. 초기에 타자에 대해 적절한 거리를 획득하는 것 혹은 타자에게로 접근하는 것에 대해 썼던 것을 회상케 하는 어조로, 식수는 〈눈먼 글쓰기〉에서 순간을 "보존"하는 것은 자신의 의도가 아니라고 쓴다. 반대로 "나는 느끼려고 쓴다. 나는 아주 정밀한 말로 순간의 실체를 만지려고 쓴다"고 덧붙이고 있다(p. 146). 식수는 찰나를 스친다. 그녀의 텍스트는 지나가는 고양이의 등을 따라 스치는 손부리 같다. 잡지도 않고, 막지도 않지만, 순간의 전류로 살아 있고 짜릿한 느낌. 식수의 쓰기에 이와 같은 독특함, 빛나는 시적 강도를 선사하는 것이 바로 일시적이고 지나가버리는 알 수 없는 것들과의 이와 같은 연결이다.

꿈이라는 학교

식수의 쓰기는 가장 강렬하게 시적인 것으로서 꿈을 사용하고 꿈과 연결된다. 식수가 잠에서 깨자마자 맨 처음 하는 일은 자신의 꿈을 적어내는 것이다. 그것이 증발하고 사라지기 전에 꿈의 어떤 작은 부분, 기억을 '보존'하기 위해서 말이다. 프로이트의 《꿈의 해석》 이후, 꿈의 세계와 무의식 사이의 연결이 가능해졌다. 식수에게 이 둘은 은유의 창조 내에서 함께 있다. 식수의 쓰기는 언제나 은유들로 풍부하다. 그녀가 칼-그뤼버에게 언급하듯, "나에게 은유의 기원은 무의식이다. (…) 오랫동안 스스로 쓰기를 탐색하기 위해 꿈 쓰기를 사용해왔다"(*Rootprints*, p. 27). 꿈에서 발견한 것에 대한 이러한 설명은, 그녀가 극작에서 경험하는 "점유된 상태possession"와 "탈아화脫我化, démoïsation"에 대한 개인적 등가물로 이해될 수도 있겠다(〈무의식의 장면에서…〉 p. 13). 그녀는 꿈을 쓸 때 "나에게 속하지 않은 어떤 힘이 나를 통과한다. 내가 아닌 어떤 힘이 나에게 나의 이야기를 들려준다"고 말한다(*Rootprints*, p. 27). 그녀가 깨어 있든 꿈을 꾸든 간에, 이 힘은 동일한 방식으로 작동하고, 동일한 효과를 낳는다. "그건 정말이지 내부로부터 나오는 것이다. 나는 우리가 은유랄 수 있는 그런 기이한 말의 등위에 실려 가지 않고 어떻게 글을 쓸 수 있는지 모르겠다"(p. 28). 꿈은 우리를 흥분시키고 해방시킨다. 식수의 꿈 쓰기는 그녀가 쓰기를 통제하지 못한다는 앎으로부터 나온다. 그녀가 말하듯, "우리는 자신을 떠나보내야만 한다. 두려워하지도 말아야 한다. 브레이크 없이, 고삐 없이 가게 둬야 한다"(p. 39). 꿈은 텍스트가 뒤따라갈 계획, 주제, 이미지, 관계, 방향 등을 통제하고 설정하고 선택한다. 꿈 쓰기에 대해 식수가 《세 단계》에서 밝히길, 우리는 어떤 다른 힘이 텍스트의 "운전수"가 됨을 직면해야 하고, 그에 의해 자유로워질 것이다. "책은 자신을 쓴다. 우연히 맞은편에 있는 이가 당신에게 무얼 쓰고 있는지 묻더라도, 당신은 할 말이 없을 것이다. 당신도 모르기 때문이다"(p. 100). 우리는 상상의 형식에 혹은 여성적 글쓰기의 스타일에 가장 가깝게 상응하는 것을 분명히 꿈의 세계, 식수의 꿈쓰기에서 발견할 수 있다. 식수는 《세 단계》에서 꿈에 대해 길게, 엄청난 열정으로 논의한다. 그녀의 꿈에 대한 글에서 우리는 알려지지 않은 것, 예측되지 않은 것, 암시적이고 금방 사라지는 찰나의 나타남(과 사라짐)을 볼 수 있다. 식수에게 꿈의 아름다움이란 그것이 보통의 텍스트 규칙의 제한 내에서 작동하지 않는다는 것이다. 시간, 질서, 순차적 진행이라는 개념은 적용되지 않는다. "이행이란 것은 없다. 당신은 꿈에서, 다른 세계에서, 다른 편에서 깨어난다. 여기는 여권도 없고, 비자도 없지만, 이 극한의 낯섦과 함께하는 이 극한의 친숙함만 있을 뿐이다"(p. 80). 꿈으로의 이행이라는 순간적 속성은 꿈이 진정 타자의 공간, "낯섦의 느낌이 절대적으로 순수한 공간"이 될 수 있음을 의미한다(p. 80). 우리가 이 "순수한" 낯섦에 열려 있다면, 꿈의 세계에서 이행은 그것이 완전한 전치의 행위더라도 트라우마나 두려움 없이 획득된다고 식수는 주장한다. 다음 장에서 더 자세히 보겠지만, 식수가 꿈속에서 사건들을 "읽는 것"은 그녀가 자신의 쓰기와 읽기에 접근하는 방식과 매우 친연하다. 두 경우 모두에서 식수는 자신이 꿈과 연관시키는 극도의 타자성 속에서 총체적이고 순간적인 몰입과 함께 발생시키는 무제한적 가능성과 자유라는 감각을 강조한다. "꿈에서처럼, 텍스트에서도, 입구

는 없다. 나는 이를 모든 작가 지망생들에게 시험처럼 제공하련
다―만일 당신이 시간을 표시하려 한다면 당신은 아직 거기에
없는 것이다. 꿈에서처럼, 텍스트에서도, 당신은 바로 거기 존
재한다"(p. 81). 식수에게 (전-상징계, 실재라는 "순수한" 비-공간
처럼) 꿈은 불가능하고 획득될 수 없지만 아주 욕망할 만한 이상
을 재현한다.《세 단계》에서 주목하듯이, 쓰기의 행위, 작가라는
상태에 몰두하는 데서, 우리는 마치 "낯선 나라"를 여행하고 있
는 듯 행동한다―심지어 "우리 자신의 아주 익숙한 것 내부에서
도 외부인들이" 될 정도로 말이다(p. 21). 이것이 의미하는 것은,
자신이 쓰고 있는 동안에는 (마치 꿈꿀 때처럼) 다른 모든 생각들,
개인적이고 일적인 것들은 제쳐두게 된다. "나는 나를 탈출하
고, 나의 뿌리를 뽑아버린다. 나는 처녀가 된다. 나는 내 집에서
떠나오고, 다시 돌아가지 않는다"(p. 21). 그녀의 책은 자신만의
경험, 꿈, 탐색, 대화에서 오는 것이지만, 오직 책 자체가 쓰여질
수 있는 쓰기의 과정에서 그녀가 자신에게 완전히 침잠해 있을
때만 그러하다. 식수에게 쓰기에 있어서 어중간한 것은 없다. 책
의 구성 때문에 책을 불완전하게 만드는 것은, 마치 꿈에서 반쯤
만 깨어 있는 것과 진배없다. 말하자면 어쩔 수 없이 어떤 것은
상실될 것이다. 마찬가지로, 식수가 꿈을 "읽을" 때도, 그녀는 꿈
에 개입하지 않는 방식으로 그렇게 한다―그녀는 꿈의 낯섦, 꿈
의 타자성이 활동하도록 내버려둔다. 식수가 언급하듯이, 꿈으
로 유용하게 만들어질 수 있는 "설명은 존재하지 않는다"는 것
을 기억하는 것이 중요하다. 반대로 "어떤 설명도 그 마술을 파

괴할 것이다"(p. 81). 프로이트가 했던 꿈으로의 접근법과 대조
시킬 요량으로, 식수는 "식물처럼, 꿈에게도 자기들의 적이 있
다. 식물들을 갉아먹는 진드기 같은. 꿈의 적은 해석이다"라고
말한다(p. 107). 독자로서 식수의 실천에 대해, 문학비평가로서
자신의 작업에 대해 이런 것들이 의미하는 바는, 다음 장에서 논
의될 것이다.

5장

타자에 대한 식수: 식수에 대한 타자

쓰기는 두 해안가 사이에 길을 만든다.

《글쓰기 사다리의 세 단계Three Steps on the Ladder of Writing》, p. 3.

이 장에서는 독자이자 문학을 가르치는 선생으로서의 식수의 역할을 검토할 것이다. 또한 식수 자신의 글이 다른 이들에게 읽히는 방식들도 살펴볼 것이다. 식수가 다른 작가들을 읽고 언급한 것들을 목록화하기보다는, 그녀가 리스펙토르의 글을 읽고 (읽혀지는) 방식들을 살펴볼 것인데, 왜냐하면 식수의 글쓰기 대부분에서 풍부한 "상호텍스트성"이 나타나기 때문이다. 식수가 클라리시 리스펙토르에 대해 쓰고 말한지는 꽤 오래되었지만, 리스펙토르의 글은 여전히 식수의 글쓰기에 충격/영향을 주었던 외부의 주요—아마도 바로 그 주요—요인들 중 하나일 것이다. 식수에게 끼친 리스펙토르 글의 충격/영향의 몇몇 측면들은 이전 장(특히 3장)에서 이미 논의된 바 있다. 그러나 여기서 식수의 읽기 실천에 관한 검토는 여성학연구센터의 세미나에서 리스펙토르의 쓰기가 어떻게 "읽혔는지에" 집중될 것이다.

"여성적" 읽기

식수는 우리가 텍스트를 읽을 때 일어나는 일에 매우 관심이 많다. 그녀에게 쓰기가 비로소 진정으로 생명을 얻게 되는 것은, 대화나 상호교환이 읽기라는 행위와 함께 만들어질 때이다.《세 단계》에서 그녀가 지적하다시피, "쓰기와 읽기는 분리되지 않는다. 읽기는 쓰기의 부분이다. 참된 독자는 작가이다. 진정한 독자는 이미 쓰기로 가는 중에 있다"(p. 21). 읽기는 글쓰기의 "기원"이자 "전생"의 주요 부분이다. 그러므로 식수의 텍스트 읽기, 즉 그녀가 타자의 글에 대해 말하고 쓸 때 취하는 접근들은 여성적 글쓰기의 직소퍼즐 중 한 조각이라고 생각할 수 있는 것이다. 식수가 〈출구〉에서 요청한 언어-내의-혁명이 일어날 장소는, 글쓰기의 '여성성'에서만큼이나, 글 읽기라는 특정 실천의 '여성성'에서인 것이다(2장을 보라). 식수는 읽기를 해방적이고 위반적인 경험이라고 본다. 그런 경험에서는 지배적인 '남성적' 질서의 경계 밖으로 발을 딛고 넘어가는 것이 가능해진다. "읽기는 금지된 열매를 먹는 것, 금지된 사랑을 하는 것이다. (…) 읽기는 우리가 원하는 모든 것을 "은밀히" 하는 것이다"(*Three Steps*, pp. 21~22). 또한 읽기는 복잡하고 섬세한 균형잡기 행위이다. 그것은 독자에게 훨씬 많은 주의, 기술, 사유가 요구되는 일이다.《클라리시 리스펙토르와 함께 읽기Reading with Clarice Lispector》는 여성학연구센터 세미나의 필사본인데, 이 책의 시작 부분에서 식수가 언급하듯, 텍스트의 낯섦과 타자성이 들려지고 탐구되는 매우 다양한 방법들이 존재한다. 식수에 따르면, 하나의 텍스트에 접근하는 다양한 방식들은 읽기의 "여성적" 실천의 윤곽이라고 조심스럽게 생각해볼 수 있다.

우리가 어떤 글을 읽을 때, 우리는 텍스트에 의해 읽혀지기도 하고, 혹은 우리가 그 텍스트 안에 존재하게 되기도 한다. 우리는 텍스트를 길들이고, 그것에 올라타고, 그것을 다루기도 하고, 혹은 우리가 고래에 먹히듯 텍스트에 의해 삼켜지기도 한다. 텍스트와 관계 맺는 수천 가지의 방법이 있다. 그리고 만일 우리가 무방비 상태의 저항불가능한 관계에 있다면, 우리는 텍스트에 의해 실려 가게 될 것이다. 주로 이것이 텍스트 읽기의 방식이다. 그러나 그때, 읽기 위해서, 우리는 텍스트 밖으로 나갈 필요가 있다. 우리는 끊임없이 앞뒤로 오며 가며 해야 한다. 우리는 텍스트와 가능한 모든 관계를 맺으려고 해야 한다. 어느 지점에 이르면, 우리는 텍스트의 구성, 기술, 텍스트적 질감을 연구하기 위해 살아 있는 총체인 텍스트로부터 우리 자신을 떼어놓아야 한다. (p. 3)

책에는 백 개의 창이 있다

작가와 문학비평가로서의 경력 처음부터 (식수는 《신의 이름Le Prénom de Dieu》의 출판과 그녀의 박사학위 논문인 《제임스 조이스의 유배L'Exil de James Joyce》로 경력을 시작함),[1] 식수는 자신이

"이른바 실험적 작가들"이라고 묘사한 작품들에 관심이 있었다—이 작가들은 새롭고 "모험적인" 방식으로 "혁명을 일으키고 언어의 소요를 만든" 이들이다.[2] 식수는 《세 단계》에서 자신이 아주 특별한 타입의 글에 끌리는 것 같다고 말한다. "나는 특정한 종류의 텍스트들에 무릎 꿇게 된다. (…) 다른 것들은 나를 거부한다"(p. 5). 그녀를 사로잡는 텍스트들은 "다양한 목소리들"을 지니고 있다. 그러나 덧붙이기를 "그 목소리들은 모두 하나의 공통적인 목소리를 낸다 (…) 나와 조응하는 어떤 음악같이 말이다"(p. 5). 식수는 이 주제를 칼-그뤼버와 행한 〈내부-관점/인터-뷰〉에서 확장한다. "내가 좋아하는 책은 솜씨 좋은 서사가 아니라 경험에 관한 기록이다. 처음으로 발견되거나 알아챈 경험의 그 발생을, 기록하고 온전히 남겨둔 책들 말이다"(*Rootprints*, p. 57). 독자로서 그녀의 관심은 시적 글쓰기의 작가로서의 그녀의 관심과 동일하다. 발생 중의 것, 접근하는 것, 과정 중에 존재하는 것(4장을 보라). 이런 관심들은 식수가 자주 텍스트의 가장자리, 노트, 파편, 드래프트, 수기, 편지, 수첩들로 작업함을 의미한다—제라르 주네트가 "전-텍스트pre-text"(출간된 텍스트 전에 나온 텍스트)라고 말한 것들 말이다.[3] 카프카로 예를 들면, 식수는 카프카의 소설보다는 그의 일기나 편지들로 더 자주 돌아가는 자기 자신을 발견한다(*Rootprints*, p. 57). 그러나 다른 작가들과 함께, 가령 (특히) 클라리시 리스펙토르와 함께, 식수는 "접근"의 경제가 전체 저작 내내 존재하고 있음을 알게 된다. 그것은 우리가 어떤 텍스트(혹은 어떤 전-텍스트)를 선택하든 거기서 발견될 수 있는 것이다. 클라리시 리스펙토르의 글쓰기로 그녀는 다음과 같이 말한다. "우리는 결코 어떤 장소에 도착하지 않는다. 우리는 항상 그 장소를 향해 가려고 애쓸 뿐"(*Reading with C.L.*, p. 63). 이런 "애씀" 덕분에, (식수 자신의 쓰기가 그랬던 것과 똑같이) 리스펙토르의 글은 아주 작은 부분들로 인용되기가 힘들다. 구절들이 길게 인용되지 않는 한, 혹은 그 구절 전부가 인용되지 않는 한, 그 글의 동력, 상호작용, 음악은 상실될 것이다. "클라리시의 텍스트를 잘라 나누는 것은 불가능하다. 그녀의 텍스트 전체가 아주 필수적이기 때문에, 그녀가 너무도 정확하게 글쓰기의 그 장소로 내려앉기 때문에, 우리가 어디에 있든지 간에, 우리는 항상 글쓰기의 중간에 있게 되는 것이다"(*Three Steps*, p. 133). 《클라리시 리스펙토르와 함께 읽기》에서, 식수는 리스펙토르의 글에 대해 나누고 싶어 하는 독자들에게 나타나는 그녀의 글의 어려움에 대해 설명한 바 있다. 그 글 중 하나가 리스펙토르의 주목할 만한 소설인 1973년 작 《생의 물줄기Agua viva》이다.[4] 식수는 이 글에 관한 세미나에서 이렇게 말했다. "《생의 물줄기》는 독자 내부에서 저항과 고통을 생산할 수 있는 텍스트이다. 그것은 다른 질서에 의해 지배되고 있기 때문이다. 고전적 질서의 관점에서 보자면 그것은 완전히 무질서하다고도 말할 수 있을 것이다"(*Reading with C.L.*, p. 11). 점진적 진행, 완만한 결론이 텍스트에 없다. 《생의 물줄기》는 갑작스런 순간, 속도, 운동으로 시작한다. "그것은 그와 같은 강렬한 기쁨과 함께한다. 할렐루야같이 말이다. '할렐루야', 나는 소리친다,

할렐루야, 이별의 고통에 부르짖는 가장 어두운 인간의 울부짖음, 그러나 사악한 행복의 외침을. 아무도 더 이상 나를 방해하지 않을 테니까"(p. 3). 현기증이 나고 숨이 막히게도, 리스펙토르의 글은 앞서 달린다. 엄청난 속도와 연속성으로, 겨우 하나의 잔물결, 삐져나온 하나의 단어로 달린다. 식수는《생의 물줄기》를 "살아 있는 물"이라고 묘사한다. 그녀는 그것이 "서사"에 사로잡힌 것이 아니라 "유기적 질서"에 사로잡힌 텍스트라고 말한다(*Reading with C.L.*, p. 15).《생의 물줄기》는 "텍스트의 첫 번째 규칙을 벗어난다. 그것은 선형적이지 않으며, 도식적으로 구성되어 있지도 않다"고 주장한다(p. 15). 식수는 리스펙토르의 글이 실제로 "읽어낼 수 있는 것인지" 여부에 대해 고찰한다(p. 15)―특히 (그 세미나의 맥락 내에서) 문학비평적 차원에서 읽어낼 수 있는지의 여부에 대해. 그녀는 아마도 가능할 것이라고 하면서도, "우리는 그에 접근하는 다른 양식, 다른 방법을 찾아야 할 것 같다"고 결론 내린다(p. 15).

식수가《생의 물줄기》와 같은 글에 접근하는 데 적용하려 하는 "다른 양식" 혹은 "방법"에 관해 먼저 주목해야 할 것은, 읽기가 시작되어야 하는 고정된 지점이 존재하지 않는다는 점이다. 우리가 책의 첫 페이지부터 시작해서 한 페이지 한 페이지 순차적으로 쭉 나아가 결론에 도달해야 한다고 하는 것은 그저 관습일 뿐이다. 그에 반해, 식수는 텍스트의 어떤 지점이라도 다른 지점처럼 "첫째" 페이지가 될 수 있도록 하는 방법으로 책을 쓰고 읽는다. 가령, 프로메테아의 이야기를 말하려고 할 때,《프로메테아의 책》의 화자 중 한 명인 '나'는 "내가 쓰는 각각의 페이지가 그 책의 첫 페이지가 될 수 있음"을 받아들여야 한다(p. 14). 그녀는 《프로메테아의 책》을 "매일의 책a day-by-day book"이라고 묘사한다. "매일매일, 지금 일어나고 있는 매일이 가장 중요한 하루이다"(p. 14). 그러므로 《프로메테아의 책》은 종결되거나 끝날 수 있는 책이 아니다. 왜냐하면 그것은 결코 수태의 순간 너머로 나아가지 않기 때문이다. "이 전체 책은 첫 페이지로 구성되어 있다"(p. 15). 마찬가지로 독자로서 식수는 자신이 선형적이고 순차적 서사라는 관습에서 자유롭다고 생각한다. 이 관습 밖으로 한 발짝 나갈 때만이, 그리고 텍스트를 접근하고 통과하는 다른 방법들이 존재함을 받아들일 때만이, 그러니까 텍스트 내의 잠재성과 가능성의 전체적 스펙트럼이 드러날 때만이, 자유롭게 될 것이라고 식수는 주장한다. "책에는 머리나 발이 없다. 입구도 없다. 책은 한 번에 여러 군데서 쓰여지므로 백 개의 창을 통해 그 안으로 들어갈 수 있는 것이다"(*Writing blind*, p. 145). 강조되어야 할 것은, 식수가 자신의 읽기 실천에 있어 완전한 무정부 상태를 옹호하는 것은 아니라는 점이다. 그녀가 "방법"을 완전히 폐기하길 원하는 것이 아니다. 오히려 그녀는 독자가 각 텍스트가 개별적으로 독특하게 요구하는 다수의 접근법들에 열려 있어야 한다고 주장하고 있는 것이다. "즉흥적일 줄 아는 능력은 어떤 읽기의 과정을 드러낸다. 이 읽기의 과정은 여성적이라고 말할 수도 있을 과정이자, 논리뿐만 아니라 즉흥의 과정이기도 한 것이다"(*Reading with C.L.*, p. 4). 이 "즉흥"

은 식수가 텍스트와 작가 사이에 만든 연결로 확장된다. 식수가 텍스트를 읽을 때, 그녀가 그 텍스트와 다른 텍스트들(같은 작가가 썼든 다른 작가가 썼든) 사이에 만든 연결들은, 이런 텍스트들이 같은 역사적 문화적 맥락을 공유한다는 우연성으로부터 나온다기보다는, 윤리적, 주제적, 시학적 차원에서 공통적으로 가지고 있는 것으로 만들어지는 것이다. 어떤 면에서, 식수에게 그녀가 읽는 모든 작가들은 상호간에 "동시대적"이기도 하다.

"여성적" 읽기 실천에서는, 텍스트가 읽히는 "순서"와 "질서"뿐만 아니라 독자와 텍스트 간의 거리도 철저히 사유되어야 한다. 시선은 텍스트가 관점을 안팎으로 드나들 때 끊임없이 집중되고 또 집중되어야 한다. 우리가 텍스트에 접근할 수 있는 "올바른" 거리란 존재하지 않는다. 물을 통과하는 파동처럼, 혹은 좁고 평행한 슬릿을 통과하는 광선에서 우리가 볼 수 있는 간섭무늬처럼, 한 텍스트는 자체의 고점들과 저점들, 자체의 맹점들을 지니고 있다. 식수가 《클라리시 리스펙토르와 함께 읽기》에서 설명하듯이, "우리가 어떤 사물을 너무 가까이서 들여다보면, 그것은 사라져버린다. 우리가 너무 멀리 있어도, 다시 나타나는 순간까지 그것은 또한 사라진다. 거리의 근접성을 통해 무한으로 가는 일정한 통로가 있다"(p. 112). 텍스트가 읽혀야 하는 곳은, 근접한 곳도 아니요, 거리를 두고서도 아니다. 바로 그 둘의 조합에 있다. 결과적으로 식수는 세미나 구성원과의 〈대화들〉에서, 다양한 읽기의 위치들(클로즈업으로, 멀찍이 떨어져서, 그 중간 어디쯤에서)을 취하는 것이 필수적이라고 말한다. "나는 텍스트 전체를 기어다니는 개미처럼 작업하고 싶어요. 그러면서 모든 세세한 것들을 검토하고 싶어요. 뿐만 아니라 새가 텍스트 위를 날아다니듯 하고 싶어요. 혹은 츠베타예바의 엄청난 귀처럼 텍스트의 음악을 듣고 싶어요"(p. 148). 텍스트를 마치 현미경으로 보듯 클로즈업으로 봄으로써, 식수는 시야에 들어오는 텍스트의 세세한 내용들을 볼 수 있다. 〈최후의 회화 혹은 신의 초상〉에서 그녀가 강조하듯, 쓰기에 대해 이런 방식을 취하는 이유는 "나 자신이 근시이기 때문"이다(p. 109). "사물들을 아주, 아주 가까이에서 보는 이유는 내가 근시라서이다. 내 눈을 통해서 보면 아주 작은 것들도 매우 크다. 세세한 것들은 나의 왕국들이 된다"(p. 109). 그렇게 가까운 근접성에 오랫동안 노출됨으로써, 변화가 일어난다. 그 페이지에서 눈을 들어 올리면, 세계는 변한다. "나는 내 어린 시절의 가장 멋지고 환각적인 경험들 중 어떤 것들은 나의 고도 근시 덕분이다. 사라지는 거리들, 대체물들, 세계와 사람들의 은유화와 환유화 같은 경험들 말이다"(*Rootprints*, p. 89). 그 경험이 생산적일지라도, 우리가 텍스트의 지나치게 세세한 부분들에 너무 골몰한다면 사라지는 것도 많을 것이다. 그러므로 텍스트를 "현미경"으로 보는 것뿐 아니라 또한 망원경 같은 것을 통해 보는 것도 필요하다. 마치 저 멀리 해안가의 세부적인 것들이 멀리 있어서 약간 흐릿하더라도, 총체적인 이미지를 형성하며 함께 모이듯이 텍스트를 보는 것도 필요한 것이다. 식수가 《클라리시 리스펙토르와 함께 읽기》에서 말하듯이, 중요한 것은 "텍스트의 생명"이 "수많은 작은 단위들"을 구성할 뿐만 아니라 이런 단위들이 한데 모여서 "전체적인 앙상블"을 만든다는 점을 기억하는 일이다(p. 100). 이 때문에, 그녀는 "텍스트는 그 자체의 전체성 속에서 읽혀져야 한다. 우리가 사랑에 빠질 때처럼, 텍스트의 손끝들을 볼 수 있게 되는 것은 오직 나중의 일"이라고 주장한다(p. 100). 다시 말해, 개별 디테일들의 모든 중요성은 오직 전체의 맥락 속에 위치해 있을 때만이 이해될 수 있는 것이다. 단어들과 이미지들이 고립되어 나타날 때 의미화한다는 말은 맞지만, 이런 효과는 우리가 그것들을 다른 모든 단어들과 이미지들 속에서 고려할 때만이 강화되고 배가된다. "사태들이 제자리를 찾고 의미의 파편들이 떠오르게 되는 것은 오직 사후 효과aftereffect에서만이다"(p. 104). 우리가 "하나의 교향곡을 작은 조각들로" 나누려고 하지 않는 것처럼(p. 100), 쓰여진 텍스트의 전체적 통합성, 유기적 상호연결성은 존중되어야 하며, 그 자체로 표현될 여지가 주어져야 한다. 의미가 침전물처럼 우리의 의식적이고 무의식적인 마음에 자리잡도록 해야 한다. 식수가 설명하듯이 "텍스트는 찍혀서 인쇄되는 터라, 텍스트가 자유롭게 움직인다는 것을 우리는 자주 망각한다 (…) 우리는 텍스트의 운동을, 즉 완전히 연주되어야만 우리에게 와닿는 음악처럼 의미가 텍스트를 타고 흐른다는 사실을 곱씹어야 한다"(p. 100).

엘렌 식수와 함께 읽기

여성학연구센터의 세미나는 1980년 이후로 계속 열렸다. 버레나 앤더맷 콘리Verena Andermatt Conley가 엮은 두 개의 번역본 선집은 처음 5년간의 세미나에서 가져온 것이다.[5] 《클라리시 리스펙토르와 함께 읽기》와 《읽기들: 블랑쇼, 조이스, 카프카, 클라이스트, 리스펙토르, 츠베타예바의 시학Readings: The Poetics of Blanchot, Joyce, Kafka, Kleist, Lispector, and Tsvetayeva》에는 귀중하고 이해에 도움을 주는 식수의 해설들이 많다. 또한 콘리가 식수의 "교육자의 말과 시인의 말이 섞여 있는 장황한 문체"라고 묘사하는 것에 대한 감각을 독자에게 제공하고 있다(《클라리시 리스펙토르와 함께 읽기》, p. ix). 식수의 문학비평 방법에 관한 개론으로서, 이 두 텍스트들은 매우 추천할 만하다. 그러나 바로 그런 특성 때문에, 이 텍스트들에서 누락된 것은 그 세미나에서 있었던 다른 목소리들, 다른 관점들, 텍스트로의 다른 접근들, 그 세미나실에 실제로 있었던 다른 사람들의 현존이다. 이와 관련하여 번역 선집인 《차이 쓰기: 엘렌 식수의 세미나 읽기Writing Differences: Readings from the Seminar of Hélène Cixous》는 콘리의 저 두 번역본의 자매본 격이자 대조를 이루는 흥미로운 책이다 (이상적으로는 이 세 책 모두 함께 읽어야 한다). 《차이 쓰기》에 있는 열 개의 "읽기" 중 두 개는 식수가 썼다.[6] 다른 두 개의 읽기는 식수에 대한 피에르 살렌Pierre Salesne과 사라 코넬Sarah Cornell의 읽기이다.[7] "북엔드"와 같은 (우리가 이 책을 순차적으로 읽는다면 그럴 것이다) 나머지 여섯 개는 분명히 모두 식수에 의해 영감 받았다(다시 말해, 어느 정도 그것들은 식수의 영향의 흔적을 따라가는 동시에, 개인으로서의 작가 자신의 사유, 감정, 동기를 성찰한다). 《차이 쓰기》는 〈대화들〉로 "끝을 맺는다"(pp. 141~154). 이 〈대화들〉에서 식수와 이 책의 다른 기여자들은 이 세미나의 참여가 그들에게 무슨 의미일지에 대해서뿐만 아니라 그 세미나에서 행해졌던 작업의 종류, 읽기의 종류를 논의한다. 〈대화들〉은 세미나의 필사본은 아니지만(그것은 1986년 4월 파리에 있는 식수의 집에서 행해졌던 두 대화들의 하이라이트 편집본이다), 분명 그 세미나의 축소판 내지 시뮬라크르와 같은 어떤 것을 제공한다.

타자의 목소리를 듣기

여성학연구센터의 세미나에서 우리가 가장 알아챌 수 있는 것은 침묵이다. 어떤 이가, 아마도 식수일 수도 있고 다른 이일 수도 있을 텐데, 누군가 말하고 있다. 그 방의 다른 나머지 사람들은 듣고 있고, 아마도 요점을 노트 필기하고 있거나, 논의되고 있는 글의 어떤 부분을 보고 있다. 그 듣기의 수준은 강도 높다. 그것은 마치 말하고 있는 사람의 말들이, 그리고 그들이 말하고 있는 텍스트의 말들이 거기에 전부 존재하는 듯 느껴진다. 어떤 방해도 없다. 각자가 자신에게 할당된 시간 동안 말한다. 그 사람이 말하기가 끝나면, 그들은 자신의 자리로 되돌아가고 다른 누군가의 차례가 된다. 말해지고 있는 것에 대한 논의는 거의 없

다─오히려, 논의는 침묵 속에서, 말하는 사람의 말과 듣는 사람
의 생각 사이의 대화 속에서 일어난다. 다른 눈에 띄는 측면은
다양한 말의 강세들이다. 참여자들은 세계 곳곳에서 왔다. 프랑
스어로 진행하지만, 텍스트들의 언어들이─영어, 독일어, 브라
질어, 러시아어 (등등)─들려질 수 있도록 마땅한 여지가 주어진
다. 이러한 다국어성은 중요하다. 식수는 그 이유를 다음과 같이
말한다.

> 우리가 하려고 하는 것 중 하나는 트랜스그라마틱(초문법), 즉
> 위반적이라고도 할 수도 있는 방식이다. 그것은 우리가 문법
> 을 무시한다는 말이 아니라, 그것을 절대적으로 따를 필요는
> 없다는 말이다. 우리는 어느 정도는 탈문법화로 작업해야 한
> 다. 이런 관점에서 외국의/낯선 텍스트들─클라리시 리스펙토
> 르, 제임스 조이스, 그리고 다른 작가들의 작품들─을 논하는
> 것이 좋다. 왜냐하면 이것들은 우리의 문법과의 관계를 바꿔놓
> 기displace 때문이다.(*Reading with C.L.*, p. 4)

문법의 이런 "전치displacement"는 어떤 측면에서 식수의 프
랑스어와의 "낯선 관계"의 연장선으로 간주될 수도 있다. 그것
은 언어의 정치적 가능성이자, 그것으로 그녀는 "남성적" 의미
화 경제 외부에 있는 글쓰기와 읽기의 "여성적" 실천을 위해 작
업한다. 그런 읽기의 실천은, 그녀가 자신의 초기작들에서 말하
듯, "문법 포식자gramma-r wolf"에게 당하지 않는다(*Coming to*

Writing, p. 22). 그러면서도 이와 같은 "탈문법화"하는 경제가 독자와 타자("외국의/낯선" 텍스트 안에서 말하는 타자) 사이의 관계에 영향을 미치고, 그것을 활성화시키며 풍부하게 만든다고 말할 수도 있을 것이다.

식수는 〈대화들〉에서 자신이 세미나의 다양한 언어들에 몰입될 때 때때로 "바벨의 저주에 응답하는" 방식으로 일어나고 있는 어떤 것을 감지하게 됨을 관찰한다(p. 146). 식수가 설명하듯, "성경의 저주는 성경이 많은 언어로 침식당한 것이라고 생각하겠지만, 나는 아주 많은 언어들 한가운데 있는 것은 축복이라고 생각한다. 왜냐하면 언어들은 서로 다른 사태들을 말하기 때문이다. 우리의 다수적 집합체는 이런 차이들을―이런 무한한 풍부함을―우리에게 분명하게 드러낸다"(p. 146). 식수는 자신이 "가장 공들인 작업"은 텍스트의 "표면" 아래서 일어나는 탐구 안에서, 의식의 수준에서, 수행된다고 생각한다. 거기서 우리가 충분히 가까이 들여다본다면, 우리가 충분히 주의 깊게 듣는다면, 우리는 "그 텍스트 안에서 다른 종류의 텍스트를 감지"할 수 있을 것이라고 말이다(*Reading with C.L.*, p. 100~101). 그녀는 "우리가 텍스트적 무의식을 말할 수 있는 것은" 바로 이런 차원이라고, 즉 "하나의 텍스트는 그것이 말하려고 하는 것, 혹은 그것이 말하고 있다고 생각하는 것과는 아주 다른 어떤 것을 말한다고" 주장한다(p. 101). 그러나 이 "텍스트적 무의식"은 텍스트가 번역될 때 언어의 모든 수준에서 발생하는 전환들에 극도로 예민하다. 원어에서 꺼내어지고, 다른 언어가 주어지면, "텍스트의 현실의 부분"은 번역에서 상실된다. 이와 같은 부정적 효과의 평행추로서, 식수 자신이 다국어 사용자라는 사실뿐만 아니라 해당 세미나에서 재현된 많은 언어들은, 텍스트를 존중하며 "여성적"으로 읽는 것의 생산에 값진 도움이 된다. 식수는 원어인 독어로 카프카와 클라이스트, 그리고 다른 작가들을 읽을 수 있다. 셰익스피어와 조이스는 영어로 탐구한다. 식수는 러시아어도 공부했었기에, 츠베타예바의 시도 읽을 수 있었다. 포르투갈어도 배운 덕분에 그녀는 클라리시 리스펙토르의 글에 있는 심지어 아주 작은 뉘앙스들도 놓치지 않을 것이다. 이것이 첫 번째 단계이지만, "낯선/외국의" 글을 "이해하는" 작업은 거기서 끝나지 않는다. 식수가 〈대화들〉에서 말하듯이, 그녀는 프랑스어가 아닌 언어로 쓴 작가들을 일단 읽고 난 다음, "〔그 글이〕 하나의 언어에서 다른 언어로 옮겨질 때 각각의 개별 언어의 본질을 보존하려고" 노력한다(p. 146). 우리가 타자를 시야에 들어오게 할 수 있는 것은 오직 이렇게 함으로써, 그러니까 각 텍스트를 장악하면서도 "프랑스어로 환원하지" 않으려고 애써 노력하는 한에서만 가능하다고 그녀는 주장하는 것이다.

우리가 하는 작업은 두 인간 존재 사이에서 일어날 수 있는 사랑의 작업, 사랑의 작업에 버금가는 작업이다. 타자를 이해하기 위해 그들의 언어 안으로 들어가는 것, 타자의 상상계를 통과하는 여정을 떠나는 것이 필수적이다. 당신은 나에게 이방인이기 때문이다. 이해하려는 노력에서, 나는 당신을 나에게로

153

데려오고, 나를 당신과 비교해본다. 나는 내 안에서 당신을 번역해본다. 그러면 내가 알게 되는 것은 당신의 차이, 당신의 낯섦이다. 그 순간, 아마도, 나 자신의 차이를 인식함으로써, 나는 당신의 어떤 것을 지각할 수 있을지도.(p. 146)

타자를 읽기

결국, 다른 장르에서의 식수의 글쓰기 경우처럼, 식수의 읽기는 언제나 타자의 문제(우리가 어떻게 타자에 대해 말할 수 있을지, 혹은 타자를 향해 접근하고, 귀 기울이고, 타자를 읽을 수 있을지에 대한 문제)로 돌아온다. 식수는 다시금 강조하기를, 타자는 그저 중요하거나 그저 의미가 있는 것이 아니라, 타자가 모든 것이다. "타자는 자신의 모든 형태로 나에게 나(I)를 선사한다. 나가 나를 찾아내는 것은, 혹은 나가 나를 움켜쥐게 되는 것(반응하고, 선택하고, 거절하고, 수락하는 것)은 오로지 타자 때문이다. 내 초상을 만드는 이가 타자다. 항상"(*Rootprints*, p. 13; 또한 6장을 보라). 식수는 리스펙토르의 글을 읽으면서 타자에게로 접근하는 방법(과 타자의 본질)에 대한 수많은 값진 교훈들을 배운다. 식수는《읽기들》에서, 클라리시 리스펙토르가 식수에게 보여준 것은 "관대"의 감각, "이행과 전이를 품을 수 있는 능동적 수동성"의 발달이라고 말하고 있다(p. 47). 식수가《클라리시 리스펙토르와 함께 읽기》에서 언급하기를, "타자를 쓰고, 말하고, 불러내는 것"이 "우리 자신으로부터"가 아닐 때 "문제"가 된다(p. 143). 이 "문제"

는 식수 자신의 글쓰기에서 익숙한 것이다. 클라리시 리스펙토르가 타자에 대한 "문제"에 어떻게 접근하는지뿐만 아니라, 식수가 리스펙토르의 글들에서 발견했다고 생각한 "해결들"이 무엇인지를 보여주는 것은 두 가지 사례로 충분할 것이다.

첫 번째 사례는 리스펙토르의 《생의 물줄기》의 한 구절과 관계한다. 거기서 화자는 짧은 순간 아름다운 남성과 조우한다.

> 내게 그가 갑작스레 눈에 띄었고, 그는 너무도 아름답고 야성적이어서 나는 창조의 기쁨을 느꼈다. 그건 내가 나를 위해 그를 원한다는 말이 아니다. 내가 공을 쫓아다니며 대천사장의 머리를 한 작은 소년을 나를 위해 원하지 않는 것과 같다. 나는 그저 보고 싶었다. 그 남자는 순간 나를 봤고, 조용히 미소 지었다. 그는 자신이 얼마나 아름다운지 알고 있었고, 내가 나 자신을 위해 그를 원하지 않는다는 것을 그가 알고 있었음을 나는 안다. 그는 미소 지었다. 그는 위협당한다고 느끼지 않기 때문이었다.(p. 52)

이 "조우" 후에, 화자는 길을 건너 택시를 탄다. 그 조우는 짧고 강렬하다. 모든 것이 한순간에 일어난다. 실로, 식수가 말하듯 "아마도 "일어나고 있는 중"이라고 부를 만한 어떤 일도 여기서 일어나지 않았다"(*Reading with C.L.*, p. 52). 화자와 아름다운 남자는 접촉하지도, 말을 건네지도 않지만, 그들 둘 사이에 어떤 것이 일어나고 "연결"이 만들어진다. 식수는 이 구절에 있는 리스펙토르의 "문체"의 "필수적 섬세함"에 대해 잠시 논하면서, 이것을 식수가 "프랑스 서사의 매뉴얼the manual"이라 묘사한 플로베르Flaubert의 《감정 교육L'education sentimentale》의 문체와 비교한다(p. 53).[8] 식수는 이 두 작가들이 서로에게서 "최대한으로 멀리 동떨어져 있다"고 본다(p. 53). 플로베르의 관점은 "절대적 남성성의" 관점이고, 리스펙토르는 "절대적 여성성"의 관점에서 온다(pp. 53~54). 플로베르의 글쓰기는 "같이comme, like의 기질을 갖고 있다. 그는 비유의 작가이기 때문이다"(p. 54). 플로베르는 사물들을 있는 그대로가 아닌, 사물들과 유사한 것들로 묘사한다. 그는 자신이 응시하는 대상들을 명명하고, 전유하고, 코드화하고 고정한다. 다른 한편, 식수가 보기에 리스펙토르는 그 사물을 그대로 내버려둔다. 리스펙토르는 해석하지도 않고 본다. 문장에 관해 말하자면, 식수가 지적하길, "나는 그냥 보고 싶었다―이것이 클라리시의 모토이다. 절대적으로 보기는 어떤 것 혹은 어떤 이를 보는 것이 아니다. 그저 보는 것 자체이다"(p. 54). 식수에게, 그 남자가 "자신이 얼마나 아름다웠는지" 알고 있다는 사실은 어떤 깨달음, 어떤 계시의 순간으로 이해될 수 있다(p. 55). 이런 앎에는 어떠한 "천박한 나르시시즘"도 없고(p. 55), 이것은 오히려 쾌에 대한 "여성적" 관계의 경우라고 식수는 주장한다(2장을 보라). 이 점을 설명하려고 식수는 클라이스트가 쓴 이야기의 한 장면을 묘사한다. 그 장면에서 "그가 잘 생겼다는 것을 몰랐던 어떤 소년"은 자신이 그렇다는 것을 화자에게서 듣는다.

그때부터, 그 소년은 자신의 아름다움을 잃는다. 여기서(《생의 물줄기》에서) 그것은 반대다. 전유하지 않는 보기는 그 남자에게 자신의 아름다움의 쾌를 선사한다. 이 쾌는 "그가 얼마나 아름다웠는지"에 표시되어 있다. 그는 충분히 마음껏 쾌를 즐긴다. 어떤 유혹의 함축도, 거세의 함축도 중요하지 않기 때문이다.(p. 55)

리스펙토르의 화자는 그 아름다운 남자를 아름답도록 내버려둔 것에 만족한다. 그녀는 그에게 아름다움을 부과하지도, 강요하지도 않는다. 그녀는 내버려둔다. 그런 내버려둠에서, 지나가버림의 통찰에서, 그녀는 그의 아름다움과 순간적인 '조우'를 공유한다. 식수의 눈에, 리스펙토르의 화자는 타자를 그렇게 남아 있도록 허함으로써 타자와 연결된다.

식수가 리스펙토르를 읽는 두 번째 사례는 리스펙토르의 짧은 글인 〈그런 온순함Such mansuetude〉의 한 문장과 관계한다.[9] 식수가 설명하길, 〈그런 온순함〉에서 "클라리시는 창가에서 비 내리는 것을 관찰하고 있는 것에 대해 쓰고 있다"(Reading with C.L., p. 78). 이것이 일어난 일의 전부다. 그것은 비에 관한, 창문에 내리는 비에 관한, 창문으로 보여지는 비에 관한 글이다. 식수는 리스펙토르 글쓰기의 단순성에, 희박한 경제에 끌린다. "우리가, 우리 말로 하자면, 여성성의 발산이라고 부를 만한 것은 바로 이와 같은 비의 비내리는 측면에 대해 희박하게 쓰기이다"(p. 78). 식수는 특히 한 문장을 드는데, 그녀는 이 문장이 리스펙토르가 이 글에서 하고 있는 바로 그것을 범례화한다고 생각한다. "비가 돌이 되지 않는 것에 대해 감사해하지 않는 방식"(p. 78에서 인용, 콘리의 번역임). 이 문장에서 비가 비의 "차이를 표지하기 위해" "대립"의 감각에 의지할 필요가 없었던 방식에 식수는 놀란다(p. 78). 비는 그냥 있다. "비는 비만큼 그 자체로 충분한 비이다"(p. 78). 비의 차이는 순수하게 내적으로, "긍정을 통해서" 표지된다(p. 78).

식수는 이를 다음과 같이 설명한다.

> 클라리시의 기술은 다음과 같이 말하는 것으로 끝맺는 데 있다. "비가 있다." 그러나 그렇게 말하기 위해 그녀는 부정신학과 닮은 방식으로 나아간다. 그녀는 "비는 돌이 아니다"라고 말하면서 시작한다. 우리는 있는 그대로의 세계가 실정적인 것the positive이 아니라 긍정적인 것the affirmative을 산출케 하려면 부정적인 것을 통과하도록 해야 한다. 실정적인 것은 우리를 부정적인 것으로 되돌려보낼 것이다.(p. 79)

리스펙토르의 글은 비가 비이게끔 한다. 그러나 비를 이해하려고 하는 것이 아니다. 그녀는 비가 있다고 말하지, 비가 무엇인지 말하지 않는다. 부정신학에서 "이해되는" 신의 진정한 본질과 같이, 비는 이해의 저편에 있다. 식수가 리스펙토르에게서 발견하는 것은 타자에 대한 불가해성을 이해하는 타자에의 접근, 타자성에의 접근인 것이다. "사랑에 관한 최고의 진술은 '나는 당신을 이해하지 못한다'일 것"이라고 식수는 말한다(p. 65). 식수는 바로 "어떤 종류의 이해"를 두려워하는 것이다(p. 66). 타자를 이해한다는 것은 타자를 파괴하는 것—그러므로 언제나 차연의 상태에 있게 되는 것이 그녀가 갈구하는 것이다. "사유불가능한 것을 사유하기"(4장을 보라).[10]

엘렌 식수에 대한, 엘렌 식수와 함께하는 독해들

식수는 영미 이론 담론에서 빈번하게 연결되는 작가들—매우 오해의 소지가 많고 해로운 환원적 이름인 "프랑스 페미니즘", 즉 엘렌 식수, 뤼스 이리가레, 줄리아 크리스테바—중 한 명이며, 이들 중 비평과 분석을 가장 적게 받아왔다.[11] 다양한 이유로, 여성적 글쓰기라는 개념이 이론과 문학비평에서 널리 인용되면서도, 식수의 1970년대 글들을 넘어서는 논의들은 찾아보기가 힘들다(1장을 보라). 토릴 모이Toril Moi의 영향력 있는 연구서인 《성과 텍스트의 정치학》(1985)("프랑스 페미니즘"이라는 개념을 영어권에 처음 소개한 책 중 하나)에서 식수에 관해 논했던 장인 "엘렌 식수: 상상적 유토피아"를 보면, 그녀는 그 당시 자신의 주장을 다음과 같이 밝히는데, 즉 식수의 작업은 "여성의 상상적 힘에 대한 유토피아적 환기를 활성화하는 것에 있지만," 그것은 그럼에도 불구하고 "일련의 정치적 문제들" 때문에 "훼손"되며, "식수를 읽는 페미니스트"는 그 문제들에 대한 만족스러운 답을 찾지 못할 것이라는 것이다.[12] 식수의 소위 정치적 순진함 혹은 무관심에 대한 이러한 비평은 식수에 대한 많은 초기 (그리고 어떤 것은 최근의) 논의에서 공통 주제이다. 현재 아주 많은 반대 증거들로 보이는 것들을 비춰 고려해보면—특히 식수의 《앙디아드》 이후 계속 나온 식수의 글들에서 나타남—, 그런 비평은 불가능하지는 않더라도, 고수되기 힘들어 보이는 비평이다(모락 샤이아크Morag Shiach의 1991년 연구인 《엘렌 식수: 쓰기의 정치학Hélène Cixous: A Politics of Writing》이 이 지점을 잘 짚어냈다).[13] 마찬가지로 식수, 이리가레, 크리스테바 사이의 비교는 어떤 형식으로라도 공정하지 않음을 말할 필요가 있다. 이 세 저자들 사이에는 유사한 점들보다 더 많은 차이의 지점들이 상당히 존재한다. 이전에 논의했듯이(4장을 보라), 만일 그녀의 "이론적" 동료들과의 비교를 꼭 해야 한다면, 그녀의 글쓰기는 분명 다른 누구보다도 데리다와 더 가깝다. 이런 비교는 가야트리 차크라보르티 스피박Gayatri Chakravorty Spivak의 논쟁적인 글인 〈국제적 프레임에서의 프랑스 페미니즘French Feminism in an International Frame〉에서 극단에 이른다. 이 글에서, 스피박 자신이 느낀 바는 "데리다에 대한 식수의 충실성 혹은 맹종하는 수용"임을 밝히면서, 스피박은 식수를 데리다의 제자 정도로 묵살하고 있다.[14] 다시 말하지만, 이것은 불공정하다. 앞에서 보았다시피, 그들이 동일한 미스터리들에 끌리고, 흥미 있어 하고, 질문 받고, 감동 받거나 동요되지만(Rootprints, p. 81), 식수와 데리다가 이런 주제들에 대해 글을 쓰기 위해 취하는 방법에 있어 차이의 세계가 존재한다. 스피박이 그 글을 쓸 때 즈음에는 그것을 잘 몰랐을 수도 있겠지만, 여성학연구센터의 세미나에서 식수는 자신이 데리다 읽기에 있어 "충실성"이나 "맹종"을 보이는 위치와는 매우 거리가 멀다는 것을 보여주고 있다(가령, 《읽기들》, pp. 89~92). 마찬가지로 데리다도 식수에 대한 그의 독해에 있어 우월적 ("남성적") 태도를 취하고 있는 것과는 매우 거리가 멀다(아래를 보라). 결국 모든 비교들은 모자랄 수밖에 없다. 이 책에서 논의했듯이, 식수는 간단하게 분류하여 제쳐놓기가 불가능한 작가이기 때문이다. 많은 측면에서, 문학 혹은 문화 "이론가"인 식수에게서 지각되는 "어려움"은 그녀가 다른 무엇보다도 문학작품과 드라마 작품을 쓰는 작가, 시인, 창조자라는 그녀의 고집에 원인이 있다. 즉 식수의 글은 이론적 담론의 기존 관습들 혹은 기대들에 "들어맞지" 않기 때문에, 그녀는 더 명확하게 "이론적인", 잘 인용되는 저자들에게 유리한 방식으로 자주 무시된다. 영어로 나온 식수의 글쓰기에 대해 논의한 책들에서, 식수의 픽션과 극작에게 적절하게도 가장 중요한 자리가 주어졌다. "여성적인 것을 쓰기"라는 주제에 대해 숙고하는 것에서부터,[15] "글쓰기의 정치학"에 대한 전망, 그리고 "저자성, 자서전, 사랑"에 관한 문제에 이르기까지,[16] 작가로서의 식수의 실천과 식수의 글들 사이에서 (뿐만 아니라 그녀가 쓰거나 암시하고 있는 타자에 의해 쓰여진 텍스트들 사이에서) 발생한 대화들은 주요 관심의 대상이었고, 비평적 영감의 중요한 원천이었다. 이것은 계속될 듯한 추세이다. 식수에 관한 가장 최근의 두 연구에서, 하나는 희곡작가로서의 식수의 역할에 집중하기를 선택하고 있고,[17] 다른 하나는 식수를 동시대 프랑스 여성의 픽션이라는 맥락 내에서 식수를 읽고 있다.[18] 이 모든 연구들은 어떤 방식으로든 여성적 글쓰기의 문제에 대해 말하고 있지만, 각각이 취하고 있는 방식은, 여성적 글쓰기를 식수의 글쓰기의 궁극적인 알파이자 오메가로 이해하고 있다기보다는, 기저 원칙, 즉 아주 느슨하게 따를 가이드라인 정도로 이해하는 것에 있다.

식수의 가장 통찰력 있는 독자 두 명인 데리다와 칼-그뤼버는 식수의 글쓰기를 시학적으로 접근하는 것, 한 단어, 한 구, 한 문단에 침잠해서 어떤 방향이든 간에 그것이 원하는 대로 우리를 이끌도록 내버려두는 것에 관한 이점을 분명히 보여준다. 예를 들면 《뿌리 자국들》에 포함된 데리다의 글 〈개미들Fourmis〉 발췌를 보자(pp. 119~127).[19] 데리다는 문법적으로 수컷인 개미fourmi(프랑스어로 개미는 여성명사이다)에 대해 식수가 꿨던 꿈으로 글을 시작한다. 그러고는 〈개미들〉은 라퐁텐La Fontaine의 우화인 〈매미와 개미La Cigale et la fourmi〉(pp. 119~120), 선물의 경제(p. 120), "곤충"이라는 단어의 어원 연구(pp. 120~122)을 거치며 구불구불 전진한다.[20] 그리고 식수의 《첫날들》의 한 구절을 읽는 데까지 도달한다(pp. 122~126, 《첫날들》, pp. 127~128). 데리다는 자신의 텍스트의 다양한 요소들을 이리저리 드나들며 작업한다. 《첫날들》의 그 구절에 있던 "그 둘 모두All the two of them, tous les deux"라는 식수의 관용적 표현을 사용하면서, 그는 다음과 같이 말한다.

엘렌은 언어로 하여금 가장 친숙한 표현들을 말하게 하는 것, 사유로 바뀔 비밀들과 함께 느릿느릿 기어가는 곳으로 내려가서 말하게 하는 것에 천재적이다. 그녀는 언어가 저장하고 있는 것을 어떻게 끄집어내는지, 어떤 과정으로 그것을 저장고 밖으로 나오게 하는지 알고 있다. 그러므로 tous les deux는 언제나 그 '둘' 모두all the 'twos'로, 즉 세계 안에 있는 모든 짝들, 이중들, 듀오들, 차이들, 쌍들로 들려질 수 있을 것이다. 세계에는 매 순간 둘이 있다.(*Rootprints*, p. 123)

심지어 이 짧은 발췌문에도, 데리다가 식수의 글을 "기어 다닐 때" 발생하는 풍부한 묘사, 암시, 참조가 있다. 여기저기를 달리고, 단어들을 집어 올려서, 따라갈 자취들을 표시하는 것이다. 말하자면, 생각의 기차선 하나를 따라가는 것이다. 그가 "〈매미와 개미〉에 대한 새로운 우화를 쓰고 있는 중이 아니"라고 주장하더라도(p. 119), 데리다가 환기하는 이미지들, 즉 "어떤 것을 계속 저장하고 있음을," 그리고 "어떤 것을 그 저장고에서 꺼내고 있음을" 환기하는 이미지들은 실로 라퐁텐의 우화를 암시하며 재서술하고 있는 것처럼 보인다. 매미는 순수한 쾌락의 삶을 살며, 겨울에 음식을 저장하지 않는다. 근면한 개미는 (매미는 개미를 조롱한다) 반대이다. 겨울이 오고 음식을 얻기가 힘들어지자, 매미는 개미에게 와서 개미의 '저장고'에 나눠줄 수 있는 음식이 있는지 물어본다—결국 개미가 그 요청을 받아들인다. 그러므로 라퐁텐의 우화는 데리다가 식수의 텍스트에서 선물과 성차라는 주제를 끌어내는 데 사용하는 시적 장치이자 비유이다. 또한 데리다는 해석의 한계들, 특히 그와 식수가 식수의 꿈에 대해 글 쓰는 방식에서 보이는 "차이"에 있어서의 한계들도 인식하고 있다. "나는 꿈을 중단시키기 위해 달음박질한다 (…) 나는 꿈을 옥쥔다 (…) 엘렌에 대해 말하자면, 그녀는 꿈의 선물이 자신의 글 안에서 숨쉬게 한다. 마치 그녀의 꿈은 거기에서 편안해지는 듯하다"(p. 125). 식수에 관해 글을 쓰면서 데리다는 독자로서, 그리고 식수의 "아름답고 (…) 신비로운" 산문에 경의를 표하면서 말을 하고 있는 것이다(p. 126).

칼-그뤼버도 식수의 글에 대해 유사한 시적, 창조적 접근을 한다. 칼-그뤼버가 쓴 〈글쓰기의 초상Portrait of the Writing〉에서 (*Rootprints*, p. 137~176), 그녀는 자신이 식수에 "대해(about)" 말하고, 식수와 "함께" 말하며, 식수에 "관해(on)" 말하려고 시도하는, "말하기의 세 가지 방식"을 통해 식수의 글에 접근하고 있다(p. 137~138). 글쓰기의 또 다른 양식, 다른 장르로의 변화가 글에서 나타나기에 앞서, 분석, 인용, 해설이 차례로—가끔 분리된 채, 또 가끔은 함께—나온다. 칼-그뤼버는 식수의 글쓰기가 복수적 읽기, 다양한 접근을 요구한다고 강조하는 것이다.

그러므로 비평적 접근은 〔이런〕 작품들을 받아들이는 데서 스스로 결정하지 못하는데, 그런 작품들은 자신의 길을 감추고 곳곳에 목소리를 들리게 하는 텍스트의 파괴적 글쓰기를 내놓기 때문이다. 대가代價는 엄청나다. 압도적이지 않은 단 하나의 관점도 아니고, 바뀌지 않은 단 하나의 역할도 아니며, 기이하지 않은 단 하나의 서사도 아니다. 저자와 배우 사이에, 즉 책에서 책으로 영원히 잉크를 떨어뜨리는(자인) 그녀-작가auteur-elle와 수천 개의 나(들)을 추적하는 나-날개je-aile 사이의 분리되지 않은 단 하나의 시작도 아니다.(p. 138)

때때로 데리다처럼, 칼-그뤼버의 식수 읽기도 복잡하고 독창적인 자기만의 예술 작품이 되기 위해 "주제"와 "해석" 사이의 경계넘기를 (하거나 경계를 무시)한다. 아마도 그 작품은 (글쓰기에 대해/글쓰기와 함께/글쓰기에 관해 쓰기라는 무한한, 그러나 매혹적인 연쇄의 부분인) 자신들의 해설과 해석 전체 저작에 영향을 줄지도 모른다. 다른 글인 〈엘렌 식수: 노래 부를 이야기의 시학에 관한 영원한 음악 혹은 짧은 논고Hélène Cixous: Music Forever or Short Treatise on a Poetics for a Story To Be Sung〉에서 칼-그뤼버는 [식수의 글을] 오랜 시간 들여다보면, "식수의 문장은 페이지의 어지러운 길들 사이에서 어느 순간 떠오를 불명확한 기호들, 표식 없는 길들, 쓰여지지 않은 글자들을 드러내면서 무한하게 된다"고 말한다.[21] 대타성, 타자성의 무한한 가능성들은 식수의 글에서는 언제나 현재적이어서, 그것들 또한 식수에 대한/식수와 더불어/식수에 관한 글쓰기의 통합적 측면이기도 한 것이다. "강점은 (동일한 것의) 보존이 아니라 대타성의 분출에서 나온다. 나의 삶은 타자에게서 나에게로 온다. 사랑은 글쓰기의 원동력이다—이런 것들이 엘렌 식수의 서사의 작동의 심장부에 있는, 그리고 그녀의 깊은 생동성의 비밀에 있는 공리인 것이다"(*Rootprints*, p. 174). 식수에 대한 칼-그뤼버의 접근은 우리가 그녀의 글들을 목소리의 다수성과 다성성polyphony으로 "노래" 해야 함을 제안하는 것이다. 이런 다수성에는 (최소한) 세 가지의 형식이 있다. 하나는 데리다, 칼-그뤼버, 그리고 수많은 다른 작가들의 텍스트에서 보이는 낱말-유희word-play이자 독창성이다(식수의 생략하는 글쓰기 스타일은 독자/비평가로 하여금 그녀의 글쓰기에 대해/글쓰기와 함께/글쓰기 위에서 쓸 때 유사한 전략들을 사용하도록 독려한다). 다른 하나는 식수의 세미나나 식수의 작업들이 논의되는 컨퍼런스와 콜로퀴엄의 발표 글들에서 나타나는 언어들, 의견들, 경험들의 다양성이다.[22] 그러나 식수가 다음 장에서 언급하듯, 또 다른 하나는 인터뷰에서 행해진 목소리와 생각들의 상호작용과 교환이다. 이때가 "다른 것이 나오는 것"을 볼 수 있는 순간이다(6장을 보라). 그러므로 칼-그뤼버의 〈글쓰기의 초상〉은 같은 책에서 자신과 식수가 〈내부-관점/인터뷰〉에서 나눴던 대화의 연장선상으로 볼 수 있을 것이다. 데리다의 〈개미들〉은 데리다와 식수의 전화상 대화들의 부록이라고 할 수 있다. 마찬가지로, 다음 6장은 지금까지 논의된 식수에 대해/식수와 함께 읽기에 대한 또 다른 관점을 보여줄 것이다.

6장
식수 라이브

다음의 인터뷰는 2002년 6월 파리에 있는 식수의 집에서 영어로 진행되었다. 식수의 끈기 있고 관대한 답변에 감사를 전하고 싶다.

당신의 글쓰기를 가장 자주 설명하는 낱말은 "시학적"이라는 말인 것 같습니다. 시학적이라는 감각이 근저에 흐르기도 하고, 다양한 샛길로 날아오르기도 하는데요. 예를 들면, 당신의 글쓰기와 음악 사이에는 분명한 친연성이 있어 보입니다. 부분적으로는 낱말들 자체에서 발견되기도 하고, 그 낱말들이 거주하는 침묵 속에서 발견되기도 합니다. 말하자면 독자들이 그 글에 귀를 기울이고 그 글이 노래하는 것을 듣도록 고무하는 공간, 효과들 말이죠. 당신의 몇몇 텍스트들은 곡이 붙여지기도 했죠— 아마도 〈루앙, 5월 31일의 서른 번째 밤Rouen, la Trentième Nuit de Mai'31〉이 가장 최근의 것일 텐데요.[1] 그러나 거기에도 은유적이고 환유적인 운동들의 문제가 텍스트 안에 존재합니다. 텍스트가 "에튀드"이든 "심포니"이든 간에, 유기적 상호연결성을 갖고 있지요. 감정적이고 서정적인 존재, 카타르시스적이고 무언가를 환기시키며, 감각적이랄 수 있는 사후-효과가 있습니다. 시적 작가로서 당신에게 음악은 얼마나 중요한가요?

그 모든 것은 "음악"이 무엇을 의미하는가에 달려 있죠. 왜냐하면, 다양한 종류의 음악 혹은 "음악"이라는 단어의 다양한 의미들이 있다고 생각해봅시다. 가령, 우리는 음악 작품에 대해 말할 수도 있죠. 그게 하나이고요. 그리고 텍스트의 음악이 있습니다. 그것은 완전히 다른 어떤 것이죠. 그러니 그 질문은 다소 모호해요. "시적 작가로서 나에게 음악이 얼마나 중요한가?" 당신이 나를 시적 특질을 가진 작가라고 말하는 순간 음악은 이미 거기 있다고 말하겠어요. 시가 음악이니까요. 시는 철학의 음악이에요. 철학의 노래죠. 그것은 근원적이에요. 철학을 노래하는 것으로 시작한 것이거든요. 그러니 나는 심지어 그것이 중요하다고, 그것이 본질적이라고 말할 수도 없어요. 그것이 거기 있으니까요. 그것이 모든 것에 앞서요. 그게 하나이고요. 그런데 어떤 종류의 음악일까요? 그러니까 당신이 음악을 작곡된 작품으로서 말한다면, 나는 그것이 다르다고 말하겠어요. 만일 당신이 음악을 철학의 영혼으로서 말한 것이라면 그것은 어디에나 있는 것이죠. 나는 음악 없이는 글을 쓸 수 없어요. 그것이 나를 이끄는 것이에요. 음악은 물줄기 같아요. 나는 내 글쓰기가 커다란 물줄기를 떠다니는 모든 부유하는 것들, 나뭇잎, 작은 나무 껍질, 돛, 물고기들과 같다고 상상해요. 그 물줄기로 저런 것들이 전체가 되죠—그것은 하나가 아니라 전체예요. 움직이는 전체요—방향을 가리키고, 유도하는 흐름은 사유의 음악적 운동이에요. 나는 시학적이지 않은 (즉 음악적이지 않은) 사유, 언어라는 악기로 유희하지 않는 사유는 상상할 수 없어요. 진짜 중요한 것은 거기 있다고 생각해요. 당신이 은유적이고 환유적인 운동에 대한 문제를 들었죠—당신이 말한 것이 꽤 적절해요—그러나 거기에 관용어구에 속하는 어떤 것을 덧붙이고 싶네요. 언어의 관용적 측면 말이에요—나에게는 프랑스어가 될 것이고요 (그리고 내가 영어로 글을 쓴다면 아마도 영어 관용구가 되겠죠)—언어의 관용적 측면은 작품이 아주 웅대한 변주곡이나 에뛰드가 되도록 해요(난 거기에 동의해요). 언어 내부에 있는 음악적 원천이 관용어예요. 어느 정도 관용어는 시인들 말고는 사람들이 항상 생각하고 있는 것은 아니에요. 언어 자체가 구어적 연상의 환영적 원천과 함께 하는 게임이자 음악이고 음계예요. 그저 두운인 것이 아니라, 기표들로 하는 유희이며, 그것이 엮는 길이라고할 수 있어요. 보통 텍스트는 직물이나 태피스트리에 비교되잖아요. 맞는 말이에요. 왜냐하면 실제로 안팎으로 들고나는 실들이 있으니까요. 수도 놓기도 하고요. 그러나 나에게 이런 태피스트리는 아무 소리도 나지 않는 것이 아니에요. 그것은 완전히 음악적이고, 반향적이고, 울려요. 음악은 정적이지 않아요. 그것은 자극을 줄 뿐만 아니라, 스스로를 듣기도 해요. 테마 혹은 라이트모티프에 대한 일종의 세밀하고 묘한 코러스를 전개시키기도하죠. 물론 이 모든 것은 언어적인 것이고요. 그러나 지금 내가 생각할 때, 예를 들면 랩 음악의 언어의 음악성에는 (이렇게 말할 수 있다면) 저속한 직관적 차원이 있어요. 내 생각에 그것은 끔찍한데요. 왜냐하면 너무 빈곤하기 때문이에요. 그러나 동시에, 우리가 그것에 어떤 억양을 부여한다면 우리가 말하는 모든 것이 음악이 되는 것은 어떤 직관이에요. 그것은 저속하고 우스꽝스러워요. 왜냐하면 그렇게 잘 전개되지 않았거든요. 그래도 옳은 직관이에요. 모든 것이 음악이 될 순 없어요. 그러나 음악이 먼저 와야겠죠.

그러니 그게 하나이고요. 다른 하나는, 전혀 계산하지 않아도 내가 쓰는 모든 것은 일종의 리듬, 운율을 갖고 있다는 사실이에요. 이런 것들은 매우 이질적이고, 때때로 침묵하기도 해요 (당신이 그에 대해 말하기 때문이죠). 때때로 글쓰기라는 긴 단위로 그러기도 하고, 또 때로는 반대로 매우 짧은 단위로 그러기도 해요. 그것은 쓰기라는 긴 파도와 쓰기의 작은 조약돌들 사이를 번갈아 하는 것이에요—그리고 이것이 엄밀한 음악적 목소리로 엮일 수 있는 일종의 목소리라는 것을 나는 알지요. 그래서 내 글들에 자주 곡이 붙여지는 거랍니다. 왜냐하면 음악가들이 내가 쓴 것으로 익숙함을 느끼거든요. 그들에게는, 제 생각에 그들은 철학적 측면이나 깊이를 듣거나 이해할 필요는 없어요. 그들이 듣는 것은 그것의 음악이에요. 그들은 그것을 다른 형태의 주석으로 번역하는 일을 해요. 별 어려움 없이요. 분명 그래요. 그것은 종종 꽤 자주 일어난 일이거든요. 그러나 이것이 형식적 측면은 아니에요. 그것은 의미를 전달하거든요. 그건 사유가 리듬의 힘을 통해 전진하는 방식이에요. 리듬 말이에요. 사유는 리듬 안에서 하는 훈련이에요.

드뷔시에 관한 책에는 이런 아름다운 구절이 있어요―그것은 오페라에 관한 것이었고, 그것은 "침묵이야말로 신비가 말하도록 하는 것이다"라고 말해요.

물론 침묵이 아주 중요하죠. 다시 말하자면, 그건 하나의 몽타주예요. 우리는 침묵만 할 수는 없어요. 그건 데리다가 알파벳 'a'로 말하려 했던 차연différance이죠. 우리는 일종의 구어적 연속성을 가질 수 없어요. 미치지 않았다면 말이죠. 그건 견딜 수 없는 거예요(오직 소리로만 이루어진 신체와 살이 있다면 말이에요). 침묵이 소리를 만들고 그 반대도 가능하지요. 그러나 침묵은 글쓰기에 배열되어야 해요. 침묵들이 존재하죠(혹은 바다가 들려지는 데 필수적인 힘과 해변이 있죠, 하늘이 보여지는 데 필요한 힘이 존재하고). 그러나 우리는 쓸 때 그것들을 배열해야 해요. 가령, 난 항상 빈칸을 고민해요. 나는 인쇄할 때, 출판사에게, 그게 문제가 된다는 걸 알아요(웃음). 흰 공백은 불필요하게 종이를 사용하는 거잖아요. 그죠? 돈을 쓰는 거죠… 전 정말 많은 공백 페이지를 만들고 싶어요. 그러나 불가능해요. 인쇄의 경제를 생각하니 그들은 그것을 좋아하지 않는 것이죠. 낭비거든요. 그렇지만 저에게, 이 낭비는 의미의 발생지예요.

당신의 글을 통해 기억과 연상들을 꺼내며 말들이 여행해요. 말하자면 긴 풀들이 있는 들판을 헤매다가 우리가 항상 발견하게 되는 그런 작은 씨앗들 같은 것들 말이죠. 겉보기에 재미없는 일상적인 말들이 아주 영적인 의미를 획득하게 되는 것을 글 말미에서 자주 보게 됩니다. 예를 들면 《오랑주 살기》에서 오렌지나 사과가 마음에 떠오르고요. 혹은 《프로메테아의 책》은 '이다Est/Is'로 끝나요. 당신의 글쓰기의 특징 중 하나가 예측되지 않는 것을 생산하는 말의 본성에 대한 이런 믿음이죠. 당신이 말에 매혹되는 건 어디에서 오는 걸까요?

저는 《프로메테아의 책》이 어떻게 끝나는지 기억이 안 나요. 그러나 이 점은 지적하고 싶네요. 'Est'는 'Is'이기도 하지만, 또한 'East'이기도 합니다. 그것이 언어가 유희하는 방법이에요. 복수의 방향으로, 복수의 차원에 있는 것이죠. 그럼, 말에 대한 저의 매혹은 어디에서 오는 것이냐면요. 아마도 생의 첫 모금, 혹은 생의 첫 소리[웃음]에서 오는 거라고 말하겠어요. 왜냐하면 그건 저 자신만큼 오래된 것이거든요. 그러나 이것은 거의 자전적으로 들리네요. 저도 잘 모르겠어요. 그것 없이 제 자신을 기억할 수도 없고요. 전 식구들이 하는 말로 키워졌고 길러졌다는 느낌이 있어요. 물론 만일 내가 말들을 낚아챌 귀나 입이나 손가락 등이 없다면, 그렇게 되진 못했을 수도 있죠. 그러나 그것은 처음부터 거기 있었어요. 저는 제가 아기였을 때 말과의 첫 경험을 기억해요. 제가 들고 있는 단어들 모두 말이에요. 듣거나 쓰기 모두에서요. 언어와 신의 커다란 왕국에 있는 작은 마술지팡이처럼 전 언제나 말을 살아왔어요. 언어나 신들은 잘못 읽혀지고 잘못 들려질 수 있는 강력한 존재자들이에요—가장 중요하고 또 중요하죠. 오독이나 잘못 듣는 것 또한 우리를 언어의 신비라는 길을 보여주는 기능들이기도 해요. 가령, 우리가 단어 'e-s-t'를 읽고선 그것이 우리가 생각했던 것이 아니라 다른 어떤 것임이 드러났을 때의 경우처럼요. 말은 언제나 우리가 생각한 바가 아니라, 그 이상, 더 이상이고, 다른 것이에요.

낯섦의 경험, 이상함, 놀람의 경험은 아마도 내가 우리 가족들로부터 물려받은 것이라고 생각해요. 나는 다국어를 쓰는 가족에서 태어났거든요. 아버지의 프랑스어, 어머니나 할머니의 서로 다른 독일어, 아랍어 등도 있고요. 스페인어나 그런 언어들은 언어에서, 말로 일어난 사건들을 인식하게 해주기도 해요. 제가 글쓰기를 시작했을 때 단어들이 이상한 방식으로 쓰여질 수도 있다는 점, 그리고 내가 들었던 것과 아주 다를 수 있다는 점이 제겐 놀라움이었어요. 전 몇 번이고 그런 경험을 했거든요. 독일어를 배우기 시작했을 때 너무 충격이었어요. 왜냐하면 쓰여진 독일어는 내가 알았던 독일어 말하기와 아무 관련이 없는 거예요. 물론 언어의 그런 다른 공간과 수준들 사이에 많은 것들, 즉 제가 말했던 것처럼, 잘못 들리거나 들리지 않거나 듣기를 넘어서거나 하는 일들이 일어나죠. 그것이 언어의 풍부함이죠. 그건 마치, 내가 정원에 있고 내가 글을 쓰는데 새벽 5시에 새들이 울기 시작하는 것과 같아요. 정말 이상해요. 우리는 20종 혹은

173

50종의 새들이 정원에 있지만 그 새들이 모두 함께 울지는 않는다는 것을 깨닫게 되거든요. 하나가 아주 정확한 노래를 부르기 시작하면요, 그다음 그것은 멈추고 노래는 다른 새에게 넘어가고, 또 다른 새에게 넘어가고요—모두 달라요—그리고 그 새들 모두 그런 연속에 일치를 보이고 있고요. 이건 정말 신비해요. 이 새가 어떻게 시작하는지, 이 모든 새들이 어떻게 연결되는지, 어떤 종류의 기호들을 새들이 다른 새들에게 주길래 하나가 시작하고 다른 하나가 그것을 받는지 말이죠. 너무 대단해요. 이제 말에 관해 말해보자면, 말도 약간 그런 것 같아요. 한 단어가 다른 단어를 부르고요. 예를 들면 "Oran"이나 "Orange"가 "Iran"을 부르고요. Iran이 Iran으로 들어오는 순간 그 장소를 떠나고 다른 연상된 단어가 들어와요… 연상 작업은 신비입니다. 기계적이지 않아요. 왜냐하면 그것은 의미 또한 도입하니까요.

시학은 아름다움, 기쁨, 희망을 표현하기 위해 존재하죠. 그러나 그것은 또한 정치적이어야 한다는, 스스로 역사와 관계 지어야 한다는 압박이 있어요. 당신이 바로 전 말한 것처럼, 우리는 'the orange'와 'Iran' 모두를 동시에 생각해야 해요. 당신은 이런 이중성이 소중히 여겨져야 할 것이라고 보시나요? 혹은, 그건 견뎌내야 하는 어떤 것일까요?

처음에 전 그것이 소중히 여겨져야 할 어떤 것이라고 말하고 싶었어요. 그런데 1초 만에 저는 둘 모두라고 말하고 싶네요.

왜냐하면 그것은 사실상 이중적이지 않은 이중성이기 때문이죠. 제 말은, 그것은 말이 되게 만들어지고 교환되어야 해요. 우리는 즐거움과 전쟁 사이의, 혹은 억압과 승낙 사이 등등의 그런 종류의 커플링, 이상한 커플링을 상상할 수 있어야 해요. 하나는 다른 하나 없이는 불가능해요. 우리는 천국을 잃어버렸죠. 그러니, 만일 우리가 오렌지 하나가 있다면, 당신은 이란을 갖게 될 거고, 그 반대도 마찬가지예요. 하나가 문을 열어 타자에게 주는 거죠. 그러니 저는 사물들을 분리하지 않아요. 그것이 견뎌내야 하는 어떤 것 아니겠어요? 둘 모두인 거죠—그것은 물론 우리가 어떻게 느끼냐에 달려 있는 거죠—그것은 고통스럽고도 보람 있는 일일 거예요. 그건 함께 할 것이고요, 언제나. 중요한 것은 망각하지 않는 거예요. 우리가 지옥에 있을 때 천국을 망각하지 않는 거죠. 우리가 천국에 있을 때 그것이 끝날 거라는 것도 망각해서는 안 되고요—천국은 지옥을 약속하고, 지옥은 천국을 약속하죠.

글을 쓸 때 이 두 가지를 의식하시는 건가요?

언제나 그래요. 언제나. 그러니까, 예를 들면 저는 글을 쓸 때 불안해하지 않아요. 종종 자주 일어나는 일인데, 내가 즐기고 있기 때문이죠. 전 끝을 본다고 생각하면서 시작하지 않아요. 전 스스로 최대한 현재에 있으며 즐겨요. 그렇지만 고통을 겪을 때 저는 그것을 더 잘 의식해요. 더욱 이중적이 되고, 더욱 이중적으로 의식적이 됩니다. 우리가 고통을 겪을 때 우리가 그것을 할 수밖에 없을지라도—우리는 겪고, 또 겪고, 또 겪지요—기억할 수는 없지만 겪음에는 언제나 끝이 있다는 것을 제게 일깨워주는 작은 목소리도 있어요. 그것이 죽을 것 같더라도 말이죠.

일이 일어나는 것에 매우 화가 날 수 있어요. 가령, 저는 이스라엘과 팔레스타인 사이에 일어나는 일들에 대해 읽거나 들을 때 너무 화가 나요. 언제나 뉴스들을 직접 접하고는, 너무, 극도로, 엄청나게 공포를 느끼고 절망해요. 그러나 동시에 내 안에 어떤 것은 영향을 받지 않아요. 그것이 끝나리라는 것을 아는 어떤 지혜가 있는 작은 장소인 거죠. 모든 것이 그렇진 않아요. 예를 들면, 나에게 소중한 사람을 상실하는 애도는 어느 정도는 영원히 계속되죠. 그래도 그것은 새로운 형식을 찾아요. 덜 직접적으로 공격적이게 되는 거죠. 그러나 영원하긴 해요.

타자가 엄청나게 중요합니다. 타자 없이 글쓰기는 불가능하죠. 당신이 "타자의 욕망의 직접적인 장소"라고 부른 연극에서 (《무의식의 장면에서⋯》 p. 12), 당신은 비서구유럽권의 역사, 목소리, 연극 전통에 대해 작업했죠. 전통 노能(Noh) 연극*을

---

* 일본 전통 가면극으로 14세기부터 시작된 가장 오래된 연극이며, 오늘날에도 여전히 공연되고 있다. 퍼포먼스라기보다는 제의에 가깝고, 인간의 세계보다는 신, 유령, 혼령 등으로 화한 신의 영역 혹은 인간계와의 경계를 주 내용으로 삼는다. 배우의 실제 표정을 지우고 더 깊은 내면의 영역을 표현하기 위해 (무표정한) 가면들을 주로 사용한다.

활용한 것이 당신의 연극 작업에서 많이 보여집니다. 《북 위의 북Tambours sur la digue》은 일본의 분라쿠 인형극을 활용하고 있죠. 연극이 어떻게 "타자의 욕망의 직접적 장소"인지 좀 더 설명해주시겠어요?

간단히 말할게요. 왜냐하면 그건 너무 큰 질문이라서 몇 권의 책을 써야 하거든요. 그러나 우선 말하고 싶은 것은, 타자 없이는 아무것도 없다는 것이에요. 이것은 너무 분명하고요. 그것을 말로 해야 한다는 것이 아쉬워요. 가령, 당신이 내 답변에 즐거웠다고 당신은 친절히 말해줬어요—타자가 밖으로 나온 거죠(웃음)—우리의 인터뷰 첫 부분에서 말이에요. 그러나 저는 제가 말하는 게 수년간 취합된 어떤 것이라고는 말하지 않았어요. 그건 제 사유에 대한 나의 경험의 한 부분이에요. 그러나 타자 없이 그게 나오진 않죠. 만일 당신이 당신의 손, 당신의 마음, 당신의 공감을 나에게 보여주지 않으면, 아무것도 존재하지 않는 게 돼요. 내가 되어야 할 것의 많은 부분, 혹은 내가 생각해야 할 많은 부분은 완전히 타자에 의해 얻어지고 발생하는 거죠. 가령 내가 완전히 폐쇄적이고 맹목적인, 공격적인 어떤 사람과 대화를 나눈다면, 나도 또한 그렇게 될 거예요—나 자신의 어떤 부분은 잘려져 나갈 거고요. 내가 누군가에게 집중한다 해도 마찬가지예요. 이 사람이 어떤 것으로도 환원되지 않는 거죠. 그게 단순히 인간되기의 열쇠예요. 물론 타자는 창조의 신이고 현존의 신입니다. 지금, 제가 연극이 타자의 직접적인 장소라고 말할 때, 그것은 이중적입니다. 말하자면, 한편으로, 연극은 내가 타자에 대해 갖게 되는 욕망의 장소임을 의미해요. 그러나 다른 한편으로 그것은 타자가 나에 대해 갖게 되는 욕망의 장소를 의미하기도 합니다. 소유격이 양방향으로 작동하는 거예요. 물론 현존의 무대에 있는 연극은 직접적이죠—당신은 직접적으로 타자와 함께 있고, 타자를 위해 있고, 타자 덕분에 있고, 타자에도 불구하고 있는 것이죠. 타자는 거기에 있어요. 우리가 갖고 있는 개별성이라는 환영이 있는 장소이자, 우리가 홀로일 수 있고 분리될 수 있는 (지금이자 그때) 현실성과 비교가능한 장소이기도 해요. 연극은 타자들입니다. 언제나요. 모든 측면에서요. 우리가 글을 쓸 때도, 공연을 할 때도 그래요. 지금 당신의 질문은 낯선 자로서의 타자와 연결되어 있죠. 만일 당신이 비서구유럽권 역사 등을 참조하는 것이라면, 그것은 당신이 타자를 낯섦으로 연장하기 때문이에요—물론 낯섦은 그저 가장 스펙터클한 타자의 화신입니다.

　"비서구적" 목소리, 전통들을 연극에서 왜 고집하냐고요? 그것은 연극적 글쓰기의 특수성과 관련합니다. 특히 태양극단에서 실천했던 것들과 관련해요. 연극의 뿌리, 기원, 그것의 살아 있는 실천은 오늘날은 아시아에 있어요. 아시아는 연극의 가장 고대적 전통들을 간직하고 있기 때문이죠. 우리가 일본에 가면 혹은 아시아에 가면, 우리는 가장 고대적 현현이자 현상들과 접촉하게 됩니다. 믿음의 차원, 예술의 차원에서요. 우리는 신들이 현존하는 장소들, 나라들에 있는 거예요. 유럽, 서구에서는 그런 것들을 거의 볼 수 없어요(물론 가톨릭 신자라면, 그리고 특정 사람을 성인이라고 믿는다면 그렇지 않겠지만요). 이것은 서구 문화의 지엽적 측면이에요. 서구 문화에는 신이 없어요. 그러나 아시아에서 신은 그들의 다수성과 창조성 속에 살아 있습니다. 신들은 사실상 연극에서 최초의 캐릭터〔인물〕예요. 그들이 진짜 신이건(인도에 있는 수많은 신들처럼), 혹은 무의식적 캐릭터들인 다른 신들이건(그리스인들은 정의나 맹세와 같은 단어들을 사용하면서 그들을 불렀죠) 간에 말이죠. 그러니 우리가 만나는 모든 힘들, 우리의 삶에 영향을 미치는 힘들, 혹은 우리가 다루기 힘든 힘들, 이 모든 것들은 예전의 신들이에요. 아시아에 가면, 실제로 이것이 당신이 보는 것이고 만나는 것들이죠. 그 때문에 우리가 연극적 방식으로 시작할 때 아시아에 끌리는 건 매우 분명해요. 예를 들면 노Noh 연극은 일본인들의 삶 모두를 갖고 있어요. 오늘날에도요—일본인들이 가장 현대적이고 발전된 나라의 사람들이자 문화이지만 그들은 영들을 믿잖아요. 아시다시피, 그들은 영들과 연결되어 있어요. 아프리카인들도 그러하고요. 그러니 영들, 죽은 자들은 거기에 있고 우리들 가운데 있는 겁니다. 서구에서 우리가 이런 믿음의 커튼 뒤에 숨겨진 것을 재현하려 한다면, 우리는 그저 눈을 다른 나라로 돌리면 돼요, 거기에 있어요—거기에 우리가 사로잡히는 주체이기도 하고 대상이기도 하는 그런 사로잡힘과 출몰의 모든 형식들, 형태들이 있어요. 우리가 그런 것들을 무시하거나 다르게 이해하지 않는 한 말이에요. 꼭두각시 인형을 보면요. 우리가 꼭두각시에요. 우리는 그 사실을 항상 받아들이진 못하고, 우리가 자율적이거나 자유롭다고 상상하죠. 그러나 그건 진실이 아니에요. 우리는 꼭두각시예요. 그러니 과거의 힘들을 청산하는 데서 살아남은 유일한 장소, 곧 연극에서, 우리는 그런 형태들, 표현의 형식들을 발견하게 될 것이라는 것은 꽤 당연한 일이죠. 노 연극은 언제나 출몰에 대해 묘사해요. 그것이 하나의 출몰이에요. 모든 노 연극은 출몰에 대해 이야기하죠. 그러나 우리에게도 출몰해요. 우리가 그것을 감탄하며, 시학적으로, 은유적으로 표현하지 않는다는 점을 빼면 말이에요.

타자의 그런 직접성—가령 연극에 관한 어떤 것을 작업할 때 끊임없이 당신은 배우와 연출가와 함께 작업하는 것으로 알고 있어요. 그것도 그런 것의 일부일까요?

오, 그럼요. 물론이죠. 타자들의 흔적을 재형상화하고, 간직하는 방법이죠. 아주 빠르게요.

당신이 칼-그뤼버와의 〈내부-관점/인터 뷰〉에서 당신 자신을 "현실"의 탈무드 주석가로 설명하던 게 기억이 나는군요(p. 56). 당신의 유대 전통이 글쓰기에서 점점 더 중요하게 되는 것이죠.

제가 그렇게 말했을 때, 그건 은유였어요. 말하자면 그것은 탈무드 주석가가 여러 겹의 독해 능력으로 동일한 장면 혹은 대화를 읽는 방법인 것이죠. 그것은 수백 개 판본의 가능한 이런저런 에피소드들을 제공하거든요—너무 감탄스럽다고 생각해요. 어떤 확정된 판본은 없어요. 수백 개의 판본들이 있을 뿐이에요. 이것이 가장 중요해요. 이제 제가 현실에서 일어나는 어떤 것, 어떤 사건들을 목도할 때, 저는 그에 대한 수백 개의 판본을 갖고 싶어요. 그래서 그렇게 언급한 것이랍니다. 그러나 저의 유대적 전통에 대한 문제를 회피하지는 않겠어요. 저는 그것이 더 중요해진다고 생각하지는 않아요. 제 생각에—그것이 매우 작은 부분이고 전 유대 교육을 받지 못했지만—제가 심지어 저를 위해 사용하기도 힘든 제 비밀 기억은 분명히 유대적 흔적으로 배태되어 있어요. 그렇지만 제게 그런 흔적들은 내 안에서 작동하는 시학적 힘에 속해 있는 것이에요. 그것은 컬트나 종교, 믿음과는 물론 상관없지만, 유대 문화에서(유대 문화가 존재한다면 말이에요. 왜냐하면 그것이 항상 존재하는 것은 아니니까요) 고도로 발달한 특정 독해 실천과 관련 있다고 할 수 있어요. 저는 제가 고대 문화들의 혼합물이라고 생각해요. 유대 전통—기존의 표현을 사용하자면—은 저에게 그리스 전통만큼 현재적이에요. 제가 《일리아드》와 《오디세이》를 읽기 시작했을 때 모든 상황과 인물들이 저의 상상 세계에 거주하러 들어왔다고 생각해요. 인류가 무엇인가에 대한 모든 종류의 흔적들, 반영들을 남기면서요. 그것은 단순히 제가 (구약)성경적 맥락에서 품어왔던 것과 혼합되어 있어요. 제게 그것은 동일합니다. 아시다시피, 거기엔 연속성이 있거든요. 전 율리시스와 삼손, 다윗을 교환하고 섞을 수도 있겠죠(웃음). 그러나 좋은 것은요—그것들이 짝을 이룰 수 있다는 것입니다. 기독교와는 그럴 수 없잖아요. 왜냐하면 〔구약〕성경이 말하지 않는 윤리적 야망이나 교육적 경향이 있기 때문이죠. 〔구약〕성경은 우리에게 어떻게 선하게 되는지 가르치지 않아요. 그것은 오직 악의 사례들만을 알려주죠(웃음). 그리고 실패에 관해서도요. 그게 제가 〔구약〕성경을 좋아하는 이유예요. 위대한 선지자들—죄를 짓지 않은 유일한 자인 아브라함을 제외하고요—모든 선지자들은 실패했어요. 모두, 모두 그래요.

물론 당신의 아버지가 글에서 언제나 나오긴 하지만, 최근에서야 당신은 당신의 어머니에 대해 깊이 있게 쓰고 있는데요. 단편인 〈1991년 10월에…In October 1991…〉에서 당신이 항상 어머니에 대해 써왔지만, 언제나 "너무 간결했다"고 말하고 있어요. 그리고 이렇게 설명하죠. "내가 보기에 우리는 어머니에 대해 쓸 수 없을 것 같다. 분명하다. 그것이 글쓰기의 한계들 중 하나이다"(p. 47)라고요. 이것은 그 주제를 끝내버린 것처럼 보이는데요. 그러나《내가 거기 없었던 날》을 보면, 우린 당신 어머니의 "비밀", "그녀의 가장 숨겨진 아주 위험한 보물ses trésor les plus cashé et les plus dangereux"을 발견할 수 있습니다(p. 47). 너무 아름답고 충만하게, 사랑스럽게 묘사되어 있었어요. 이 두 텍스트 사이에 매우 흥미로운 일이 일어난 것 같아요.

맞아요. 그냥, 제가 거기에서 타협을 봤던 것 같아요… 그게 너무 재미있다고 생각했는데요. 우리가 그렇게 확신의 어조로 그런 일을 절대 하지 못할 것이라고 주장하는 순간, 그것은 당신이 이미 그 일을 하려는 중에 있다는 의미거든요… 아시다시피, 제가 그렇게 말했을 때, 저는 궁금했어요. 내 마음 상태가 뭐였지? 내가 나 자신을 믿고 있었나? 분명히 그렇지. 그럼 내가 나 스스로에게 거짓말을 하고 있었나? 아니지. 나는 나였어—내가 뭐라고 해야 하지? 순진하다? 내가 절대 하지 않겠다고 확신한다고 말했을 때, 나 자신을 너무 쉽게 잘 믿는 것도 아니었어요. 그것은 아마도 내가 스스로에게 위반을 금지하도록 하는 일종의 무의식적 조작이었던 것 같아요. 그렇지만 당신도 알다시피, 우리가 위반이라는 말을 생각할 때, 우리는 사실 위반을 하려는 중이잖아요. 당신은 이미 그것을 하고 있다고요. 그러나 동시에 저는 진지했어요. 제가 좀 헤매긴 했지만요. 모르겠어요. 아마도 그 법칙을 따랐을 수도 있지만, 불가능했을 수도요. 상황 역전을 하게 한 것은 제가 《금, 내 아버지의 편지들》을 쓸 때 일어났어요. 일종의 믿기 힘든 어떤 사건 때문에 이 모든 것이 일어났던 것입니다(말하자면 내가 그 존재조차 알지 못했던 아버지의 편지들을 발견한 사건 말이죠). 그때 그것이 제겐 딜레마가 되었어요. 전 절박하게 아버지 쪽으로 다시 글을 쓰고 싶었거든요. 그리고 동시에 전 쓰지 않을 것을 정말로 원했어요. 왜냐하면 제가 아버지에 대해 충분히 썼다고 생각했거든요. 끔찍했어요. 그리고 그 결과가 《금, 내 아버지의 편지들》이고요. 그게 그 책이었어요. 근데 그 책이 전부는 아니었지만요. 나의 아버지에 대해 **충분하다**

고 생각했어요. 그러면서도 동시에 아버지에 대해 충분하다는 것은 어머니에 대해 불충분하다는 의미라고 생각했죠. 그래서 그것이 나의 어머니가 밀물처럼 들어오게 만든 거죠. 그것은 설명의 한 부분이고요. 다른 부분은 사실 어머니가 1991년에 81세였어요. 그녀는 꽤 젊었죠. 그리고 85세가 되셨고요. 그러면서 점점 저는 어머니가 생각했던 방식에 대해 생각하기 시작했어요. 시간이 지나가고 있었죠. 그건 제가 받아들이길 원치 않았던 생각 방식이었어요. 그때 어머니가 88세가 되셨을 때, 저는 저항할 수 없었어요. 어머니도 그렇게 말했을 거예요. 너도 보이지, 나는 점점 더 나이가 들어. 이 말 뒤에는 아주 많은 향수, 동경, 분리의 두려움이 있었어요. 그러나 그것만이 아니에요. 어머니는 저의 어머니이기만 한 것은 아니죠. 내가 글로 할 수 있는 것보다 훨씬 많은 강력하고 실제적인 것이 있는 거죠. 단지 어머니를 픽션의 한 인물로 환원하는 생각에 저항했던 것이 아니에요, 거기엔 다른 어떤 것이 있었어요. 그건 어머니가 너무나 웃기고 경이로운 작은 상자였다는 사실이에요. 그 상자에는 어머니의 어렸을 때의 보물들로 가득 차 있죠. 비극적으로 사라진 그 세계 전체 말이에요—그녀가 기억하는 수백 명의 사람들, 그녀가 말하는 사람들, 그녀가 오직 유일한 증인이었던 사람들의 세계 말이죠. 그리고 저는 그것이 진실이라고 생각했어요. 이 모든 세계는 그녀와 함께 사라질 것이다라고요. 작별 인사를 하고 있는 것은 그 거대한 세계였어요. 그리고 아마도 그렇게 보내면 안 된다는 생각을 했던 것 같아요. 그래서 결국 전 위반했죠—내가 하지 말아야 할 것을 내가 해야겠다는 생각이요. 그리고 《오스나브뤼크》를 쓰기 시작했어요. 어머니의 기억이 태어난 곳을 시작으로 해서요. 그 도시에는 예전에 있던 유대인 공동체가 모두 사라졌어요. 그렇게 시작했어요. 내가 나 자신에게 하도록 승인한 것이 아니라, 글쓰기를 금지했던 다른 법보다 더욱 정당할지도 모를 어떤 법을 따라야 한다고 생각했어요. 그것이 하나이고요. 그리고 제가 《오스나브뤼크》를 썼을 때, 그건 제가 쓰는 것이 나의 오스나브뤼크의 어머니였다는 점 때문에 결정된 것이었는데, 이것이 꽤 편향적이고, 엉뚱하다고 생각했어요. 이것은 어머니의 엄청난 모험 가득한 삶의 작은 조각일 뿐이에요. 저는 산파였던 어머니에 대해서는 말하지 않았어요. 알제리에서의 그녀에 대해서도 말하지 않았고요. 알다시피, 한 단어가 다른 단어를 불러오듯이, 하나가 다른 하나를 정확하게 불러내잖아요. 그렇게 시작했어요. 그리고 당신도 알다시피, 우리가 한번 죄를 일단 지으면, 우리는 멈추지 않잖아요(웃음). 그렇게 된 거예요.

《내가 거기 없었던 날》에서는, "공장식 양계장 닭들의 코러스Choeur des poules en Batterie"가 나오는데요(pp. 103~105), 이건 어디서 부화된 거죠?

공장식 양계장 닭들은 제가 잠을 못 이루게 만드는 것들 중 하나예요. 동물들을 다루는 정말 수치스러운 방법이자 지금 현재도 이뤄지고 있는 산업적 방식이에요. 그것은 그냥 홀로코스트의 형식이에요. 그걸 저는 정말 견딜 수가 없어요. 그건 범죄예요. 범죄긴 한데, 그에 대한 NGO가 없는 범죄들 중 하나죠. 동물들을 위한 NGO는 [프랑스에] 없어요. 불행하게도 동물들을 사랑하는 대부분의 사람들이, 글쎄요, 아시다시피, 그들의 말은 그렇게 잘 정리되어 있지 않아요. 프랑스에서 그들은 모두 극우에 속해 있어요. 끔찍하죠. 그러나 제게 동물과 인간 사이에 엄격한 분리는 없어요. 우리가 인간을 고통스럽게 하는 방식과 우리가 동물들의 파괴하는 방식 사이의 엄격한 분리는 물론 인정될 수 없어요. 그러나 인간 희생자들에 공감할 수 있는 저 똑같은 사람들이 동물에 대해서는 공감하지 못한다는 생각이 들 때 마음이 찢어져요. 그것이 보여주는 것이 동일한 잔인성의 전형인데도 말이죠. 그건 정말 저를 너무 힘들게 해요. 제 사랑을 너무 지치게 만들고요. 그에 대해 생각할 때마다, 볼 때마다 그렇거든요… 심지어 동물에 관해서는 더욱 무력하다고 느껴요. 작동하는 권력들(즉 식품 산업, 정치권력 등) 때문에요. 그걸 멈추려면 무얼 할 수 있을까요? 아시다시피, 가끔 라디오 등에서 그나마 덜 비인간적인 것처럼 보이는 광고들을 듣기도 해요… 근데 이들은 자신들이 이러저러하게 닭들을 키운다고 말해주는 프랑스의 농부들이에요. 우리는 우리의 닭들, 우리의 자연을 돌보는 것이지, 그들을 닭장에 가두는 것은 아니다, 닭들은 자유롭게 노닐고, 행복한 삶을 즐길 수 있다, 그리고 이렇게 하면 닭살이 아주 맛있게 된다—이렇게 끝나죠. 물론 그들의 말이 맞죠. 그들은 자연이 키우는 닭이라고 호소해야 해요. 그러나 그들은 심지어 그 메시지가 끔찍한 결말이라는 것을 깨닫지 못해요. 당신이 아이라면 그 말을 듣고 당신은 울 거예요. 어른이 되면 당신은 먹고요. 이것은 심지어 분석되지도 않아요. 최소한의 분석, 최소한의 앎, 최소한의 듣기—그 코러스는 거기서 나오는 거예요.

아직도 근시가 그립나요? 《베일》에서 당신이 "비밀스런 보이지-않음"이라고 부른 것 말이에요(p. 16).

오, 네. (웃음) 가끔 제게 근시가 있다는 꿈을 꿔요. 가끔 마치 시간이 지나가지 않은 것처럼 꿈을 꿔요. 내가 여전히 절박하게 제 안경을 찾는 꿈이요. (웃음) 그러고는 잠에서 깨고 생각해요. 아니, 저는 그 무엇과도 분리되고 싶지 않은 것 같아요. 제가 분리되길 원하는 그 무엇과도요—저는 악마로 남으려고요. 전 공장식 양계장 닭들에 대한 의식을 유지하길 원해요. 모든 것은 저의 부분이죠. 어떤 것도 망각하거나 지우고 싶지 않아요. 정말로요. 그러니, 맞아요. 그러나 물론 그것을 일방적 방식으로 그리워하진 않아요. 저는 근시안이 되고 싶진 않아요. 전 기억하고 싶어요. 그리고 그거 아세요? 전 여전히 근시안임을 깨달았어요. 우선 저는 근시안이에요. 제가 발견한 것이 지금 제가 볼 수 있는 것이잖아요. 이건 기적이에요. 근시안이면 눈에 들어오는 모든 것이 편협함에 속하게 되죠. 그래서 각막을 잘라낼 수 있고 수정체가 달라지죠. 그러나 망막은 여전히 근시의 망막이에요. 그건 바꿀 수 없어요. 그러니 전 여전히 근시인 거죠. 어떤 면에서요.

당신의 초기 글들 중 몇몇은 최근에 새 편집본으로 나왔어요. 다시 읽어보셨나요?

아뇨. 읽어보진 않았어요. 아시다시피 재출판되어도 전 다시 읽지 않았어요. 아마도 그래야 할 것 같았어요. 아마 오탈자도 있을 텐데요. 그래도 안 했어요.

이전 책들을 다시 읽어본 적 있나요?

제가 그걸 좋아하지는 않지만, 지금은 가끔 그래요. 어떤 학자들이 제게 질문을 하는데 그 질문이 매우 구체적이기 때문이죠. 그래서 제 책을 다시 봐야 해요. 그러나 제가 정말 좋아하는 일은 아니에요(웃음).

꿈 쓰기는 어떤가요?[2]

그건 달라요. 꿈은 영원해요. 저는 언제고 꿈을 읽을 수 있어요. 그건 제게 괜찮아요. 그건 예술 작품이 아니에요. 제 무의식의 산물이죠. 그러니 괜찮은 거예요. 그러나 책이랑은 좀 달라요. 왜냐하면 책은 너무 시간적인 어떤 것과 함께하기 때문이죠. 책은 제가 그 책을 썼을 때의 시간, 저의 과거의 시간을 떠올리게 해요—그러니 보통은 좋아하지 않죠. 저는 망각을 좋아하거 든요.(웃음).

옛날 사진들 속에서 나팔바지를 입은 자기 모습을 보는 것 같은 거죠…

맞아요. 저는 그걸 좋아하지 않아요. 저는 사진도 좋아하지 않아요. 그건 이상한 일이긴 해요. 왜냐하면 마치 일종의 나 자 신을 부인하는 것 같잖아요. 그러나 아마도 전 과거의 제가 아닌 저를 느껴야, 앞으로 되어야 할 저를 느껴야 할 것 같은 거죠.

당신이 십, 이십 년 전에 쓴 글에 대해 사람들이 말할 때 말이 죠. 어떤 느낌인가요?

전 제 자신을 나눌 수 있어요. 주관적인 저의 부분은 〔그 느낌 에 대해〕 말하고 싶지 않고요. 연구자들과 문학을 가르치고 문학 에 대해 작업하는 저의 부분은 그것을 받아들일 수 있죠. 학문적 으로 말이에요. 저는 흥미를 느낄 수도 있고, 토론할 수도 있겠 죠. 그러나 그것은 제 외부에 있는 것이에요. 그러면 저는 타자 의 읽기를 존중한다고 느끼고, 대답하려고 할 수도 있어요. 한편 으로는 진심으로, 다른 한편으로는 가능한 체계적으로 말이에 요. 그에 대해 책임을 느끼거든요. 그리고 또한 이상한 어떤 것 이 있는데요. 왜냐하면 그건 마치 나의 아바타들이 있는 것 같기 때문이에요. 제가 비교 같은 것을 하고 싶어 하는지 모르겠어요. 왜냐하면 아바타들은 저보다 훨씬 나을 수도 있고, 그 반대일 수도 있거든요―저도 잘 모르겠어요(웃음).

다음 계획은 있으신가요?

아니요. 전 계획하지 않아요. 제가 계획하는 것은 계획하지 않는 것이죠. 심지어 그것조차도 계획하지 않아요. 전 아무것도 알지 못한 채 어떤 책의 시작점으로 가죠. 그것의 성별도 모르고요. 그것이 무엇이 될지, 괴물이 될지, 어떻게 될지 아무것도 몰라요… 전혀요. 저는 그저 느낌만 갖고 있어요. 매우 이상한 느낌이요. 신뢰 같은 것. 마치 제가 약속 장소로 가면 그것이 올 것이라고 믿는 그런 느낌이요. 그게 다예요. 누가 될지, 어떻게 될지, 무엇이 될지 모르죠. 오랜 세월 제가 지니고 있는 앎의 유일한 조각은, 일이 일어날 거라는 사실이에요. 그게 제가 아는 전부예요.

7장
결론

우리는 이 모든 것을 그 문제에 답하기 위해서가 아니라,
그 문제를 따라가기 위해 해오고 있다. 그 문제들, 프랑스어로는
여성인… 우리는 "여성적" 문제들을 따라가며 질문한다,
무엇이 "여성적" 글쓰기인가?

《클라리시 리스펙토르와 함께 읽기Reading with Clarice Lispector》, p. 4.

'여성적' 글쓰기에 관한 엘렌 식수의 '이론'인 '여성적 글쓰기écriture féminine', 그것은 '남성적' 이론적 담론에 있는 특정 제한, 전유, 파괴적 경향에 대한 반응으로, 방어로 시작되었을 것이다. 그러나 수년이 흐른 후, 그것은 성장했고, 꽃을 피웠고, 거대하고 형태 없는 시적 글쓰기, 읽기, 사유하기의 장을 다루며 널리 퍼졌다. 《내부》나 《세 번째 신체/책》과 같은 식수의 초기 픽션에서 '나'는 중심 무대를 차지하고 있다. 그녀의 초기 글은 자아-탐구, 자아-친밀화self-familiarization의 문제에 천착했다. 그것은 식수의 글의 독자가 부분적으로만 참여할 수 있는 여정이다. 이 시기 그녀의 '이론적' 글쓰기가 '내버려두기' 위한 글쓰기, 타자를 위한 공간을 만들기 위한 글쓰기의 필요성을 강조하

지만, 그녀의 픽션은 이 이상과는 약간 떨어져 있었다. 그러나 《불안》, 《오랑주 살기》나 《프로메테아의 책》과 같은 글에서 타자의 목소리들이 점차 자신의 현존을 느껴지도록 만들기 시작한다. 식수의 글쓰기는 변화와 재탄생의 시기를 지나게 된다. 클라리시 리스펙토르의 글을 발견하고, 므누슈킨과 태양극단과의 작업에 참여한 후, 그녀의 글쓰기는 '무의식의 장면' 너머로 나아가고, '역사의 장면'에 타자와 함께하게 된다. 《앙디아드》나 《만젤쉬탐들에게 만델라들에게 만나를》은 그녀의 글쓰기를 새로운 방향, 새로운 장르로 인도한다. 이와 같은 글들을 창조하는 과정은 식수의 전체적인 글쓰기 기획에 새로운 추동력과 집중을 제공하는 데 도움을 준다. 대부분의 최근 글쓰기들이 개인적인 것(그녀의 근시, 그녀의 어린 시절의 기억, 그녀의 어머니 등등)과 다시 연관되고 있지만, 그것이 그렇게 하는 것은 편안함이라는 감각, 확신, 열려 있음을 통해서다. 식수는 다른 목소리, 다른 자아들이 그녀의 글의 많은 공간에 들어와 자리 잡는 방법을 발견했다. '나'는 현존하지만, 그 '나'는 타자 가운데 있는 '나', 타자와 함께 있는 '나', 타자 덕분에 있는 '나'이다. 이런 나타남-사라짐의 동일한 과정은 여성적 글쓰기에 관한 식수의 '이론'에서도 보여질 수 있다. 초기 '이론적' 글쓰기에 대한 급진적 실험과 아방가르드적 논쟁들은 '여성적'이라는 문제에 관한 더욱 미묘하고 효과적인 접근으로 점차 바뀐다(이 단어는 '시적'이라는 말과 점점 유사해지고 있다). 여성학연구센터 세미나에서 식수가 했던 이론 접근에 관한 설명은 여성적 글쓰기라는 공간의 훌륭한 요약을 제공하며, 오늘날 그녀의 글을 점령하는 듯 보인다.

세미나에서 우리는 이론의 외부에 있지 않다. 어떤 면에서 그러길 바라고 있지만 말이다. 우리는 이론적 도구들을 사용하지만, 도움으로, 발전의 수단으로 사용하는 것이다. 이것은 이론을 억압하거나 말소하려는 방식이 아니라, 그 자체로 중요한 것이 아닌 자리를 이론에게 부여하려는 방식이다… 우리는 이론적으로 들어가는 프로그램을 모두 경험해왔다. 그러나 이론에 의해 제한되는 방식이 아니라, 이론이 그 자체로 나타나고 유용하고 횡단가능하게 보이도록 하려고 그렇게 했다.(〈대화들〉, p. 144)

유용하고 횡단가능한 것. 여성적 글쓰기에 대한 식수의 관점에서 그것은 또 다른 끝으로 가는 수단이다. 그것은 자신의 글쓰기를 시작하기 위해 사용한 어떤 것이자, 그녀가 이론적 방식으로 나타난 장애물들을 넘어서거나 통과해서 자신의 글을 편하게 만들 필요가 있을 때 도움을 청한 어떤 것이다. 식수의 최근 글에서 밝히길 '이론'의 역할이란 쓰기와 독자 사이, 쓰기와 타자 사이의 대화를 가능하게 하는 배경, 프롬프터, 촉진제, 촉매의 목소리이다. 어떤 면에서 우리가 '이론'을 덜 들을수록 더 좋다. 모든 것이 잘 흘러간다면, 그것을 들을 이유가 없을 것이다. 식수가 언급하듯이, 이것은 '이론'을 억압하거나 말소하기 위함이 아니라, 그것을 단순히 그 자체로 인식하고자 함이다. 유용하고 횡단가능한 것으로. 만일 식수의 여성적 글쓰기에 대한 '이론'의 발전에서 나오는 메시지가 있다면, 만일 (버지니아 울프가 언젠가 말했듯이) 독자에게 건네질 "순수한 진리의 덩어리"에서 나오는 메시지가 있다면,[1] 그것은 '써라'일 것이다. 식수의 '이론'은 타자가 스스로에 대해 글을 쓰고 읽도록 고무하는 것이다. 식수의 발자취를 맹종하는 것이 아니라, 자신만의 여정, 자신만의 탐색을 시작하는 것, 자신만의 질문을 찾고 탐구하는 것이다. 아우슈비츠의 어둠 속에서 문자 그대로 글을 썼던 유대인 여성인 에티 힐레숨Etty Hillesum(1943년 11월 30일 아우슈비츠에서 사망)의 일기에 대해, 식수는 다음과 같이 말한다. "그 글들은 어떻게 살아가고 어떻게 즐거움을 경험할지에 대한, 삶의 노하우savoir vivre의 바이블로 읽힐 수 있다. 나만의 레시피가 언제나 변함없이 있다. 그 레시피는 독자들로 하여금 꽃을 심으라고 말한다. 은유적이면서도 구체적으로"(Readings, p. 122).[2] 식수의 '이론'은 독자에게 읽기의 노하우savoir lire, 쓰기의 노하우savoir écrire의 사례들을 보여준다. 여성적 글쓰기에 관한 자신의 '이론'으로 식수가 의도한 것은 부분적으로는 쓰기(와 읽기)를 시작하도록 도움을 주는 것이다. 이 과정이 시작되면, 그녀의 유용하고 횡단가능한 '이론'은 분명 그 목적을 다했다. 식수는 잠재적 작가들과 독자들에게 그들이 취할 수도, 취하지 않을 수도 있는 다양한 경로들을 보여준다. 그러나 그들이 선택한 길이 어떤 길이든, 거기에서 어디로 가든 식수는 전적으로 그들에게 맡길 것이다.

감사의 말

나, 이언 블라이스는 책을 쓰는 데 도움을 준 수전 셀러스에게 감사를 전한다. 식수의 글쓰기가 무엇보다도 타자들과 함께, 또 타자들 덕분에 가능했음을 생각하면, 이 책이 상당 부분 셀러스와 '함께' 만들어진 것이라는 점이 옳을 것이다. 그녀는 나에게 큰 격려, 동료애, 경험, 우정을 나누어주었다. 글을 쓰고 읽고 다시 쓰는 오랜 과정 내내, 그녀는 세심하게 이 책의 원고를 검토해주었다. 텍스트에 관해 수많은 조언도 해주고 일화들도 들려주며 논평도 해주었다. 그녀가 없었다면 이 책은 불가능했을 것이다. 오점들이 남아 있더라도 그것은 모두 나의 것이다. 이 길에 함께 했던 많은 이들 중에서도, 특히 수년간 나를 지지해준 나의 부모님과 귀중한 통찰을 내어준 길 플레인과 애나 패터슨에게 감사하고 싶다.

다시 한번 이 기회를 빌려 엘렌 식수에게 감사의 말을 전한다. 그녀는 의식적이건 무의식적이건 물심양면으로 인터뷰에 응해주었고, 그녀 또한 이 책에 크게 도움을 주었다. 또한 컨티넘 출판사의 트리스탄 팔머(정력적이고 사려 깊은 편집자)와 크리스티나 파킨슨의 노력에도 감사하다. 언제나 그랬듯이 세인트 앤드루스대학교의 영문학과도 소중한 물질적 도움을 주었다. 베벌리 비 브라히크는 우리가 《내가 거기 없던 그날Le jour où je n'étais pas là》의 번역본을 읽고 (인용도 할 수 있게끔) 해주었다.

마지막으로, 나, 수전 셀러스는 연구비를 지원해준 레버흄 연구기금Leverhulme Trust에 감사드린다. 이들의 큰 지원이 없었다면 이와 같은 프로젝트 결과물을 내놓지 못했을 것이다.

엘렌 식수Hélène Cixous는 문학이나 페미니즘, 혹은 페미니즘적 글쓰기에 관심 있는 이들이라면 피해 갈 수 없는 이름이다. 식수는 영미 문학계와 철학계에서 도매금으로 다뤄져온 소위 '프랑스 페미니즘' 중 한 명이다(나머지로는 뤼스 이리가레와 줄리아 크리스테바가 있다). 그러나 그런 '명성'과는 달리, 아이러니하게도 유명한 식수의 초기 작품인 〈메두사의 웃음〉과 카트린 클레망과의 공저인 《새로 태어난 여성》(그중에서도 이 책 내의 식수의 독자적 작품은 〈출구〉이다)을 제외하고 식수의 작품들은 거의 읽히지 않았고, 한국에도 거의 번역되지 않았다. 그 이유는 식수의 페미니즘 에세이 외에도, 작가로서 생산한 시, 픽션(식수는 소설이라는 말보다는 픽션이라는 말을 선호한다), 극작, 희곡, 리브레토, 그리고 장르를 알 수 없는 독자적 작품들이 거의 70여 권에 달할 뿐만 아니라, 난해하고 실험적인 글쓰기 방식 때문에 번역이 거의 불가능했기 때문이리라.

　　그뿐만 아니라 우리가 식수의 글을 읽을 수 있다 해도, 읽는 순간부터 우리는 '식수 읽기'를 가로막는 장애물들에 마주하게 된다. 특히 한국 독자들에게 식수 사유의 배경들과 그녀의 삶을 구성하는 수많은 개인적이고 국가적인 사건들이 생소할 수 있기 때문이다. 유년기 식수의 디아스포라와 같은 삶, 사유의 출발점으로서의 68혁명과 동시대의 프랑스 철학, 식수 사유의 주요한 자원이 된 정신분석학, 정신분석학을 밑절미 삼아 자신만의 '여성성'과 '여성 섹슈얼리티'를 탐구해온 궤적, 그리고 그녀의 문학비평의 주제가 되어온 거의 잘 알려지지 않은 작가들의 작품들(리스펙토르, 츠베타예바 등), 아프리카-아시아 전쟁사와 분쟁들(인도, 캄보디아, 남아프리카공화국 등). 한국 독자로서 이런 장애물들은 극복할 수 있는 종류의 것이 아니다. 그러나 다행히도 식수라면 그런 장애물들이 우리의 '식수 읽기'를 가로막는 것이 아니라, 오히려 우리만의 '식수 읽기'를 발명하게 할 것이라고 말할 것이다.

그럼에도 식수가 제안하고 있는 '여성적 읽기', 즉 저자와 독자 사이의 상호교환과 삼투적 방식의 읽기만이 읽기의 전부는 아니다. 식수가 이런 읽기의 방식을 '여성적'인 것으로 혹은 폭력적인 읽기에 대한 저항으로서 선호하기는 하지만, 동시에 식수는 저자와 독자가 거리를 두고 서로를 멀찌감치 보는 일도 동시에 필수적이라고 말한다.

우리가 어떤 글을 읽을 때, 우리는 텍스트에 의해 읽혀지기도 하고, 혹은 우리가 그 텍스트 안에 존재하게 되기도 한다. 우리는 텍스트를 길들이고, 그것에 올라타고, 그것을 다루기도 하고, 혹은 우리가 고래에 먹히듯 텍스트에 의해 삼켜지기도 한다. 텍스트와 관계 맺는 수천 가지의 방법이 있다. 그리고 만일 우리가 무방비 상태의 저항불가능한 관계에 있다면, 우리는 텍스트에 의해 실려가게 될 것이다. 주로 이것이 텍스트 읽기의 방식이다. 그러나 그때, 읽기 위해서, 우리는 텍스트 밖으로 나갈 필요가 있다. 우리는 끊임없이 앞뒤로 오며 가며 해야 한다. 우리는 텍스트와 가능한 모든 관계를 맺으려고 해야 한다. 어느 지점에 이르면, 우리는 텍스트의 구성, 기술, 텍스트적 질감을 연구하기 위해 살아 있는 총체인 텍스트로부터 우리 자신을 떼어놓아야 한다.(*Reading with Clarice Lispector*, p. 3)

이런 의미에서 이 책은 우리가 '식수 읽기'를 실행할 때 우리만의 입구를 찾을 수 있는 일종의 느슨한 가이드라인을 제공한다. 식수의 개인사를 포함해, 좀처럼 주목되지 않았던 중기와 후기의 실험적 글과 극작, 문학비평과 시학 이론/시적 이론(이론과 문학의 독특한 관계 방식)을 '여성적 글쓰기'뿐만 아니라 '성차', '타자', '신체-물질성', '모성', '언어', '죽음', '무의식' 등의 철학적 개념으로 단번에 꿰고 있다. 그럼으로써 식수의 글을 읽을 때 발견할 수 있는 즐거움과 두려움을 미지의 방식으로 받아들이도록 우리를 준비시킨다. 왜냐하면 식수의 글에는 (그리고 사실상 모든 글에는) 하나의 입구가 아니라 "백 개의 창이 있기 때문이다"(*Writing Blind*, p. 145).

여성적 글쓰기

이 책이 우선적으로 보여주는 것은 식수가 일생 동안 발전시킨 '여성적 글쓰기' 개념에 관한 추적이다. 식수의 '여성적 글쓰기'에 관한 '이론'은 초기 저작에서부터 발견된다. 〈출구〉에서 식수는 역설적 방식으로 '여성적 글쓰기'를 규정한다. "오늘날 글쓰기의 여성적 실천을 규정하는 것은 불가능하며, 앞으로도 그럴 것이다. 왜냐하면 이런 실천은 결코 이론화되거나 제한되거나 코드화되거나 할 수 없을 것이기 때문이다. 그렇다고 해서 그것이 존재하지 않는다는 의미는 아니다"(Sorties, p. 92). 즉 식수는 여성적 글쓰기를 '이론화 불가능한 것'으로 '이론화'한다. 하나의 개념을 요모조모 따지고 분석하며 추상적이고 보편적인 '단 하나의, 유일한, 명료한' 것으로 만드는 방식이 본래적 의미의 이론이라면, 여성적 글쓰기는 그에 적절하지 않다. 그럼에도 식수는 이것을 다른 방식으로 이론화한다. 기존의 개념화와 선형성, 팔루스적 경제를 따르는 이론이 아닌 이론으로서 말이다. "여성적 글쓰기는 그 자체 이론(최소한 통상적으로 이해되는 의미에서의 이론)은 아니다. 그러나 여전히 이론과 관계를 맺고 있는 어떤 것이다"(본문 36쪽). 따라서 그의 이론은 시학에 대한 이론이 아니라 시적 이론이 되는 것이다. 그리고 그것을 증명하듯이 식수의 초기 에세이 작품들에서 나타나는 '비이론적 이론'으로 '여성적 글쓰기'의 이론을 보다 명료하게 보여주고 있다.

식수의 '여성적 글쓰기'는 정신분석에서 대부분의 자원을 끌어온다. 이 개념의 틀을 만들 때 식수는 동시대 프랑스 학계에 엄청난 충격과 영향을 주었던 정신분석에 매혹되어 있었다. 프로이트-라캉의 정신분석은 언어(상징계)의 강력한 힘뿐만 아니라 언어의 무력한 구멍들(상상계와 실재)에 관심이 많았기 때문이다. 무의식은 언어가 가닿지 못하는 미지의 것이 아니다. 무의식은 정확히 (구멍이 많은) 언어이다. 정신-신체적 충동과 욕망을 달랠 수 있는 것이 언어이지만, 그런 충동과 욕구를 활성화시키는 것도 언어이다. 이런 언어의 이중적 측면은 식수와 데리다가 끊임없이 사유했던 철학과 시학poetics의 이중구조와도 같다. 전자는 전통 철학이 천착했던 '이론'과 '개념'의 왕국이요, 후자는 철학이 두려워했던 '은유'와 '연상'의 왕국, '과잉'의 세계이다. 그런 의미에서 여성적 글쓰기는 '여성'만의 것이 아니다. 여성적 글쓰기는 '시학' 보편이 될 수 있다. 그리고 이런 보편성이야말로 식수가 중기 이후 발전시키는 '여성적 글쓰기'의 또 다른 측면이다. 그리고 이런 무의식을 들여다볼 때, 우리는 팔루스 경제, 남성적 리비도 경제가 아닌 다른 경제를 그려볼 수 있다. 그리고 우리는 그것을 잠정적으로는 여성적 리비도 경제라고도 할 수 있을 것이다. 남성적 리비도 경제하에서 삭제되고 억압되었던 방식의 글쓰기라는 의미에서 말이다. 그리고 이 경제가 활성화되면 지대한 정치적, 사회적 변화를 가져올 수도 있다고 식수는 생각한다.

성차

성차sexual difference, 여성성은 소위 '프랑스 페미니즘'을 오독
하고 비난하게 만든 대표적인 낱말이다. 근본적인 차이로서의
성차와 여성적 섹슈얼리티(주이상스)는 사회학적이고 인류학
적 분석 도구인 '젠더'와 문화적으로 구성된 것으로서의 '여성
성' 개념들에 익숙한 (영미와 한국의) 페미니스트들에게는 고개
를 젓게 만드는 본질주의적 말들이다. 그러나 프랑스 철학, 특히
유물론 철학에서 성차나 성은 구분이나 분석을 위한 개념어들
이 아니다. 언제나 물질적이고 변화가능하며 운동 중에 있는 '실
재', 혹은 세계의 변화와 운동을 가능하게 하는 차이 자체이다.
그러나 이에 관한 이해의 부재에서 식수는 영미권 비평가들에
게 항상 이 낱말의 함의에 대한 질문들로 시달려왔다. 사실 너무
당연하게도 성sex은 그 자체 해부학적인 것도 아니고 사회문화
적이기만 한 것도 아니다. 이것을 설명하기 위한 식수의 노력도
동시에 실패했는데, 아마도 식수도 마찬가지로 영미권의 '젠더'
개념에 관한 정치학적 사회학적 이해가 부족했으리라 생각해볼
수 있다. 여하간 대서양을 사이에 두고 벌어진 양쪽의 페미니스
트들은 서로의 오해 속에서 지난한 세월을 겪어냈다.

식수에게 '여성적'이라는 말은 여성들의 전유물이 아니
다. 우리가 여성성이라고 이름할 때 우리는 "본질주의적이고
이데올로기적인 해석으로 맹목에 빠지지 않도록 유의해야 한
다"(*Sortie*, p. 81). 여성과 남성은 다르게 존재할 수 있다. 그러나,

중요한 것은 무엇이 다른가가 아니라, 이 차이가 어떻게 사유되고 규정되는가이다. 기존의 성차는 가부장제가 여성을 삭제하고, 규율하고, 다루기 위해 남성과 다른 존재로서 차이화, 타자화한 것이지, 실제로 존재하는 것들을 존중하는 차이화가 아니다. 따라서 식수는 기존의 성차화 방식이 아닌 다른 방식의 성차화를 찾으려고 한다. 성차에 관한 식수의 논의는 대부분 정신분석에 기대고 있는데, 특히 그녀는 프로이트-라캉처럼 '결여'를 통한 성차화가 아닌 다른 방식의 성차화의 가능성을 묻는다. 왜 우리는 여성/남성이 되기 위해서는 어머니의 '결여'를 확인하고 어머니에 대한 사랑을 억압해야 하는가? 이러한 성차화 방식은 여성뿐 아니라 남성에게도 해롭다. 다른 방식으로 여성/남성이 될 수는 없는가? 식수는 이에 대한 답 또한 정신분석에서 찾는다. 프로이트와 라캉이 이미 알고 있지만 부인했던 것, 여성-모성적인 것의 억압의 원인과 원천을 프로이트의 '무의식'과 라캉의 '여성적 주이상스'에서 발견하는 것이다. 식수의 이런 시도에서 프랑스 페미니스트들을 비난하는 전형을 되풀이할 수도 있을 것이다. 왜 결국 라캉과 프로이트처럼 가부장적이고 팔루스 중심적인 이론으로 되돌아가는가? 이에 대해 식수는 비행기를 남성이 발명했다고 이용하지 않는 것이 아니듯, 우리가 무의식을 이용해야 한다고 주장한다.

프로이트는 엄청난 일련의 발견들 중 무의식에 주목했다. 우리가 무의식이 존재하지 않는 것처럼 행동해야 할까? 우리는 전기와 비행기가 있는 후기 프로이트, 데리다의 시대에 살고 있다. 그러니 현대인들이 하는 대로 하자, 현대적 교통수단을 이용하자. 우리는 무의식의 탐구에 대해 프로이트에게 빚을 지고 있다.(*Conversations*, pp. 144~145)

식수에게 무의식을 쓰기는 몸을 쓰는 것과 같다. 여성이 자신의 경험을 언어화할 기회를 빼앗겨왔다면 여성적 글쓰기란 그것을 되찾아오는 과정이다. 그런 경험은 우리의 신체적 쾌락, 임신과 출산, 사랑이라는 끔찍한 회로에 기꺼이 입장하는 것이 될 수도 있을 것이다. 그러나 그것이 본래부터 있었던 것, 본래적으로 여성적인 것이 아니다(본래적으로 그렇다면 이론화 가능할 것이다). 그것들은 기원도 목적도 없는 무의식에서 부유하며 발명되고 창조되어야 하는 시적인 것이다.

타자를 쓰기, 혹은 타자와 함께 쓰기

식수의 여성적 글쓰기는 타자를/타자와 함께 쓰기와 다르지 않다. 그러나 그 타자를 쓰는 방식은 조금씩 변화되어왔다. 초기와 중기의 몇몇 픽션에서 나타나는 타자는 주로 자아의 탐색 과정에서 드러나는 타자이다. 나에게 낯설고 내가 모르던 어떤 것이 내 안에, 내 언어 안에, 내 무의식에 존재한다. 우리는 그것을 언어를 통해서 끌어내야 한다.

글쓰기의 최초의 제스처는 항상 나르시시즘과 필연적으로 관계한다. 우리가 글쓰기를 시작할 때, 우리는 끊임없이 사실로서의 우리 자신을 떠올리고 있는 것이다. 즉, "내가 쓴다" … "내"가 "나"에게 익숙해지기까지 시간이 걸린다. "내"가 존재한다고 "내"가 확신할 수 있게 되는 시간. 오직 그때만이 타자를 위한 공간이 존재할 수 있다.(*Conversations*, p. 153)

사실 많은 소수자적 작가들은 자전적인 이야기를 하도록 (문학계에 의해, 사회에 의해, 그리고 심지어 나에 의해) 강요되기도 한다. 여성 작가들도 꽤 오랫동안 그래왔고, 심지어 중심을 차지하기도 한다. 그래서 나르시시즘적이라고, 감상적이라고, 소박하고 심오하지 못하다는 혹평을 받기도 한다. 그러나 많은 여성 작가들이 심지어 자신의 신체적 경험, 여성으로서의 경험이 언어화된 적이 없고, 자아를 제대로 인식할 기회도 없이 살아왔다면 가장 먼저 해야 할 일은 타자를 인식할 자아를 구성하는 일이다. '결여'된 성적 주체가 아닌 온전한 성적 주체, 타자를 남성적 시선이 아닌 다른 시선으로 볼 수 있는 자아를 말이다. 그러므로 글쓰기가 시작되는 자아의 탐색이 나르시시즘적이라 해도, 그것은 정신분석에서 말하듯 남성이 자신의 완전함과 사랑에 빠지는 식의 나르시시즘일 수 없다. 그것은 자아의 파편들 사이를 개미처럼 기어 다니며 다시 이어 붙이고 다시 잘라내는 일련의 과정 속에서 자신의 타자성을 인식하는 나르시시즘이다.

언어는 논리적인 이해의 장이자, 무의식적 연상association
의 장이기도 하다. 그리고 식수의 초기 픽션들은 글쓰기에서 마
치 자유연상을 유도하는 다양한 시각적 배열을 시도한다. 언어
의 소리를 이용하고, 다양한 언어들을 뒤섞고, 글에 색을 입히기
도 하고, 여백을 배치하여 페이지를 시각화한다. 그럼으로써 이
해를 위한 글이 아닌 연상을 위한 글들을 생산한다. 그리고 이
연상은 '나'의 언어를 통해, 그리고 언어의 유희와 자유로운 드
나듦을 통해 이루어지고 그럼으로써 자아의 내밀하고 낯선 탐
색이 가능해지는 것이다. 이런 실험은 미적, 감각적 실험일 뿐만
아니라 자아에 관한, 자아 안의 타자를 향한 실험이다.

억압된 타자로서의 나를 탐색하는 과정이 '여성적 글쓰기'
의 최초의 틀거리가 된다면 식수는 중기 이후 태양극단과의 극
작 활동과 함께 어떤 전환을 맞는다. 초기의 글들이 대체로 자아
를 탐구하고 자아의 기원을 상상하며 '자아 안의 타자'를 탐색하
는 과정이었다면, 중기 이후부터는 자아 안의 타자뿐만 아니라
현실적인 타자를 적극적으로 환대하는 글쓰기에 집중한다. 연
극이라는 장르는 정확히 타자들(인물, 배우, 연출가)이 없으면 불
가능하다. 극작은 극작가에 의해 완성되지 않는다. 심지어 극작
은 타자들에 의해 예상하지 못한 방식으로 변형되고 왜곡된다.
그리고 그것이 극작과 극작가의 운명이다.

나는 문을 연다. 그들이 들어온다 … 무대에서는 더 이상 저자
에 의지하지 않는 자유가 지배하게 된다. 오직 그들의 운명들

에 의지할 뿐.(*L'Indiade*, p. 276)

그리고 식수는 이 극작을 통해 드디어 여성 작가가 '남성적 주이상스'를 쓰는 것이 가능해짐을 알게 된다. 남성 배우의 몸을 통해서 말이다.

식수는 극작에서의 전환 이후 픽션들에서 다시 자아의 문제로 돌아온다. 그러나 죽음의 문제, 타자의 문제가 더욱 확장되고 풍부해진다. 그리고 무엇보다도 어머니를 향한다. 식수가 초기에 자신의 언어의 기원을 찾기 위해 아버지를 찾았다면, 중기부터 어머니의 비밀스럽고 내밀한 이야기들이 스며 나오기 시작한다. 그리고 실험적 형식이 아니더라도 타자가 글쓰기에 존재할 수 있음을 다른 글을 쓰는 타자들, 특히 츠베타예바와 리스펙토르를 통해 알게 된다. 이제부터 타자를 '내버려두는' 방식은, 초중기 픽션에서 나타나는 지난한 고행 속에서 나타나는 번뜩이는 분출이라기보다는, 보다 간결하고 명료하게, 그러나 여전히 암시적으로도 나타날 수 있다. 그뿐만 아니라 타자 시인들의 글을 '읽기'가 여기서 중요하다. 거기서 자아를 자각하기 때문이다.

우리가 하는 작업은 두 인간 존재 사이에서 일어날 수 있는 사랑의 작업, 사랑의 작업에 버금가는 작업이다. 타자를 이해하기 위해 그들의 언어 안으로 들어가는 것, 타자의 상상계를 통과하는 여정을 떠나는 것이 필수적이다. 당신은 나에게 이방인이기 때문이다. 이해하려는 노력에서, 나는 당신을 나에게로 데려오고, 나를 당신과 비교해본다. 나는 내 안에서 당신을 번역해본다. 그러면 내가 알게 되는 것은 당신의 차이, 당신의 낯섦이다. 그 순간, 아마도, 나 자신의 차이를 인식함으로써, 나는 당신의 어떤 것을 지각할 수 있을지도.(*Conversations*, p. 146)

타자를 '읽기'는 여기서 그치지 않는다. 식수는 문자 그대로 타자들과 함께 읽는다. 그녀가 수년간 진행한 많은 문학 세미나들, 여성학센터에서 이루어진 세미나들에 참여한 타자들과 함께 말이다. 다양한 국적 출신의 참여자들 덕분에 다양한 모국어들이 한데 엉키고 문법을 위반한다. 그러나 그들은 서로를 경청한다. 그리고 그것이 비평 작업이다. 그것은 타자를 글쓰기에 환대하는 작업이자 동시에 자아를 만들어내는 작업의 요소가 된다. 읽기는 쓰기와 구분되지 않는 것이다. '읽기'는 '이미 쓰고 있는 중'이다. "타자는 자신의 모든 형태로 나에게 나(I)를 선사한다. 나가 나를 찾아내는 것은, 혹은 나가 나를 움켜쥐게 되는 것(반응하고, 선택하고, 거절하고, 수락하는 것)은 오로지 타자 때문이다. 내 초상을 만드는 이가 타자다. 항상"(*Rootprints*, p. 13).

이 책은 식수의 글쓰기에 관한 여정에 함께 들어설 채비를 하는 데 매우 좋은 가이드이다. 자아뿐만 아니라 타자를 찾아 나서는 여정, 끔찍한 사랑의 희열을 기대해도 좋은 여정, 신체와 죽음의 문제를 '다른 방식으로 볼' 수 있는 여정을 원한다면 옆구리에 이 책을 끼고 떠나도 좋을 듯하다.

2023년 1월
김남이

1장 서론

1 "Post-Word", trans, by Eric Prenowitz, in *Post-Theory: New Directions in Criticism*, ed. by Martin McQuillan, Graeme MacDonald, Robin Purves and Stephen Thompson (Edinburgh: Edinburgh University Press, 1999), pp. 209~213.

2 "Le Rire de la Méduse", L'Arc 61 (1975, 'Simone de Beauvoir et la lutte Des femmes'), 39~54.

3 "The Laugh of the Medusa", trans, by Keith Cohen and Paula Cohen, *Signs*, 1:4 (Summer 1976), 875~93.

4 "The Laugh of the Medusa", *New French Feminisms*, ed. by Elaine Marks and Isabelle de Courtrivon (Amherst: University of Massachusetts Press, 1980), pp. 245~264.

5 "The Laugh of the Medusa", *The Signs Reader: Women, Gender, & Scholarship*, ed. by Elizabeth Able and Emily K. Able (Chicago: University of Chicago Press, 1983), pp. 279~297. 모든 참고문헌은 이 판본에서 가져왔다.

6 Hélène Cixous and Catherine Clément, La Jeune Née (Paris: Union Générale d'Éditions, Collection 10/8, 1975), p. 6/back cover.

7 "*La Jeune Née*: an Excerpt", trans, by Meg Bortin, Diacritics, 7:2 (Summer 1977), 64~69.

8 "Sorties: Where Is She …", trans, by Ann Liddle, in *New French Feminisms*, pp. 90~98.

9 Hélène Cixous and Catherine Clément, "Sorties: Out and Out: At-

tacks/Ways Out/Forays", *The Newly Born Woman*, trans, by Bet-sy Wing (Minneapolis: University of Minnesota Press, 1986), pp. 63~132. 모든 참고문헌은 이 판본에서 가져왔다.

10 Hélène Cixous and Mireille Calle-Gruber, "We Are Already in the Jaws of the Book: Inter Views", *Hélène Cixous Rootprints: Memory and Life Writings*, trans, by Eric Prenowitz (London: Routledge, 1997), pp. 1~115.

11 식수는 자신의 글들을 '픽션fiction'이라고 부르고, '소설noble'이라는 용어를 좋아하지 않는다—이런 관습은 이 책에 모두 적용되어 있다.

12 이런 번역들의 목록(1997년까지)을 보려면, 다음을 보라. "Non-French publications", in Marguerite Sandré and Eric Prenowitz, "Hélène Cixous, Bibliography", in *Rootprints*, pp. 215~240 (pp. 229~240).

13 "Albums and Legends", in *Rootprints*, pp. 177~206 (p. 198). 식수는 《젊은 예술가의 초상》의 마지막에 조이스의 알터 에고인 스티븐 디덜러스에게 주어진 서약을 암시하고 있는 것이다. "좋다. 와라, 삶이여! 경험의 현실을 만나러 수백만 번이고 가겠다. 내 영혼의 대장간에서 창조되지 않은 나의 양심을 벼리러 가겠다… 아버지, 창조주가 나를 도와주시겠지." James Joyce, *A Portrait of the Artist as a Young Man* (London: Jonathan Cape, 1956), p. 257.

14 "My Algeriance, in other words: to depart not to arrive from Algeria", trans, by Eric Prenowitz, in *Stigmata: Escaping Texts* (London: Routledge, 1998), pp. 153~172 (p. 168).

15 Hélène Cixous and Ian Blyth, "An Interview with Hélène Cixous", *Paragraph*, 23:3 (November 2000), 338~343 (pp. 338~339).

16 *Vivre l'orange/To Live the Orange*, trans, by Ann Liddle, Sarah Cornell and Hélène Cixous (Paris: Des femmes, 1979).

17 *L'Exil de James Joyce ou l'art du remplacement* (Paris: Publications

de la Faculté des lettres et sciences de Paris-Sorbonne, 1969); repr.
(Grasset, 1985); *The Exile of JamesJoyce*, trans, by Sally A. J. Purcell
(New York: David Lewis, 1972); repr. (London: John Calder, 1976);
repr. (New York: Riverrun, 1980).

18 앞에서 설명했듯이, 모든 프랑스어 명사는 남성 혹은 여성이다. 형용
사에는 남성형과 여성형이 모두 있다. 각각의 경우에, 형용사는 그것
이 "수식하는" 혹은 "가리키는" 명사나 대명사의 성gender을 따른다.
일반적 용법에서 형용사 끝의 "-e"가 그것이 여성형임을 가리킨다.
가령, 'il est petit(그는 키가 작다)', 'elle est petite(그녀는 키가 작다)'.

19 예를 들면 다음을 보라. "My Algeriance"; and "Stigmata, or Job the
dog", trans, by Eric Prenowitz, in *Stigmata*, pp. 181~194.

20 "Coming to Writing", trans, by Deborah Jenson, Ann Liddle and
Susan Sellers, in *Coming to Writing and Other Essays*, ed. by Deb-
orah Jenson (Cambridge, MA: Harvard University Press, 1991), pp.
1~58 (p. 17).

21 Mireille Calle-Gruber, "Chronicle", in *Rootprints*, pp. 207~213 (p.
209).

22 *Dedans* (Paris: Grasset, 1969); *Inside*, trans, by Carol Barko (New
York: Schocken, 1986). 모든 참고문헌은 영어 텍스트이다.

23 "From the Scene of the Unconscious to the Scene of History",
trans, by Deborah W. Carpenter, in *The Future of Literary Theory*,
ed. by Ralph Cohen (London: Routledge, 1989), pp. 1~18 (p. 4).

24 "La Venue à l'écriture", in Hélène Cixous, Madeleine Ga-
gnon and Annie Leclerc, *La Venue à l'écriture* (Paris: Union Gé-
nérale d'Éditions, Collection 10/18, 1977), pp. 9~62; "La Venue à
l'écriture", in *Entre l'écriture* (Paris: Des femmes, 1986), pp. 6~69.

25 *Writing Differences: Readings from the Seminar of Hélène Cixous*,
ed. by Susan Sellers (Milton Keynes: Open University Press/New

York: St Martin's Press, 1988); *Reading with Clarice Lispector*, ed. and trans. by Verena Andermatt Conley (Minneapolis: University of Minne sota Press, 1990); *Readings: The Poetics of Blanchot, Joyce, Kafka, Kleist, Lispector, and Tsvetayeva*, ed. and trans. by Verena Andermatt Conley (Minneapolis: University of Minnesota Press, 1991).

2장   여성적 글쓰기

1   자크 라캉의 저서 《에크리》의 영문판 서문. *Écrits: A Selection*, trans. by Alan Sheridan (London: Tavistock, 1977). 프로이트에 관해서는 다음을 참조하라. *The Standard Edition of the Complete Psycho logical Works of Sigmund Freud*, ed. and trans. by James Strachey and others, 24 vols (London: Hogarth Press/The Institute of Psycho- Analysis, 1953~1974).

2   라캉의 다음 논문을 참조하라. Lacan, "The Mirror Stage as Formative of the Function of the I as Revealed in Psychoanalytic Experience", in Écrits, pp. 1~7.

3   다음을 보라. Freud, "Three Essays on the Theory of Sexuality", in *The Standard Edition of... Freud*, VII (1953), pp. 123~245 (esp. pp. 219~221).

4   다음을 보라. Freud, "The Interpretation of Dreams", in *The Standard Edition of... Freud*, IV~V (1953).

5   "Conversations", ed. and trans. by Susan Sellers, in *Writing Differences*, pp. 141~154 (pp. 144~145).

6   주이상스Jouissance는 성적이든 다른 것이든 쾌락과 향유의 전체 스펙트럼을 가리킨다. 이 개념에 해당하는 영어 단어가 없으므로, 주이상스는 보통 번역되지 않는다. 실제로 주이상스는 옥스퍼드 영어사전의 최

신판에 나온다.

7   Virginia Woolf, *A Room of One's Own and Three Guineas*, ed. by Mi-
    chèle Barrett (London: Penguin, 1993).

8   성차의 "해부학적" 결정요인들의 위험에 관한 자신의 관점을 설명하
    는 데 있어, "여성woman"에서 "남성적masculine"에 이르기까지 여기
    서 나타나는 미끄러짐은 중요하다. 식수는 비슷한 것끼리 비교하고 있
    는 것이 아니다. 그럼에도 불구하고 그녀의 지적 이면에서 그런 생각이
    가능해진다.

9   "The Author in Truth", trans. by Deborah Jenson, Ann Liddle and
    Susan Sellers, in *Coming to Writing*, pp. 136~181 (p. 148). 이 글은
    1984년 파리 국제철학대학교에서 행해진 강의의 개정판이다. 다음을
    보라. "Extreme Fidelity", trans. by Ann Liddle and Susan Sellers, in
    Writing Differences, pp. 9~36.

10 식수의 "시학"이라는 용어 사용에 관한 전체 논의는 4장을 보라.

11 *The Gift: The Form and Reason for Exchange in Archaic Societies*,
    trans. by W. D. Halls (London: Routledge, 1990; repr. 1996), p. 39.

12 언어의 우연성들 중 하나로 이 지점을 강조하고 있다. 영어 동사 "아
    이를 낳다to give birth"는 "탄생을 주다to give birth"라는 의미를 갖고
    있다(이 의미는 프랑스어 동사인 'accoucher'에는 없다). 우리는 영어
    로 "탄생"이 누군가가 다른 이에게 "주는" 어떤 것이라고 말할 수 있
    는 것이다("생명의 선물"은 이것을 표현하는 다른 방식이다).

13 "둥지를 떠난다"는 아이의 이미지는 여기서 생각나게 된다.

14 주목해야 하는 것은, 여성적 글쓰기의 신체적 실천에 대한 식수의 설
    명이 초기 초현실주의자의 자동기술법automatic writing과 어떤 면에
    서 공통점이 있지만, 식수의 글쓰기 실천은 사유 안에 더욱 뿌리박혀
    있고, 더 의도적이며, 존재의 의식적 차원에 더 연결되어 있다. 또한
    여기에는 초기 초현실주의의 가부장적 착취(상상적인 것을 이용하는
    것과 그런 운동에 존재하는 여성의 '역할' 둘 모두에 대한 착취)에 대한

불편함의 함축도 있다. 여성적 글쓰기의 실천과 자동기술법은 같은 것이라고 할 수 없다.

3장 픽션과 연극

1 또한 다음을 보라. "The Character of "Character", trans, by Keith Cohen, *New Literary History*, 5:2 (Winter 1974), 383~402.

2 *Le Troisième Corps* (Paris: Grasset, 1970); *The Third Body*, trans, by Keith Cohen (Evanston, IL: Northwestern University Press, 1999). 별도로 언급하지 않는 한, 모든 문헌은 영어 텍스트에서 가져왔다.

3 Roland Barthes, *S/Z*, trans, by Richard Miller (Oxford: Blackwell, 1990).

4 이런 단어 유희는 식수의 번역자에 의해 영어로도 재생산된다. "We acknowledge that things have been full of Zs theZe past few dayZ, as though the liZard had laid eggZ all over the place"(p. 115).

5 예컨대 68쪽의 구절을 보라. 여기서 식수는 로드리고에게 하는 이아고의 말을 암시하고 있다. "I am not what I am"(Othello, I. i. 65). 그리고 이 다음에, 무덤꾼과 햄릿이 나눈 대화의 인용이 나온다. "Am I where I am?" "What man dost thou dig it for, my friend?" "For no man, sir" "What woman then?" "For none, neither"(Hamlet, 5. i. 126~129).

6 Wilhelm Jensen, *Gradiva: ein pompejanisches Phatasiestück* (Dresden, 1903); Heinrich von Kleist, *The Marquise of 0 and Other Stories*, trans, by David Luke and Nigel Reeves (London: Penguin, 1978), pp. 51~67, 68~113.

7 Freud, "Delusions and Dreams in Jensen's Gradiva", in *The Standard Edition of… Freud*, IX (1959), pp. 7~95.

8 식수와 같은 작가와 관련된 "정전"이라고 말할 때, 어느 정도 신중함이

요구된다. 식수가 앨리스 자딘Alice Jardine과 앤 멘케Anne M. Menke에게 말하듯, 그녀는 그것이 "미국적" 발명이라고 생각한다. "20세기 정전에 관한 문제는 [프랑스에는] 없어요." "Hélène Cixous", trans, by DeborahJenson and Leyla Roubi, in *Shifting Scenes: Interviews on Women, Writing and Politics in Post-68 France*, ed. by Alice Jardine and Anne M. Menke (New York: Columbia University Press, 1991), pp. 32~50 (p. 40).

9 *Les Commencements* (Paris: Grasset, 1970).

10 *Portrait du soleil* (Paris: Denoel, 1973).

11 *Portrait de Dora* (Paris: Des femmes, 1976); *Portrait of Dora*, trans, by Anita Barrows, *Gambit International Theatre Review*, 8:30 (1977), 27~67; *Portrait of Dora*, trans, by Sarah Burd, *Diacritics* (Spring 1983),2~32.

12 Freud, "Fragment of an Analysis of a Case of Hysteria", in *The Standard Edition of… Freud*, VII (1953), pp. 1~122.

13 *Un K. incompréhensible: Pierre Goldman* (Paris: Bourgois, 1975). 식수의 이 글은 이 당시 유대인 정치운동가인 골드만을 지지하려는 것 중 하나로 쓰여졌다. 골드만은 자신의 결백에의 항의에도 불구하고 1974년 살인죄로 유죄 선고를 받았다. 골드만을 지지하는 캠페인으로 1976년 재심이 열렸고 골드만은 무죄가 되었다. 그러나 그는 1979년 극우들에 의해 살해되었다. 악명 높은 "드레퓌스"사건의 오싹한 반향으로도 들리는 이 사건의 세부 사항은 완전히 조명되지 못했다. 카프카의 《소송》의 주인공 요제프 K는 골드만처럼 자신의 이해와 통제를 벗어난 법적 절차들의 희생양이다. 다음을 보라. Kafka, *The Trial*, trans, by Willa and Edwin Muir (London: Gollancz, 1935).

14 *Limonade tout était si infini* (Paris: Des femmes, 1982).

15 *Préparatifs de noces au-delà de l'abîme* (Paris: Des femmes, 1978); "Wedding Preparations in the Country", trans, by Ernst Kaiser

and Eithne Wilkins, in *The Complete Short Stories of Franz Kafka*, ed. by Nahum N. Glatzer (London: Vintage, 1999), pp. 52~76.

16 *Partie* (Paris: Des femmes, 1976).

17 *Tombe* (Paris: Seuil, 1973), pp. 6~14.

18 *Neutre* (Paris: Grasset, 1972).

19 《모르그가의 살인》에 대한 (토머스 브라운에서 끌어온) 에드거 앨런 포 자신의 경구 혹은 제사題詞, epigraph, 보들레르가 포의 동일한 영어 구절을 번역한 것에서 끌어온 구절, 그리고 스위스 언어학자 페르디 낭 드 소쉬르, 역사가 헤로도토스, 그리고 프로이트의 《꿈의 해석》에 서 끌어온 구절.

20 *Angst* (Paris: Des femmes, 1977); *Angst*, trans, by Jo Levy (London: John-Calder/New York: Riverrun, 1985). 별도로 언급하지 않는 한, 모든 문헌은 영어 텍스트에서 가져왔다.

21 "진리 안의 저자"의 주요 주제는 클라리시 리스펙토르이다.

22 *Le Livre de Promethea* (Paris: Gallimard, 1983); *The Book of Promethea*, trans, by Betsy Wing (Lincoln, NE: University of Nebraska Press, 1991). 모든 문헌은 영어 텍스트에서 가져왔다.

23 이 책 프랑스어본과 영어본 둘 모두의 제목이 암시하듯이, 그것은 프 로메테아에 "대한", 프로메테아에 "속한", 심지어 프로메테아에 "의 한"이 될지도 모른다.

24 서사적 목소리의 분열은 이 기간 식수의 다른 글에서도 나타난다. 1978년 리브레토인 *Le Nom d'Oedipe: Chant du corps interdit(The Name of Oedipus: Song of the Forbidden Body)*에서 그 오페라의 세 '솔로' 파트인 이오카스테, 오이디푸스, 티레시아스(또한 코러스도 하나 있다)는 모두 더블캐스팅/이중적이다. 이오카스테, 오이디푸 스, 티레시아스에게 '노래'와 '대사' 부분이 할당되면서, 그 선택은 각 각의 '역할'이 두 서로 다른 사람들로 연행되는 것이 가능해진다. 그 런 경우, 노래하는 이오카테스와 말을 하는 이오카테스는 동시에 한

무대에 있게 된다. 시각적, 청각적, 그리고 대조와 연결이라는 주제
적 지점들을 제공하는 것이다. 이와 같은 선택은 그 오페라의 첫 공
연—1978년 끌로드 레지Claud Régy가 연출한 아비뇽 축제Festival
d'Avignon—에서 시작되었다. 다른 유사한 작품인 1991년 예일 드라
마학교에서 있었던 〈오이디푸스의 이름*The Name of Oedipus*〉에 대
한 설명으로는 다음을 참고하라. Charlotte Canning, "The Critic as
Playwright: Performing Hélène Cixous" *Le Nom d'Oedipe' Lit: Lit-
erature Interpretation Theory*, 4:1 (1992, 'Hélène Cixous'), 43~55;
repr. in Hélène Cixous: Critical Impressions, ed. by Lee A. Jacobus
and Regina Barreca (Amsterdam: Gordon and Breach, 1999), pp.
305~325.

25 Philippe Lejeune, *On Autobiography*, ed. by Paul John Eakin,
trans, by Katherine Leary (Minneapolis: University of Minnesota
Press, 1989), p. 4.

26 르쾬느는 나중에 자신의 입장을 재고려하며, 랭보의 편지 중 하나에
있는 다음의 구절을 들며 인정하고 있다. "내가 ["자전적 계약"] 이후
에 썼던 연구들을 그룹화하기 위해 제목을 '나는 타자다Je est au au-
tre'라고 선택한 것이라면, 그것은 정확히 피할 길 없이 정체성과 관련
되어 있는 자유로운 유희를 재생산하기 위함이다"(p. 125).

27 *La Pupille, Cahiers Renaud-Barrault*, 78 (Paris: Gallimard, 1972).

28 이것은 특히 공연으로 올리지 않은 'La Pulille'의 경우가 그러하다.
'La Pupille'은 "인물들"사이에 연극이 피처링된 경우이다.

29 *La Prise de l'école de Madhubaï, Avant-Scène du Théâtre*, 745
(March 1984), 6~22; repr. in *Hélène Cixous: Théâtre* (1986); *The
Conquest of the School at Madhubaï*, trans, by Deborah Carpenter,
Women and Performance, 3 (1986), 59~95. 풀란 데비는 가난한 하층
계급 출신이었다. 강도단의 일원으로 합류한 후, 그녀는 그녀를 강간
했다고 알려진 22명의 고위 카스트 사람들이 '복수'를 위해 처단되었

던 1980년에 유명해졌다. 그녀는 자신이 그 살인에 책임이 있음을 거부하지만 결국 1982년에 자수한다. 11년 수감 후(그 사건은 재판으로 간 적이 없다), 그녀는 1993년에 풀려나고, 인도의 하층 계급의 권리를 위한 정치가이자 운동가로 계속 활동했다. 풀란 데비는 2001년 무명의 괴한에게 살해당한다.

30 *L'Histoire terrible mais inachevée de Norodom Sihanouk, roi du Cambodge* (Paris: Théâtre du Soleil, 1985; rev. 1987); *The Terrible but Unfinished Story of Norodom Sihanouk, King of Cambodia*, trans, by Juliet Flower Mac Cannell, Judith Pike and Lollie Groth (Lincoln, NE: University of Nebraska Press, 1994) [N.B. translation of original 1985 edition]; *L'Indiade, ou l'Inde de leurs rêves, et quelques écrits sur le théâtre* (Paris: Theatre du Soleil, 1987).

31 "A Realm of Characters", in *Delighting the Heart: A Notebook by Women Writers*, ed. by Susan Sellers (London: The Women's Press, 1989; repr. 1994), pp. 126~128.

32 〈리처드 3세〉(1981), 〈십이야〉(1982), 〈헨리 4세〉(1984). 세 희곡 모두 므누슈킨이 번역했다. 그 극단이 셰익스피어를 공연한 것은 이것이 처음이 아니었다. 1968년 태양극단은 필리프 리오타르Philippe Léotard가 번역한 〈한여름 밤의 꿈〉을 무대에 올렸다.

33 식수는 《시아누크》에서 계속 이러한 실천을 한다. 예를 들면 (연극에서 몇 번 나타나는) 노로돔 수라마릿의 유령 역은 햄릿의 아버지의 유령과 비교될 수 있다.

34 가령, 《시아누크》에서 상인인 키우 샘놀Khieu Samnol과 람네Lamné는 왕 자체만큼 (혹은 살롯 사/폴 포트, 헨리 키신저 등의 다른 역사적 인물들만큼) 플롯에서 중요하다.

35 《시아누크》에서 (주디스 파이크가 영역본 서문 중 하나에서 지적하듯), 1부, 1막, 장면 1에서 나타나는 시아누크의 열정적 연설—이 다른 에덴동산, 반쯤 천국같은… 이 행복한 종족들, 이 작은 세계, 이 축복

받은 이야기… 이 앙코르ANGKOR(영어본, pp. 37~38)—은 자신의 '모델'로 〈리차드 2세〉의 "셉티드 아일" 연설을 삼았다(p. xvii).

36 흥미롭게도 《마두바이 학교 점거》는 아리스토텔레스 《시학》에서 논의된 "세 가지 통일성three unities[삼일치]" 법칙에 매우 근접하게 일치하고 있다. 이 세 가지 통일성이란 다음을 말한다. 연행action of a play은 단 하나의 장소(장소의 일치/통일성)에서 단 하루로 제한된 시간(시간의 일치/통일성)으로 된, 단 하나의 플롯(행위의 일치/통일성)으로 구성되어야 한다. 아리스토텔레스의 이 삼일치 법칙은 17세기 프랑스의 극작에 엄청난 영향을 주었다(코르네유, 몰리에르 등).

37 정치적, 역사적으로, 두 희곡에서 묘사된 사건들은 여전히 미완이자 미결의 상태이다.

38 관객, 배우, 인물 사이의 경계는 자주 희미해진다. 노로돔 시아누크는 1985년 상연된 《시아누크》 공연에 참석했었다. 식수는 최근에 난민들(혹은 '망명 신청자들')에 관한 희곡을 작업 중이었다. 이 난민들은 칼레 근처의 상가트 수용소에 매장된 이들이었다. 극 중 배우들은 모두 상가트 수용소의 이전 수용자들이다.

39 이 구절은 식수의 〈연극을 위한 글쓰기〉와 〈화신〉에도 나온다.(Incarnation, 265)

40 이러한 논의에 가장 가까운 희곡은 《시아누크》의 2부의 프롤로그이다. 중요하게도 이것은 실제 공연에서는 사용되지 않았다.

41 *Manne aux Mandelstams aux Mandelas* (Paris: Des femmes, 1988); *Manna for the Mandelstams for the Mandelas*, trans, by Catherine A. F. MacGillivray (Minneapolis: University of Minnesota Press, 1994). 모든 문헌은 영어 텍스트에서 가져옴.

42 이 글의 제목에 언급된 네 인물들 중 위니와 넬슨 만델라는 아마도 소개가 필요 없을 것 같다. 그러나 이 책이 넬슨 만델라가 출옥하기 2년 전에 출판되었다는 점은 주목할 만하다. 그 당시 남아프리카 공화국 사람들은 여전히 아파르트헤이트라고 알려진 인종차별적 분리 정책

하에 살고 있었다. 나데즈다 만젤쉬탐은 스탈린 치하에서의 그녀의 강력한 두 가지 기억 때문에 오늘날 유명해졌다. 다음을 보라. *Hope Against Hope: A Memoir, trans, by Max Hayward* (New York: Atheneum,1970) 그리고 *Hope Abandoned*, trans, by Max Hayward (New York: Atheneum, 1974). 그녀의 남편인 오십 만젤쉬탐은 안나 아흐마토바, 보리스 파스테르나크, 마리아 츠베타예바와 동시대의 시인이었으며, 1938년 블라디보스톡 노동 수용소에서 죽음을 맞이했다.

43 스탈린은 오셋 지역에 이웃한 조지아 출신이었다. 만젤쉬탐 시의 마지막 두 줄은 다음과 같다.
 "그가 내리는 처벌이 무엇이든—산딸기 // 그리고 오셋의 넓은 가슴" Osip Mandel'shtam, *Selected Poems*, trans, by David McDuff (Cambridge: Rivers Press, 1973), p. 131 (original Russian version, p. 130). 만젤쉬탐의 완역본은 《만나》에 수록되어 있다(pp. 265~266n).

44 Mandel'shtam, *Selected Poems*, pp. 150~159; Manna, pp. 287~290n.

45 *Jours de l'an* (Paris: Des femmes, 1990); *FirstDays of the Year*, trans, by Catherine A. F. MacGillivray (Minneapolis: University of Minnesota Press, 1998). 모든 문헌은 영어 텍스트이다.

46 *L'Ange au secret* (Paris: Des femmes, 1991); *Déluge* (Paris: Des femmes, 1992).

47 Jardine and Menke, eds, *Shifting Scenes*, p. 33.

48 식수는 글쓰기에게 "이삭$_{Issac}$"이름을 주려는 것 같다(Déluge). 그러나 칼-그뤼버에게 말하듯 그녀는 그 이름에 '신비성'을 부여하면서 왜 그렇게 했는지에 대해 설명하기를 주저한다(*Rootprints*, p. 92).

49 Clarice Lispector, *The Hour of the Star*, trans, by Giovanni Pontiero (Manchester: Carcanet, 1986; repr. 1992).

50 이를 통해 의미하려고 하는 것은 픽션이 다른 많은 글들을 포함하고 또한 참조한다는 점이다. 엄밀히 말해서, 이것은 줄리아 크리스테바

가 규정한 "상호텍스트성"의 실제 의도된 의미는 아니다(그녀는 이
용어를 1960년대에 도입했다). 크리스테바의 글은 다음을 참조하라.
"Revolution in Poetic Lan guage", in *The Kristeva Reader*, ed. by
Toril Moi (Oxford: Blackwell, 1986; repr. 1996), pp.89~136 (p. 111).

51 *Or, les lettres de mon père* (Paris: Des femmes, 1997).

52 *Beethoven à jamais ou l'existence de Dieu* (Paris: Des femmes, 1993).

53 *Les Euménides* (Paris: Theatre du Soleil, 1992); *La Ville parjure ou le
    réveil des Erinyes* (Paris: Theatre du Soleil, 1994).

54 *L'Histoire (qu'on ne connaîtra jamais)* (Paris: Des femmes, 1994).
    'L'Histoire'는 "이야기" 혹은 "역사" 둘 모두로 번역될 수 있다—식수
    는 의도적으로 이 양의성을 유희하고 있다.

55 *Tambours sur la digue: sous forme de pièce ancienne pour marion-
    nettes jouée par des acteurs* (Paris: Theatre du Soleil, 1999). 특히 다
    음의 식수의 글을 보라. "Le Théâtre surpris par les marionnettes"
    이 글은 위의 책의 뒤쪽에 수록되어 있다(pp. 115~124).

56 *Voile Noire Voile Blanche/Black Sail White Sail*, trans, by Cathe-
    rine A. F. MacGillivray, *New Literary History* 25:2 (Spring 1994),
    219~354.

57 극의 시간 순서는 다음과 같다. "Between 1953 and 1960". 이 아래 다
    음과 같이 언급되어 있다. "1953년 3월 5일 스탈린 죽다"(p. 223).

58 *Osnabrück* (Paris: Des femmes, 1999).

59 *Le jour où je n'étais pas là* (Paris: Galilee, 2000); *The Day I Wasn't
    There*, trans, by Beverley Bie Brahic (근간)—모든 번역은 번역자의
    허락하에 이 번역문으로 수록한다. *Les Rêveries de la femme sauvage:
    scènes primitives* (Paris: Galilee, 2000). 또한 6장을 보라. 여기서 식
    수는 자신의 어머니에 대해 글을 쓰려는 충동이 커졌음에 대해 길게
    말하고 있다.

60 *Messie* (Paris: Des femmes, 1995); "Shared at dawn", trans, by Keith

Cohen, in *Stigmata*, pp. 175~180.

61   Cixous and Blyth, p. 342.

4장 시적 이론

1   *Three Steps on the Ladder of Writing*, trans. by Sarah Cornell and Susan Sellers (New York: Columbia University Press, 1993). 데리다의 말은 앞뒤 커버에 인용되어 있다.

2   "The Last Painting or the Portrait of God," trans. by Sarah Cornell, Susan Sellers and Deborah Jenson, in *Coming to Writings*, pp. 104~131 (p. 124).

3   "Writing blind: Conversation with the donkey," trans. by Eric Prenowitz, in *Stigmata*, pp. 139~152 (p. 144).

4   William Shakespeare, *The Sonnets and A Lover's Complaint*, ed. by John Kerrigan (London: Penguin, 1986).

5   데리다의 '차연'에 대한 더 자세한 설명은 이 시리즈의 데리다 편을 참조하라.

6   많은 영미 비평가들의 믿음과 대조적으로, 데리다의 '해체' 개념은, 텍스트를 무의미하고 허무주의적인 제스처로 해체하는 것이라기보다는, 다수성과 '유희'의 가능성으로 텍스트를 개방시키는 것에 관한 것이다. 데리다가 설명하듯 "내가 '해체'라는 말을 여기저기서 사용했을 때, 그것은 파괴와는 관련이 없다. 다시 말해, 그것은 우리가 사용하는 언어의 함축들, 역사적 퇴적물들을 경계하는 것에 관한 문제이다." Richard Macksey and Eugenio Donato, eds, *The Structuralist Controversy: The Languages of Criticism and the Sciences of Man* (Baltimore, MD:Johns Hopkins University Press, 1979), p. 271.

7   Hélène Cixous and Jacques Derrida, *Voiles* (Paris: Galilee, 1998); *Veils*, trans. by Geoffrey Bennington (Stanford, CA: Stanford Uni

versity Press, 2001). 모든 문헌은 영어본을 가리킨다.

8   *Portrait de Jacques Derrida en Jeune Saint Juif* (Paris: Galilee, 2001).

9   Jacques Derrida, "H. C. Pour la vie, c'est a dire", in *Hélène Cixous, croisées d'une oeuvre*, ed. by Mireille Calle-Gruber (Paris: Galilee, 2000), pp. 13~140.

10 Jacques Derrida, "Circonfession," in Jacques Derrida and Geoffrey Bennington, *Jacques Derrida* (Paris: Seuil, 1991); "Circumfession", in Jacques Derrida and Geoffrey Bennington, *Jacques Derrida*, trans, by Geoffrey Bennington (Chicago, IL: University of Chicago Press, 1993), pp. 3~315.

11 Eric Loret, "Cixous déride Derrida", *Liberation* (31 May 2001).

12 식수 초기 픽션에서 보이는 텍스트적 실험처럼 (3장을 보라), 《자크 데리다의 초상》에서 보이는 색을 입힌 글자들은 20세기 초 프랑스 시 인인 아폴리네르Guillaume Apollinaire가 했던 글자 실험을 연상시 킨다. Guillaume Apollinaire, *Calligrammes: Poèmes de la paix et la guerre* (1913~1916) (Paris: Gallimard, 1966).

13 식수가 언급하고 있는 종말의 시 구절은 다음에서 인용되었다. Hélène Cixous, *Readings*, pp. 149~150. 시 전체는 다음을 참조하 라. Marina Tsvetayeva, *Selected Poems*, trans, by Elaine Feinstein (New York: Dutton, 1987), pp. 48~72.

14 또한 다음을 참조하라. Jacques Derrida, Schibboleth. *Pour Paul Celan* (Paris: Galilee, 1986).

15 Cixous and Blyth, "An Interview with Hélène Cixous," p. 340.

16 "Without end, no, State of drawingness, no, rather: The Executioner's taking off", trans, by Catherine A. F. MacGillivray, in *Stigmata*, pp. 20~31 (p. 20).

17 "In October 1991…", trans, by Keith Cohen, in *Stigmata*, pp. 35~49 (p.35).

18   Cixous and Blyth, p. 340.

19   *ibid.*, p. 339.

5장   타자에 대한 식수: 식수에 대한 타자

1   *Le* Prénom *de Dieu* (Paris: Grasset, 1967).

2   Cixous and Blyth, "An Interview with Hélène Cixous," pp. 338~339.

3   Gerard Genette, *Paratexts: Thresholds of Interpretation*, trans, by Jane E. Lewin (Cambridge: Cambridge University Press, 1997), pp. 395~403.

4   Clarice Lispector, *Agua viva* (Artenova: Rio de Janeiro, 1973); *The Stream of Life*, trans, by Elizabeth Lowe and Earl Fitz (Minneapolis: University of Minnesota Press, 1989). 모든 문헌은 영어본을 참조함. 영어본에 대한 식수의 서문(pp. ix~xxxv)은 *Reading with Clarice Lispector*의 *The Stream of Life*에 관한 장의 부분으로 재인쇄되었다 (pp. 15~24).

5   *Reading with Clarice Lispector*의 경우 1980~1985년의 세미나에 해당하고, 1982~1984년의 세미나는 *Readings: The Poetics of Blanchot, Joyce, Kafka, Kleist, Lispector, and Tsvetayeva*에 해당한다.

6   "Extreme Fidelity"(pp. 9~36) 와 "Tancredi Continues"(pp. 37~53). 전자는 나중에 "진리 안의 저자"에서 수정되고 재번역되었다.

7   Pierre Salesne, "Hélène Cixous' *Ou l'art de l'innocence*: The Path to You"(pp. 113~126); Sarah Cornell, "Hélène Cixous' *Le Livre de Promethea*: Paradise Refound"(pp. 127~140).

8   Gustave Flaubert, *Sentimental Education*, trans, by Robert Baldick (London: Penguin, 1974).

9   Clarice Lispector, "Tanta mansidão", in *Onde estivestes de noite* (Artenova: Rio deJaneiro, 1974).

10 무명의 15세기 영시인 〈무지의 구름*The Cloud of Unknowing*〉에서 가져온 다음에 나오는 구절은 실제로 부정신학의 흥미로운 사례를 제공한다. 우연하게도 그것은 사랑, 이해, 그리고 타자에 관한 식수 자신의 사유를 보여주고 있다. "그러나 누구도 신 자체를 사유할 수 없다. 그러므로 내가 사유할 수 없는 그것, 나의 사랑에 대해 사유하고 그 사랑에 대해 선택할 수 있는 것은 모든 것을 맡기고자 하는 나의 소망뿐이다. 신은 분명히 사랑받을 수 있으나 사유될 수는 없기 때문이다." *The Cloud of Unknowing*, ed. by James Walsh, S.J. (London: SPCK, 1981), p. 130. 부정신학의 기독교 전통과 관련한 두 주요 인물은 5, 6세기 위僞-디오니시우스Pseudo-Dionysius로 알려진 5, 6세기 작가와 13세기 후반에서 14세기 초반의 독일 도미니크파 신학자 마이스터 에크하르트Meister Eckhart이다. 데리다는 부정신학에 관해 광범위하게 저술한 바 있다. 그러면서 그는 자기 자신의 주석에 대한 해석이라는 하위 장르의 창조를 촉발하기도 했다. 예컨대 다음을 보라. Jacques Derrida, "How to Avoid Speaking: Denials", trans, by Ken Frieden, in *Derrida and Negative Theology*, ed. by Harold Coward and Toby Foshay (Albany: State University of New York Press, 1992), pp. 73~142; Luke Ferreter, "How to avoid speaking of the other: Derrida, Dionysius and the problematic of negative theology", *Paragraph*, 24:1 (March 2001), 50~65.

11 식수의 글쓰기와 주요하게 관련된 작품들에 관한 광범위한 목록은 본서의 마지막에 있는 참고문헌에서 확인할 수 있다. 이리가레와 크리스테바에 관해서는 이 시리즈의 다른 작가들을 참고하라.

12 Toril Moi, "Hélène Cixous: An Imaginary Utopia", in *Sexual/ Textual Politics: Feminist Literary Theory* (London: Methuen, 1985), pp. 102~126 (p. 126).

13 Morag Shiach, *Hélène Cixous: A Politics of Writing* (London: Routledge, 1991).

14 Gayatri Chakravorty Spivak, "French Feminism in an International Frame", *Yale French Studies*, 62 (1981), 154~184 (p. 175).

15 Verena Andermatt Conley, *Hélène Cixous: Writing the Feminine* (Lincoln, NE: University of Nebraska Press, 1984); Verena Andermatt Conley, *Hélène Cixous* (Toronto: University of Toronto Press/ Hemel Hempstead: Harvester Wheatsheaf, 1992).

16 Susan Sellers, *Hélène Cixous: Authorship, Autobiography and Love* (Cambridge: Polity Press, 1996).

17 Julia Dobson, *Hélène Cixous and the Theatre: The Scene of Writing* (Bern: Peter Lang, 2002).

18 Gill Rye, *Reading for Change: Interactions Between Text and Identity in Contemporary French Women's Writing* (Baroche, Cixous, Constant) (Bern: Peter Lang, 2001).

19 〈개미들〉의 다른 발췌(영어)를 보려면 다음을 참조하라. Jacques Derrida, "Foreword", trans, by Eric Prenowitz, in Susan Sellers, ed., *The Hélène Cixous Reader* (London and New York: Routledge, 19M), pp. vii~xiii. 〈개미들〉의 의 전문(프랑스어)을 보려면 다음을 참조하라. *Lectures de la Difference Sexuelle*, ed. by Mara Negron (Paris: Des femmes, 1994).

20 오직 데리다만이 그것을 'la Cigale et le[남성형 정관사] fourmi'라고 표현한다(p. 119).

21 Mireille Calle-Gruber, "Hélène Cixous: Music Forever or Short Treatise on a Poetics for a Story To Be Sung", in *Hélène Cixous: Critical Impressions*, ed. by Jacobus and Barreca, pp. 75~90 (p. 80).

22 예를 들면 1989년 리버풀대학교에서 열린 콜로퀴엄(식수가 주요 발표자였음)에 제출된 많은 글들은 다음에서 확인할 수 있다. *The Body and the Text: Hélène Cixous, Reading and Teaching*, ed. by Helen Wilcox, Keith McWatters, Ann Thompson and Linda R. Williams

(Hemel Hempstead: Harvester Wheatsheaf, 1990). 이 콜로퀴엄에서 식수의 글은 "난해한 기쁨들(Difficult Joys)"이다. 프랑스 독자들은 또한 다음에서 위의 글들을 볼 수 있다. *Hélène Cixous, chemins d'une écriture, ed. by Françoise van Rossum-Guyon and Myriam Díaz-Diocaretz (Saint-Denis:Presses Universitaires de Vincennes/Amsterdam: Rodopi, 1990); Hélène Cixous, croisées d'une oeuvre, ed. by Mireille Calle-Gruber (Paris: Galilee, 2000).* 인쇄에 들어갈 무렵, 식수의 작업에 대한 삼 일짜리 콜로퀴엄(Bibliotéque Nationale de France 주최)의 발표문이 출판될 계획이 있었다(*Genéses Généalogies Genres: Autour de l'oeuvre d'Hélène Cixous*, 22~24 May 2003). 여기서 발표자들은 정신분석가, 비평가, 소설가, 시인, 연출가, 배우 등 다양한 분야와 국가들 출신의 연구자들을 포함하고 있었다.

6장 식수 라이브

1 *Rouen, la Trentième Nuit de Mai'31* (Paris: Galilee, 2001).
2 이 인터뷰 전에, 우리는 식수의 글쓰기 노트에 관해 이야기하고 있었고, 그녀가 기록했던 꿈에 대한 것들을 보고 있었다.

7장 결론

1 Virginia Woolf, *A Room of One's Own*, p. 3.
2 Etty Hillesum, *An Interrupted Life: The Diaries and Letters of Etty Hillesum 1941-43* (London: Persephone, 1999).

참고문헌

엘렌 식수의 저작

프랑스어로 출판된 단행본 저작

1967   *Le Prénom de Dieu* (Paris: Grasset).

1969   *Dedans* (Paris: Grasset) [Prix Médicis 1969] [repr. Des femmes, 1986].

____   *L'Exil de James Joyce ou l'art du remplacement* (Paris: Publications de la Faculté des lettres et sciences de Paris-Sorbonne) [repr. Grasset, 1985].

1970   *Les Commencements* (Paris: Grasset) [repr. Des femmes, 1999].

____   *Le Troisième Corps* (Paris: Grasset) [repr. Des femmes, 1999].

1971   *Un Vrai Jardin* (Paris: L'Herne) [repr. Des femmes, 1998].

1972   *Neutre* (Paris: Grasset) [repr. Des femmes, 1998].

____   *La Pupille, Cahiers Renaud-Barrault*, 78 (Paris: Gallimard).

1973   *Tombe* (Paris: Seuil).

____   *Portrait du soleil* (Paris: Denoël) [repr. Des femmes, 1999].

1974   *Prénoms de personne* (Paris: Seuil).

1975   and Catherine Clément, *La Jeune Née* (Paris: Union Générale d'Éditions, Collection 10/8).

____   *Un K. incompréhensible: Pierre Goldman* (Paris: Bourgois).

____   *Révolutions pour plus d'un Faust* (Paris: Seuil).

____   *Souffles* (Paris: Des femmes) [repr. 1998].

1976   *La* (Paris: Gallimard) [repr. Des femmes 1979].

____   *Partie* (Paris: Des femmes).

____   *Portrait de Dora* (Paris: Des femmes) [First performance 26 February 1976, Théâtre d'Orsay, dir. Simone Benmussa; version for radio broadcast 1972, Atelier de Création Radiophonique, France Culture] [repr. in *Hélène Cixous: Théâtre* (1986)].

1977   *Angst* (Paris: Des femmes) [repr. 1998].

_____   with Madeleine Gagnon and Annie Leclerc, *La Venue à l'écriture* (Paris: Union Générale d'Éditions, Collection 10/18) [Title essay repr. in *Entre l'écriture* (1986)].

1978   *Le Nom d'Oedipe: Chant du corps interdit* (Paris: Des femmes) [Libretto, music composed by André Boucourechliev, first performance 1978, Festival d'Avignon, dir. Claude Régy].

_____   *Préparatifs de noces au-delà de l'abîme* (Paris: Des femmes) [Excerpts read by Hélène Cixous, La Bibliothèque des voix, Des femmes (1981)].

1979   *Anankè* (Paris: Des femmes).

_____   *Vivre l'orange/To Live the Orange* (Paris: Des femmes) [Bilingual] [repr. in *L'Heure de Clarice Lispector* (1989)].

1980   *Illa* (Paris: Des femmes).

1981   *(With) Ou l'art de l'innocence* (Paris: Des femmes).

1982   *Limonade tout était si infini* (Paris: Des femmes).

1983   *Le Livre de Promethea* (Paris: Gallimard).

1984   *La Prise de l'école de Madhubaï, Avant-Scène du Théâtre*, 745 (March), 6~22 (repr. in *Hélène Cixous: Théâtre* (1986)].

1985   *L'Histoire terrible mais inachevée de Norodom Sihanouk, roi du Cambodge* (Paris: Théâtre du Soleil) [First performance 11 September 1985, Théâtre du Soleil, dir. Ariane Mnouchkine] [Revised edition 1987].

1986   *La Bataille d'Arcachon* (Laval, Quebec: Trois).

_____   *Entre l'écriture* (Paris: Des femmes).

_____   *Hélène Cixous: Théâtre* (Paris: Des femmes) [*Portrait de Dora* and *La Prise de l'école de Madhubaï*].

1987   *L'Indiade, ou l'Inde de leurs rêves, et quelques écrits sur le théâtre* (Paris: Théâtre du Soleil) [First performance 30 September 1987, Théâtre du Soleil, dir. Ariane Mnouchkine].

1988   *Manne aux Mandelstams aux Mandelas* (Paris: Des femmes).

1989   and Ariane Mnouchkine, *La Nuit miraculeuse* (Paris: Théâtre du Soleil) [Television screenplay, broadcast December 1989, La Sept/FR3].

_____   *L'Heure de Clarice Lispector, précédé de Vivre l'orange* (Paris: Des femmes).

1990   *Jours de l'an* (Paris: Des femmes).

1991   *L'Ange au secret* (Paris: Des femmes).

——   *On ne part pas, on ne revient pas* (Paris: Des femmes) [First reading 24 November 1991, (La Métaphore), dir. Daniel Mesguich and André Guittier].

1992   *Déluge* (Paris: Des femmes).

——   *Les Euménides* (Paris: Théâtre du Soleil) [First performance 26 May 1992, Théâtre du Soleil, dir. Ariane Mnouchkine] [Translation of Aeschylus, *The Furies*].

1993   *Beethoven à jamais ou l'existence de Dieu* (Paris: Des femmes).

1994   and Mireille Calle-Gruber, *Hélène Cixous: Photos de Racine* (Paris: Des femmes).

——   *L'Histoire (qu'on ne connaîtra jamais)* (Paris: Des femmes) [First performance 1994, Théâtre de la Ville/(La Métaphore), dir. Daniel Mesguich].

——   *La Ville parjure ou le réveil des Erinyes* (Paris: Théâtre du Soleil) [First performance 18 May 1994, Théâtre du Soleil, dir. Ariane Mnouchkine].

——   *Voile Noire Voile Blanche/Black Sail White Sail, New Literary History*, 25:2 (Spring), 219~354 [Bilingual].

1995   *La fiancée juive de la tentation* (Paris: Des femmes).

——   *Messie* (Paris: Des femmes).

1997   *Or, les lettres de mon père* (Paris: Des femmes).

1998   and Jacques Derrida, *Voiles* (Paris: Galilée).

1999   *Portrait de l'artiste en personnage de roman: roman* (Paris: Hartmann).

——   *Osnabrück* (Paris: Des femmes).

——   *Tambours sur la digue: sous forme de pièce ancienne pour marionnettes jouée par des acteurs* (Paris: Théâtre du Soleil) [First performance November 1999, Théâtre du Soleil, dir. Ariane Mnouchkine].

2000   *Le jour où je n'étais pas là* (Paris: Galilée).

——   *Les Rêveries de la femme sauvage: scènes primitives* (Paris: Galilée).

2001 *Benjamin à Montaigne: il ne faut pas le dire* (Paris: Galilée).

____ *Portrait de Jacques Derrida en Jeune Saint Juif* (Paris: Galilée).

____ *Rouen, la Trentième Nuit de Mai '31* (Paris: Galilée) [First reading 1998, colloque de Cerisy ('Hélène Cixous: Croisées d'une oeuvre'), dir. Daniel Mesguich and Luce Mouchel; first performance, with music by Jean-Jacques Lemêtre, 18 July 2001, Villeneuve-lès-Avignon, dir. Daniel Mesguich].

2002 *Manhattan: Lettres de la préhistoire* (Paris: Galilée).

2003 *L'amour du loup et autres remords* (Paris: Galilée).

____ *Rêve je te dis* (Paris: Galilée).

영어로 출판된 단행본 저작

1972 *The Exile of James Joyce*, trans. by Sally A. J. Purcell (New York: David Lewis) [repr. (London: John Calder, 1976); repr. (New York: Riverrun, 1980)] [Translation of *L'Exil de James Joyce ou l'art du remplacement* (1969)].

1977 *Portrait of Dora*, trans. by Anita Barrows, *Gambit International Theatre Review*, 8:30, 27~67 [repr. in *Benmussa Directs* (London: John Calder/Dallas: Riverrun, 1979)] [Translation of *Portrait de Dora* (1976)].

1979 *Vivre l'orange/To Live the Orange*, trans. by Ann Liddle, Sarah Cornell and Hélène Cixous (Paris: Des femmes) [Bilingual].

1983 *Portrait of Dora*, trans. by Sarah Burd, *Diacritics* (Spring), 2~32 [Translation of *Portrait de Dora* (1976)].

1985 *Angst*, trans. by Jo Levy (London: John Calder/New York: Riverrun) [Translation of *Angst* (1977)].

1986 *The Conquest of the School at Madhubaï*, trans. by Deborah Carpenter, *Women and Performance*, 3, 59~95 [Translation of *La Prise de l'école de Madhubaï* (1984)].

____ *Inside*, trans. by Carol Barko (New York: Schocken) [Translation of *Dedans* (1969)].

____ and Catherine Clément, *The Newly Born Woman*, trans. by Betsy

Wing (Minneapolis: University of Minnesota Press) [Translation of *La Jeune Née* (1975)].

1988   'Neutre', trans, by Lorene M. Birden, in 'Making English Clairielle: An Introduction and Translation for Hélène Cixous' "Neutre"' (Unpublished MA Thesis, University of Massachusetts at Amherst) [Translation of *Neutre* (1972)].

1990   *Reading with Clarice Lispector*, ed. and trans. by Verena Andermatt Conley (Minneapolis: University of Minnesota Press) [Abridged transcripts of seminars at the Centre de Recherches en Etudes Féminines, 1980~1985].

1991   *The Book of Promethea*, trans. by Betsy Wing (Lincoln, NE: University of Nebraska Press) [Translation of *Le Livre de Promethea* (1983)].

——   *Coming to Writing and Other Essays*, ed. by Deborah Jenson, trans. by Sarah Cornell, Deborah Jenson, Ann Liddle and Susan Sellers (Cambridge, MA: Harvard University Press) [Translation of selections from *La Venue à l'écriture* (1977), *Entre l'écriture* (1986) and *L'Heure de Clarice Lispector* (1989)].

——   *Readings: The Poetics of Blanchot, Joyce, Kafka, Kleist, Lispector, and Tsvetayeva*, ed. and trans. by Verena Andermatt Conley (Minneapolis: University of Minnesota Press) [Abridged transcripts of seminars at the Centre de Recherches en Etudes Féminines, 1982~1984].

1993   *Three Steps on the Ladder of Writing*, trans. by Sarah Cornell and Susan Sellers (New York: Columbia University Press) [The Wellek Library Lectures in Critical Theory, Irvine, CA, 1990].

1994   *The Hélène Cixous Reader*, ed. by Susan Sellers, trans. by Susan Sellers and others (London: Routledge) [repr. 1996 [Includes translated excerpts from *Dedans* (1969), *Neutre* (1972), *Prénoms de personne* (1974), *La Jeune Née* (1975), *Souffles* (1975), *La* (1976), *Angst* (1977), *Vivre l'orange/To Live the Orange* (1979), *(With) Ou l'art de l'innocence* (1981), *Limonade tout était si infini* (1982), *Le Livre de Promethea* (1983), 'Extreme Fidelity' (1988), *L'Histoire terrible mais inachevée de Norodom Sihanouk, roi du Cambodge* (1985), *L'Indiade, ou l'Inde de*

leurs rêves (1987), *Manne aux Mandelstams aux Mandelas* (1988),
Jours de l'an (1990), *Déluge* (1992) and *Three Steps on the Ladder of
Writing* (1993)].

___ *Manna for the Mandelstams for the Mandelas*, trans. by Catherine A.
F. MacGillivray (Minneapolis: University of Minnesota Press) [Translation
of *Manne aux Mandelstams aux Mandelas* (1988)].

___ *The Name of Oedipus: Song of the Forbidden Body*, trans. by
Christiane Makward, in *Plays by French and Francophone Women:
A Critical Anthology*, ed. by Christiane Makward and Judith G. Miller
(Ann Arbor: University of Michigan Press) [Translation of *Le Nom
d'Oedipe* (1978)].

___ *The Terrible but Unfinished Story of Norodom Sihanouk, King
of Cambodia*, trans. by Juliet Flower MacCannell, Judith Pike and
Lollie Groth (Lincoln, NE: University of Nebraska Press) [Translation
of *L'Histoire terrible mais inachevée de Norodom Sihanouk, roi du
Cambodge* (1985); N.B. translation of original edition].

___ *Voile Noir Voile Blanche/Black Sail White Sail*, trans. by Catherine
A. F. MacGillivray, *New Literary History*, 25:2 (Spring), 219~354
[Bilingual].

1996 with Marilyn French and Mario Vargas Llosa, *Bloom* (Dublin:
Kingstown Press).

1997 and Mireille Calle-Gruber, *Hélène Cixous Rootprints: Memory and
Life Writing*, trans. by Eric Prenowitz (London: Routledge) [Translation
of *Hélène Cixous: Photos de Racine* (1994)].

1998 *First Days of the Year*, trans. by Catherine A. F. MacGillivray
(Minneapolis: University of Minnesota Press) [Translation of *Jours de l'an*
(1990)].

___ *Stigmata: Escaping Texts*, trans. by Keith Cohen, Catherine A. F.
MacGillivray and Eric Prenowitz (London: Routledge).

1999 *The Third Body*, trans. by Keith Cohen (Evanston, IL: Northwestern
University Press) [Translation of *Le Troisième Corps* (1970)].

2000 *A True Garden*, trans. by Claudine G. Fisher, Paragraph, 23:3

(November), 252~257 [Translation of *Un Vrai Jardin* (1971)].

2001   and Jacques Derrida, *Veils*, trans. by Geoffrey Bennington (Stanford, CA: Stanford University Press) [Translation of *Voiles* (1998)].

2003   *The Plays of Hélène Cixous*, trans. by Bernadette Fort, Donald Watson, Ann Liddle, Judith G. Miller and Brian J. Mallet (London: Routledge) [Translations of *La Ville parjure ou le réveil des Erinyes* (1994); *Voile Noire Voile Blanche* (1994); *Portrait de Dora* (1976); *Tambours sur la digue* (1999)].

2004   *Writing Notebooks*, ed. and trans. by Susan Sellers (London: Continuum).

____   *Portrait of Jacques Derrida as a Young Jewish Saint*, trans. by Beverley Bie Brahic (New York: Columbia University Press) [Translation of *Portrait de Jacques Derrida en Jeune Saint Juif* (2001)].

____   *Reveries of the Wild Woman: Primal Scenes*, trans. by Brian Mallet (Evanston, IL: Northwestern University Press) [Translation of *Les Rêveries de la femme sauvage: scènes primitives* (2000)].

(forthcoming) *The Day I Wasn't There*, trans. by Beverley Bie Brahic [Translation of *Le jour où je n'étais pas là* (2000)].

영어로 게재된 기사들

1974   'The Character of "Character"', trans. by Keith Cohen, *New Literary History*, 5:2 (Winter), 383~402.

____   'Political Ignominy: "Ivy Day"', in *Joyce: A Collection of Critical Essays* ('Twentieth-Century Views'), ed. by William M. Chace (Englewood Cliffs, NJ: Prentice Hall), pp. 11~17.

1975   'At Circe's, or the Self-Opener', trans. by Carol Bové, *Boundary 2*, 3:2 (Winter), 387~397 [repr. in *Early Postmodernism, Foundational Essays*, ed. by Paul Bové (Durham, NC: Duke University Press, 1995), pp. 175~187].

1976   'Fiction and its Phantoms: A Reading of Freud's *Das Unheimlich* ("The Uncanny")', trans. by R. Dennommé, New Literary History, 7:3

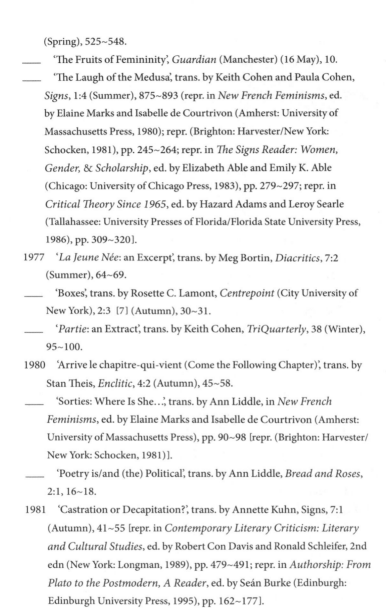

(Spring), 525~548.

_____ 'The Fruits of Femininity', *Guardian* (Manchester) (16 May), 10.

_____ 'The Laugh of the Medusa', trans. by Keith Cohen and Paula Cohen, *Signs*, 1:4 (Summer), 875~893 (repr. in *New French Feminisms*, ed. by Elaine Marks and Isabelle de Courtrivon (Amherst: University of Massachusetts Press, 1980); repr. (Brighton: Harvester/New York: Schocken, 1981), pp. 245~264; repr. in *The Signs Reader: Women, Gender, & Scholarship*, ed. by Elizabeth Able and Emily K. Able (Chicago: University of Chicago Press, 1983), pp. 279~297; repr. in *Critical Theory Since 1965*, ed. by Hazard Adams and Leroy Searle (Tallahassee: University Presses of Florida/Florida State University Press, 1986), pp. 309~320].

1977   '*La Jeune Née*: an Excerpt', trans. by Meg Bortin, *Diacritics*, 7:2 (Summer), 64~69.

_____ 'Boxes', trans. by Rosette C. Lamont, *Centrepoint* (City University of New York), 2:3 [7] (Autumn), 30~31.

_____ '*Partie*: an Extract', trans. by Keith Cohen, *TriQuarterly*, 38 (Winter), 95~100.

1980   'Arrive le chapitre-qui-vient (Come the Following Chapter)', trans. by Stan Theis, *Enclitic*, 4:2 (Autumn), 45~58.

_____ 'Sorties: Where Is She...', trans. by Ann Liddle, in *New French Feminisms*, ed. by Elaine Marks and Isabelle de Courtrivon (Amherst: University of Massachusetts Press), pp. 90~98 [repr. (Brighton: Harvester/ New York: Schocken, 1981)].

_____ 'Poetry is/and (the) Political', trans. by Ann Liddle, *Bread and Roses*, 2:1, 16~18.

1981   'Castration or Decapitation?', trans. by Annette Kuhn, Signs, 7:1 (Autumn), 41~55 [repr. in *Contemporary Literary Criticism: Literary and Cultural Studies*, ed. by Robert Con Davis and Ronald Schleifer, 2nd edn (New York: Longman, 1989), pp. 479~491; repr. in *Authorship: From Plato to the Postmodern, A Reader*, ed. by Seán Burke (Edinburgh: Edinburgh University Press, 1995), pp. 162~177].

1982 'Comment on Women's Studies in France', Signs, 7:3 (Spring), 721~722.

_____ 'The Step', trans. by Jill McDonald and Carole Deering Paul, *The French-American Review*, 6:1 (Spring), 27~30.

_____ 'Introduction to Lewis Carroll: *Through the Looking Glass and The Hunting of the Snark*', trans. by Marie Maclean, *New Literary History*, 13:2 (Winter), 231~251.

1984 'Going to the Seashore', trans. by Barbara Kerstlake, *Modern Drama*, 27:4 (December), 546~548.

_____ 'Joyce: the (R)use of Writing', trans. by Judith Still, in *Post-Structuralist Joyce: Essays from the French*, ed. by Derek Attridge and Daniel Ferrer (Cambridge: Cambridge University Press), pp. 15~30.

_____ '12 août 1980. August 12, 1980', trans. by Betsy Wing, *Boundary 2*, 12:2 (Winter), 8~39 [Bilingual].

_____ 'Reading Clarice Lispector's "Sunday before going to sleep"', trans. by Betsy Wing, *Boundary 2*, 12:2 (Winter), 41~48.

1985 'The Meadow', trans. by Penny Hueston and Christina Thompson, *Scripsi*, 3:4 ('Special French Issue'), 101~112.

1986 'The Last Word', trans. by Ann Liddle and Susan Sellers, *The Women's Review*, 6 (April), 22~24 [Translation of excerpt from *Le Livre de Promethea* (1983)].

_____ 'The Language of Reality', in *Twentieth Century British Literature 3: James Joyce: Ulysses*, ed. by Harold Bloom (New York: Chelsea House), pp. 1502~1505.

1987 'Her Presence Through Writing', trans, by Deborah Carpenter, *Literary Review*, 30 (Spring), 445~453 [See 'Coming to Writing' (1991)].

_____ 'The Book of Promethea: Five Excerpts', trans. by Deborah Carpenter, *Frank*, 6:7 (Winter-Spring), 42~44.

_____ 'Reaching the Point of Wheat, or A Portrait of the Artist as a Maturing Woman', *New Literary History*, 19:1, 1~21.

_____ 'The Parting of the Cake', trans. by Franklin Philip, in *For Nelson Mandela*, ed. by Jacques Derrida and Mustapha Tlili (New York: Seaver

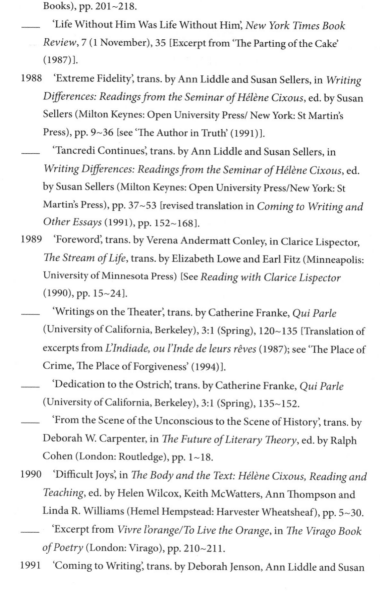

Books), pp. 201~218.

____ 'Life Without Him Was Life Without Him', *New York Times Book Review*, 7 (1 November), 35 [Excerpt from 'The Parting of the Cake' (1987)].

1988 'Extreme Fidelity', trans. by Ann Liddle and Susan Sellers, in *Writing Differences: Readings from the Seminar of Hélène Cixous*, ed. by Susan Sellers (Milton Keynes: Open University Press/ New York: St Martin's Press), pp. 9~36 [see 'The Author in Truth' (1991)].

____ 'Tancredi Continues', trans. by Ann Liddle and Susan Sellers, in *Writing Differences: Readings from the Seminar of Hélène Cixous*, ed. by Susan Sellers (Milton Keynes: Open University Press/New York: St Martin's Press), pp. 37~53 [revised translation in *Coming to Writing and Other Essays* (1991), pp. 152~168].

1989 'Foreword', trans. by Verena Andermatt Conley, in Clarice Lispector, *The Stream of Life*, trans. by Elizabeth Lowe and Earl Fitz (Minneapolis: University of Minnesota Press) [See *Reading with Clarice Lispector* (1990), pp. 15~24].

____ 'Writings on the Theater', trans. by Catherine Franke, *Qui Parle* (University of California, Berkeley), 3:1 (Spring), 120~135 [Translation of excerpts from *L'Indiade, ou l'Inde de leurs rêves* (1987); see 'The Place of Crime, The Place of Forgiveness' (1994)].

____ 'Dedication to the Ostrich', trans. by Catherine Franke, *Qui Parle* (University of California, Berkeley), 3:1 (Spring), 135~152.

____ 'From the Scene of the Unconscious to the Scene of History', trans. by Deborah W. Carpenter, in *The Future of Literary Theory*, ed. by Ralph Cohen (London: Routledge), pp. 1~18.

1990 'Difficult Joys', in *The Body and the Text: Hélène Cixous, Reading and Teaching*, ed. by Helen Wilcox, Keith McWatters, Ann Thompson and Linda R. Williams (Hemel Hempstead: Harvester Wheatsheaf), pp. 5~30.

____ 'Excerpt from *Vivre l'orange/To Live the Orange*, in *The Virago Book of Poetry* (London: Virago), pp. 210~211.

1991 'Coming to Writing', trans. by Deborah Jenson, Ann Liddle and Susan

Sellers, in *Coming to Writing and Other Essay*, pp. 1~58.

____ 'Clarice Lispector: The Approach. Letting Oneself (be) Read (by) Clarice Lispector. The Passion According to C. L.', trans. by Sarah Cornell, Susan Sellers and Deborah Jenson, in *Coming to Writing and Other Essays*, pp. 59~77.

____ 'The Last Painting or the Portrait of God', trans. by Sarah Cornell, Susan Sellers and Deborah Jenson, in *Coming to Writing and Other Essays*, pp. 104~131.

____ 'By the Light of an Apple', trans. by Deborah Jenson, in *Coming to Writing and Other Essays*, pp. 132~135.

____ 'The Author in Truth', trans. by Deborah Jenson, Ann Liddle and Susan Sellers, in *Coming to Writing and Other Essays*, pp. 136~181.

1992 'The Day of Condemnation', trans. by Catherine A. F. MacGillivray, *LIT: Literature Interpretation Theory*, 4:1 ('Hélène Cixous'), 1~16.

1993 'Bathsheba or the interior Bible', trans. by Catherine A. F. MacGillivray, *New Literary History*, 24:4, 820~837 [repr. in *Stigmata: Escaping Texts* (1998), pp. 3~19].

____ 'We who are free, are we free?', trans. by Chris Miller, *Critical Inquiry*, 19:2, 201~219 [repr. in *Freedom and Interpretation*, ed. by Barbara Johnson (New York: Basic Books), pp. 17~44].

____ 'Without end, no, State of drawingness, no, rather: The Executioner's taking off', trans. by Catherine A. F. MacGillivray, *New Literary History*, 24:1 (Winter), 90~103 [repr. in *Stigmata: Escaping Texts* (1998), pp. 20~31].

1994 'The Coup', and 'It is the Story of a Star', trans. by Stéphanie Lhomme and Helen Carr, *Women: a cultural review*, 5:2, 113~122.

____ 'Preface', trans. by Susan Sellers, in *The Hélène Cixous Reader*, pp. xv~xxiii.

____ 'The Place of Crime, The Place of Forgiveness', trans. by Catherine A. F. MacGillivray, in *The Hélène Gixous Reader*, pp. 150~156 [Revised translation of an excerpt from 'Writings on the Theater' (1989)].

1995 'Great Tragic Characters...', *The Times Literary Supplement* (28

April), 15.

1996 'Attacks of the Castle', trans. by Eric Prenowitz, in *Beyond the Wall: Architecture, Ideology and Culture in Central and Eastern Europe*, ed. by Neil Leach (London: Routledge), 302~307 [repr. in *Architecture and Revolution*, ed. by Neil Leach (London: Routledge, 1999), pp. 228~233].

_____ 'An Error of Calculation', trans. by Eric Prenowitz, *Yale French Studies*, 89, 151~154.

_____ '"Mamãe, disse ele", or Joyce's Second Hand', trans. by Eric Prenowitz, *Poetics Today*, 17:3 (Autumn), 339~366 [repr. in *Stigmata: Escaping Texts* (1998), pp. 100~128; repr. in *Exile and Creativity: Signposts, Travelers, Outsiders, Backward Glances*, ed. by Susan Rubin Suleiman (Durham, NC: Duke University Press, 1998), pp. 59~88].

_____ 'In October 1991...', trans. by Catherine McGann, in *On the Feminine*, ed. by Mireille Calle-Gruber (New Jersey: Humanities Press), pp. 77~92 [see 'In October 1991...' (1998)].

_____ 'Writing Blind', trans. by Eric Prenowitz, *TriQuarterly*, 97 (Autumn), 7~20 [revised translation by Eric Prenowitz, 'Writing blind: Conversation with the donkey', in *Stigmata: Escaping Texts* (1998), pp. 139~152].

1997 'My Algeriance, in other words: to depart not to arrive from Algeria', trans. by Eric Prenowitz, *TriQuarterly*, 100, 259~279 [repr. in *Stigmata: Escaping Texts* (1998), pp. 153~172].

_____ 'Stigmata, or Job the dog', trans. by Eric Prenowitz, *Philosophy Today*, 41:1 (Spring), 12~17 [repr. in *Stigmata: Escaping Texts* (1998), pp. 181~194].

_____ 'Quelle heure est-il?', in *Hélène Cixous Rootprints: Memory and Life Writing*, pp. 128~133.

_____ 'Albums and Legends', in *Hélène Cixous Rootprints: Memory and Life Writing*, pp. 177~206.

1998 'Letter to Zohra Drif', trans. by Eric Prenowitz, *Parallax*, 4:2 (April~June), 18~96.

_____ 'In October 1991...', trans. by Keith Cohen, in *Stigmata: Escaping Texts*, pp. 35~49 (see 'In October 1991...' (1996)].

_____ 'Hiss of the Axe', trans. by Keith Cohen, in *Stigmata: Escaping Texts*, pp. 50~56.

_____ 'What is it o'clock? or The door (we never enter)', trans. by Catherine A. F. MacGillivray, in *Stigmata: Escaping Texts*, pp. 57~83.

_____ 'Love of the Wolf', trans. by Keith Cohen, in *Stigmata: Escaping Texts*, pp. 84~99.

_____ 'Unmasked!', trans. by Keith Cohen, in *Stigmata: Escaping Texts*, pp. 131~138.

_____ 'Shared at dawn', trans. by Keith Cohen, in *Stigmata: Escaping Texts*, pp. 175~180.

1999 'Enter the Theater (in Between)', trans. by Brian J. Mallet, *Modern Drama*, 42:3 (Autumn), 301~314.

_____ 'Hélène Cixous, OR: My Father's Letters', trans. by Kim Allen, Adele Parker and Stephanie Young, *Beacons*, 5, 121~126.

_____ 'Post-Word', trans. by Eric Prenowitz, in *Post-Theory: New Directions in Criticism*, ed. by Martin McQuillan, Graeme MacDonald, Robin Purves and Stephen Thompson (Edinburgh: Edinburgh University Press), pp. 209~213.

2001 'With a blow of the wand', *Parallax*, 7:2 (April~June), 85~94.

영어로 진행된 인터뷰들

1976 (with Christiane Makward), 'Interview', trans. by Ann Liddle and Beatrice Cameron, *Substance*, 13, 19~37.

_____ 'The Fruits of Femininity', *Manchester Guardian Weekly* (16 May), 14.

1979 'Rethinking Differences: An Interview', trans. by Isabelle de Courtrivon, in *Homosexualities and French Literature*, ed. by Elaine Marks and Georges tambolian (Ithaca: Cornell University Press), pp. 70~88 [Interview from 1976].

1984 (with Verena Andermatt Conley),]An Exchange with Hélène Cixous', in Verena Andermatt Conley, *Hélène Cixous: Writing the Feminine* (Lincoln, NE: University of Nebraska Press), pp. 129~161.

1985   (with Susan Sellers), 'Hélène Cixous', *The Women's Review* (7 May), 22~23.

1987   (with Linda Brandon), 'Impassive resistance', *Independent* (11 November).

1988   (with members of the Centre d'Etudes Féminines), 'Conversations', ed. and trans. by Susan Sellers, in *Writing Differences: Readings from the Seminar of Hélène Cixous*, ed. by Susan Sellers (Milton Keynes: Open University Press/New York: St Martin's Press), pp. 141~154.

_____   (with Alice Jardine and Anne M. Menke), 'Exploding the Issue: "French" "Women" "Writers" and "The Canon"', trans. by Deborah Carpenter, *Yale French Studies*, 75, 235~236.

1989   (with Susan Sellers), 'The Double World of Writing', 'Listening to the Heart', 'A Realm of Characters', 'Writing as a Second Heart', in *Delighting the Heart: A Notebook by Women Writers*, ed. by Susan Sellers (London: The Women's Press; repr. 1994), pp. 18, 69, 126~128, 198.

_____   (with Catherine Franke and Roger Chazal), 'Interview with Hélène Cixous', *Qui Parle* (University of California, Berkeley), 3:1 (Spring), 152~179.

1991   (with Alice Jardine and Anne M. Menke), 'Hélène Cixous', trans. by Deborah Jenson and Leyla Roubi, in *Shifting Scenes: Interviews on Women, Writing and Politics in Post-68 France*, ed. by Alice Jardine and Anne M. Menke (New York: Columbia University Press), pp. 32~50.

1997   (with Bernadette Fort Greenblatt), 'Theater, History, Ethics: An Interview with Hélène Cixous on the Perjured City, or the Awakening of the Furies', *New Literary History*, 28:3, 425~456.

_____   (with Mireille Calle-Gruber), 'We Are Already in the Jaws of the Book: Inter Views', in *Hélène Cixous Rootprints: Memory and Life Writing*, pp. 1~115.

2000   'Hélène Cixous in Conversation with Sophia Phoca', *Wasafiri* (London), 31 (Spring), 9~13.

_____   (with Ian Blyth), 'An Interview with Hélène Cixous', *Paragraph*, 23:3 (November, 'Hélène Cixous'), 338~343.

엘렌 식수에 관한 저작과 기사들

Alexandrescu, Liliana, 'Bringing a Historical Character on Stage: L'Indiade', trans. by Cornelia Gonla, in *Hélène Cixous: Critical Impressions*, ed. by Lee A. Jacobus and Regina Barreca (Amsterdam: Gordon and Breach, 1999).

Aneja, Ann, 'The Mystic Aspect of L'Ecriture Féminine: Hélène Cixous' *Vivre l'orange*', *Qui Parle* (University of California, Berkeley), 3:1 (Spring 1989), 189~201.

_____, 'Translating Backwards: Hélène Cixous' *L'Indiade*', *Studies in the Humanities*, 22:12 (December 1995), 50~64.

_____, 'The Medusa's Slip: Hélène Cixous and the Underpinnings of Ecriture Féminine', *Lit: Literature Interpretation Theory*, 4:1 (1992, 'Hélène Cixous'), 17~28 (repr. in *Hélène Cixous: Critical Impressions*, ed. by Lee A. Jacobus and Regina Barreca (Amsterdam: Gordon and Breach, 1999)].

Banting, Pamela, 'The Body as Pictogram: Rethinking Hélène Cixous' *écriture féminine*', *Textual Practice*, 6:2 (Summer 1992), 225~246.

Benmussa, Simone, 'Introduction': "Portrait of Dora": 'Stage Work and Dream Work', in *Benmussa Directs: Portrait of Dora by Hélène Cixous* (London: Calder/Dallas: Riverrun, 1979).

Binhammer, Katherine, 'Metaphor or Metonymy? The Question of Essentialism in Cixous', *Tessera*, 10 (Summer 1991), 65~79.

Birkett, Jennifer, 'The Limits of Language: The Theatre of Hélène Cixous', in *Voices in the Air: French Dramatists and the Resources of Language*, ed. by John Dunkley and Bill Kirton (Glasgow: University of Glasgow French and German Publications, 1992).

Boyman, Anne, 'Dora or the Case of L'Ecriture Féminine', *Qui Parle* (University of California, Berkeley), 3:1 (Spring 1989), 180~188.

Brown, Erella, 'The Lake of Seduction: Body, Acting, and Voice in Hélène Cixous's *Portrait de Dora*', *Modern Drama*, 39:4 (Winter 1996), 626~649.

Brugmann, Margaret, 'Between the Lines: On the Essayistic Experiments of Hélène Cixous in "Laugh of the Medusa"', in *The Politics of the Essay: Feminist Perspectives*, ed. by R. Joeres and E. Mittman (Bloomington: Indiana University Press, 1993).

Bryden, Mary, 'Hélène Cixous and Maria Chevska', in *Women and Representation*, ed. by Diana Knight and Judith Still (WIF Publications, 1995).

_____, 'Hélène Cixous and the Painterly Eye', in *Thirty Voices in the Feminine*, ed. by Michael Bishop (Amsterdam: Rodopi, 1996).

Calle-Gruber, Mireille, ed., *Du Féminin* (Sainte-Foy: Le Griffon d'Argile/ Grenoble: Presses Universitaires de Grenoble, 1992).

_____, 'Hélène Cixous: A jamais la musique ou Petit traite d'art poétique pour récit à chanter', in *(en) jeux de la communication romanesque*, ed. by Susan van Dijk and Christa Stevens (Amsterdam: Rodopi, 1994).

_____, 'Afterword: Hélène Cixous' Book of Hours, Book of Fortune', trans. by Agnes Conacher and Catherine McGann, in Susan Sellers, ed., *The Hélène Cixous Reader* (London and New York: Routledge, 1994).

_____, 'Portrait of the Writing', in *Hélène Cixous Rootprints: Memory and Life Writing*, trans. by Eric Prenowitz (London: Routledge, 1997).

_____, 'Chronicle', in *Hélène Cixous Rootprints: Memory and Life Writing*, trans. by Eric Prenowitz (London: Routledge, 1997).

_____, 'La Vision prise de vitesse par l'écriture: A propos de *La fiancée juive d'Hélène Cixous'*, *Littérature*, 103 (October 1996), 79~93.

_____, 'Hélène Cixous: Music Forever or Short Treatise on a Poetics for a Story To Be Sung', in *Hélène Cixous: Critical Impressions*, ed. by Lee A. Jacobus and Regina Barreca (Amsterdam: Gordon and Breach, 1999).

_____, *Hélène Cixous, croisées d'une oeuvre* (Paris: Galilée, 2000).

_____, 'Avant-Propos', in *Hélène Cixous, croisées d'une oeuvre*, ed. by Mireille Calle-Gruber (Paris: Galilée, 2000).

_____, 'ou Ce qui ne renonce jamais', in *Hélène Cixous, croisées d'une oeuvre*, ed. by Mireille Calle-Gruber (Paris: Galilée, 2000).

Cameron, Beatrice, 'Letter to Hélène Cixous', *SubStance*, 17 (1977), 159~165.

Canning, Charlotte, 'The Critic as Playwright: Performing Hélène Cixous' *Le Nom d'Oedipe*', *Lit: Literature Interpretation Theory*, 4:1 (1992, 'Hélène Cixous'), 43~55 (repr. in Hélène Cixous: Critical Impressions, ed. by Lee A. Jacobus and Regina Barreca (Amsterdam: Gordon and Breach, 1999)].

Carpenter, Deborah, 'Hélène Cixous and North African Origin: Writing "L'Orange"', *Celfan Review*, 6:1 (November 1986), 1~4.

_____, [Translator's Introduction to 'Her Presence Through Writing'], *Literary Review*, 30:3 (Spring 1987), 441~445.

Conley, Verena Andermatt, 'Missexual Mystery', *Diacritics*, 7:2 (Summer 1977), 70~82.

_____, 'Writing the Letter: The Lower-Case of Hélène Cixous', *Visible Language*, 12:3 (Summer 1978), 305~318.

_____, 'Hélène Cixous and the Uncovery of a Feminine Language', *Women and Literature*, 7:1 (Winter 1979), 38~48.

_____, *Hélène Cixous: Writing the Feminine* (Lincoln, NE: University of Nebraska Press, 1984).

_____, 'Approaches', *Boundary*, 12:2 (Winter 1984), 1~7.

_____, 'Saying "Yes" to the Other', *Dalhousie French Studies*, 13 (AutumnWinter), 92~99.

_____, 'Hélène Cixous', in *French Novelists Since 1960*, ed. by Catherine Savage Brosman (Detroit: Gale Research, 1989).

_____, 'Déliverance', in *Hélène Cixous, chemins d'une écriture*, ed. by Françoise van Rossum-Guyon and Myriam Díaz-Diocaretz (Saint-Denis: Presses Universitaires de Vincennes/Amsterdam: Rodopi, 1990).

_____, 'Introduction', in *Reading with Clarice Lispector*, ed. and trans. by Verena Andermatt Conley (Minneapolis: University of Minnesota Press, 1990).

_____, 'Hélène Cixous', in *French Women Writers: A Bio-Bibliographical Source Book*, ed. by Eva Martin Sartori and Dorothy Wynne Zimmerman (New York: Greenwood, 1991).

_____, 'Introduction', in *Readings: The Poetics of Blanchot, Joyce, Kafka, Kleist, Lispector, and Tsvetayeva*, ed. and trans. by Verena Andermatt Conley (Minneapolis: University of Minnesota Press, 1991).

_____, *Hélène Cixous* (Toronto: University of Toronto Press/Hemel Hempstead: Harvester Wheatsheaf, 1992).

_____, 'Le Goût du nu', *Lendemains* (Berlin), 13:5, 92~98.

_____, 'Souffle de vie: hommage à Hélène Cixous', in *Hélène Cixous, croisées d'une oeuvre*, ed. by Mireille Calle-Gruber (Paris: Galilée, 2000).

Cooper, Sarah, 'Genre and Sexuality: Cixous's and Derrida's Textual Performances', in *Powerful Bodies: Performance in French Cultural Studies*, ed. by Victoria Best and Peter Collier (1999).

_____, 'The Ethics of Rewriting the Loss of Exile in *Manne aux Mandelstams aux Mandelas*', *Paragraph*, 23:3 (November 2000, 'Hélène Cixous'), 311~323.

_____, *Relating to Queer Theory: Rereading Sexual Self-Definition with Irigaray, Kristeva, Wittig and Cixous* (Bern: Peter Lang, 2000).

Cornell, Sarah, 'Hélène Cixous' *Le Livre de Promethea*: Paradise Refound', in *Writing Differences: Readings from the Seminar of Hélène Cixous*, ed. by Susan Sellers (Milton Keynes: Open University Press/New York: St Martin's Press, 1988).

_____, 'Hélène Cixous and "les Etudes Féminines"', in *The Body and the Text: Hélène Cixous, Reading and Teaching*, ed. by Helen Wilcox, Keith McWatters, Ann Thompson and Linda R. Williams (Hemel

Hempstead: Harvester Wheatsheaf, 1990).

Corredor, Eva, 'The Fantastic and the Problem of Re-Presentation in Hélène
Cixous' Feminist Fiction', *Papers in Romance*, 4:3 (Autumn 1982),
173~179.

Davis, Robert Con, 'Woman as Oppositional Reader: Cixous on Discourse',
Papers on Language and Literature, 24:3 (Summer 1988), 265~282.

————————, 'Cixous, Spivak, and Oppositional Theory', *Lit: Literature
Interpretation Theory*, 4:1 (1992, 'Hélène Cixous'), 29~42 [repr. in *Hélène
Cixous: Critical Impressions*, ed. by Lee A. Jacobus and Regina Barreca
(Amsterdam: Gordon and Breach, 1999)].

Defromont, Françoise, 'Metaphorical Thinking and Poetic Writing in
Virginia Woolf and Hélène Cixous', in *The Body and the Text: Hélène
Cixous, Reading and Teaching*, ed. by Helen Wilcox, Keith McWatters,
Ann Thompson and Linda R. Williams (Hemel Hempstead: Harvester
Wheatsheaf, 1990).

Deleuze, Gilles, 'L'Ecriture stroboscopique', *Le Monde* (11 August 1972).

Derrida, Jacques, 'Fourmis', in *Lectures de la Différence Sexuelle*, ed. by Mara
Negron (Paris: Des femmes, 1994).

————————, 'Foreword', trans. by Eric Prenowitz, in Susan Sellers, ed.,
The Hélène Cixous Reader (London and New York: Routledge, 1994)
[Translated excerpt from 'Fourmis' (1994)].

————————, 'Fourmis', in *Hélène Cixous Rootprints: Memory and Life
Writing*, trans. by Eric Prenowitz (London: Routledge, 1997) [Translated
excerpt from 'Fourmis' (1994)].

————————, 'H. C. Pour la vie, c'est à dire', in *Hélène Cixous, croisées
d'une oeuvre*, ed. by Mireille Calle-Gruber (Paris: Galilée, 2000).

Dobson, Julia, 'The Scene of Writing: The Representation of Poetic Identity in
Cixous' Recent Theatre', *Theatre Research International*, 23:3 (Autumn
1998), 255~260.

————————, 'Asserting Identities: The Theatres of Marina Tsvetaeva and
Hélène Cixous', *Forum for Modern Language Studies*, 35:3 (July 1999),
261~269.

_____, 'At the Time of Writing Theatre: Hélène Cixous's Absolute Present', *Paragraph*, 23:3 (November 2000, 'Hélène Cixous'), 270~281.

_____, 'Hélène Cixous, *Tambours sur la digue*, performed by the Théâtre du Soleil, Paris, May 2000: A First Response', *Paragraph*, 23:3 (November 2000, 'Hélène Cixous'), 344~349.

_____, *Hélène Cixous and the Theatre: The Scene of Writing* (Bern: Peter Lang, 2002).

Etienne, Marie-France, 'Disembodied World, Song of Exile: *Le Nom d'Oedipe: chant du corps inderdit*', *Dalhousie French Studies*, 28 (1994), 131~140.

Evans, Martha Noel, '*Portrait of Dora*: Freud's Case History as Reviewed by Hélène Cixous', *SubStance*, 36 (1982), 64~71.

Fisher, Claudine Guégam, 'Hélène Cixous' Window of Daring through Clarice Lispector's Voice', in *Continental Latin-American and Francophone Women Writers*, ed. by Eunice Myers and Ginette Adamson (Lanham: University Presses of America, 1987).

_____, *La Cosmogonie d'Hélène Cixous* (Amsterdam: Rodopi, 1988).

_____, 'Cixous' North/South Feminist Dichotomy', *Lit: Literature Interpretation Theory*, 2:3 (1991), 231~237.

_____, 'Cixous' Concept of "Brushing" as a Gift', in *Hélène Cixous: Critical Impressions*, ed. by Lee A. Jacobus and Regina Barreca (Amsterdam: Gordon and Breach, 1999).

Fitz, Earl E., 'Hélène Cixous's Debt to Clarice Lispector: The Case of *Vivre l'orange* and "l'écriture féminine"', *Revue de Littérature comparée*, 64:1 (January~March 1990), 235~249.

Franks, Helen, 'Dying to Write: Space and Death in the Poetics of Hélène Cixous', in *Cemeteries and Spaces of Death*, ed. by Darnetta Bell and Kevin Bongiorni (Riverside, CA: Xenos, 1996).

Frappier-Mazur, Lucienne, 'Metaphor and Discourse, Marginality and Mastery: Clément and Cixous's Reading of Freud's Dora', in *Thematics Reconsidered*, ed. by Frank Trommler (Amsterdam: Rodopi, 1995).

Freedman, Barbara, 'Plus-Corps-Donc-Plus-Ecriture: Hélène Cixous and the Mind-Body Problem', *Paragraph*, 11:1 (March 1988), 58~70.

Freeman, Sandra, 'Bisexuality in Cixous's *Le Nom d'Oedipe*', *Theatre Research International*, 23:3 (Autumn 1998), 242~248.

Gilbert, Sandra, 'Introduction: A Tarantella of Theory', in Hélène Cixous and Catherine Clément, *The Newly Born Woman*, trans. by Betsy Wing (Minneapolis: University of Minnesota Press, 1986).

Gough, Val, 'The Lesbian Christ: Body Politics in Hélène Cixous's *Le Livre de Promethea*', in *Body Matters: Feminism, Textuality, Corporeality*, ed. by Avril Horner and Angela Keane (Manchester: Manchester University Press, 2000).

Graver, David, 'The Théâtre du Soleil, Part Three: The Production of *Sihanouk*', *New Theatre Quarterly*, 2:7 (August 1986), 212~215.

Hammer, Stephanie, 'In the Name of the Rose: Gertrud Kolmar, Hélène Cixous and the Poerotics of Jewish Femininity', in *Transforming the Centre, Eroding the Margins: Essays on Ethnic and Cultural Boundaries in German-Speaking Countries*, ed. by Dagmar C. G. Lorenz and Renate S. Posthofen (Columbia, SC: Camden House, 1998).

Hanrahan, Mairéad, 'Hélène Cixous' *Dedans*: The Father Makes an Exit', in *Contemporary French Fiction by Women: Feminist Perspectives*, ed. by Margaret Atack and Phil Powrie (Manchester: Manchester University Press, 1990).

_____, 'Une Porte du *Portrait du soleil* ou la succulence du sujet', in *Hélène Cixous, chemins d'une écriture*, ed. by Françoise van Rossum-Guyon and Myriam Dïaz-Diocaretz (Saint-Denis: Presses Universitaires de Vincennes/Amsterdam: Rodopi, 1990).

_____, 'Cixous's *Portrait of Dora*, or Cooking the Books of Psychoanalysis', *Women in French Studies*, 5 (Winter 1997), 271~279.

_____, 'Cixous's *Portrait de Dora*: The Play of Whose Voice?', *Modern Language Review*, 93 (1998), 48~58.

_____, 'Genet and Cixous: The InterSext', *French Review*, 72:4 (March 1999), 719~729.

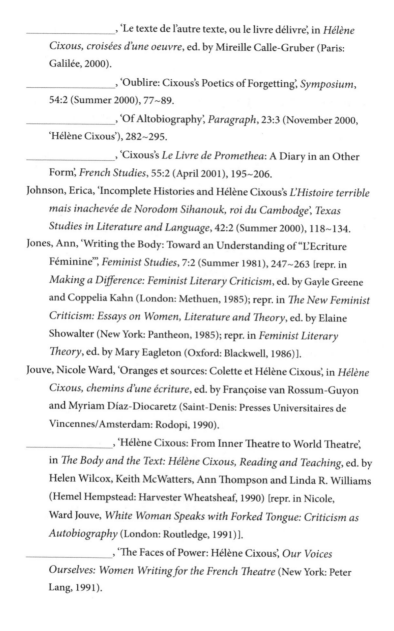

_____, 'Le texte de l'autre texte, ou le livre délivre', in *Hélène Cixous, croisées d'une oeuvre*, ed. by Mireille Calle-Gruber (Paris: Galilée, 2000).

_____, 'Oublire: Cixous's Poetics of Forgetting', *Symposium*, 54:2 (Summer 2000), 77~89.

_____, 'Of Altobiography', *Paragraph*, 23:3 (November 2000, 'Hélène Cixous'), 282~295.

_____, 'Cixous's *Le Livre de Promethea*: A Diary in an Other Form', *French Studies*, 55:2 (April 2001), 195~206.

Johnson, Erica, 'Incomplete Histories and Hélène Cixous's *L'Histoire terrible mais inachevée de Norodom Sihanouk, roi du Cambodge*', *Texas Studies in Literature and Language*, 42:2 (Summer 2000), 118~134.

Jones, Ann, 'Writing the Body: Toward an Understanding of "L'Ecriture Féminine"', *Feminist Studies*, 7:2 (Summer 1981), 247~263 [repr. in *Making a Difference: Feminist Literary Criticism*, ed. by Gayle Greene and Coppelia Kahn (London: Methuen, 1985); repr. in *The New Feminist Criticism: Essays on Women, Literature and Theory*, ed. by Elaine Showalter (New York: Pantheon, 1985); repr. in *Feminist Literary Theory*, ed. by Mary Eagleton (Oxford: Blackwell, 1986)].

Jouve, Nicole Ward, 'Oranges et sources: Colette et Hélène Cixous', in *Hélène Cixous, chemins d'une écriture*, ed. by Françoise van Rossum-Guyon and Myriam Díaz-Diocaretz (Saint-Denis: Presses Universitaires de Vincennes/Amsterdam: Rodopi, 1990).

_____, 'Hélène Cixous: From Inner Theatre to World Theatre', in *The Body and the Text: Hélène Cixous, Reading and Teaching*, ed. by Helen Wilcox, Keith McWatters, Ann Thompson and Linda R. Williams (Hemel Hempstead: Harvester Wheatsheaf, 1990) [repr. in Nicole, Ward Jouve, *White Woman Speaks with Forked Tongue: Criticism as Autobiography* (London: Routledge, 1991)].

_____, 'The Faces of Power: Hélène Cixous', *Our Voices Ourselves: Women Writing for the French Theatre* (New York: Peter Lang, 1991).

_____, 'Hélène Cixous Across the Atlantic: The Medusa as Projection?', in *Traveling Theory: France and the United States*, ed. by Ieme van der Poel and Sophie Bertho (Madison, NJ: Fairleigh Dickinson University, 1999).

_____, 'Le plus veil enfant: figures du destin dans le théâtre d'Hélène Cixous', in *Hélène Cixous, croisées d'une oeuvre*, ed. by Mireille Calle-Gruber (Paris: Galilée, 2000).

Juncker, C., 'Writing (with) Cixous', *College English*, 50:4 (1988), 424~436

Kamuf, Peggy, 'To Give Place: Semi-Approaches to Hélène Cixous', *Yale French Studies*, 87 (1995), 68~89 [repr. in *Another Look, Another Woman: Retranslations of French Feminism*, ed. by Lynne Huffer (New Haven, CT: Yale University Press, 1995)].

_____, 'Souris', in *Hélène Cixous, croisées d'une oeuvre*, ed. by Mireille Calle-Gruber (Paris: Galilée, 2000).

Klobucka, Anna, 'Hélène Cixous and the *Hour of Clarice Lispector*', *SubStance*, 23:1 [73] (1994), 41~62.

Kogan, Vivian, 'I Want Vulva! Hélène Cixous and the Poetics of the Body', *L'Esprit créature*, 25:2 (Summer 1985), 73~85.

Lamar, Celita, 'Norodom Sihanouk, A Hero of Our Times: Character Development in Hélène Cixous' Cambodian Epic', in *From the Bard to Broadway*, ed. by Karelisa Hartigan (Lanham: University Presses of America, 1987).

Lamont, Rosette C., '*The Terrible But Unended Story of Norodom Sihanouk: King of Cambodia* by Hélène Cixous', *Performing Arts Journal*, 10:1 (1986), 46~50.

_____, 'The Reverse Side of a Portrait: The Dora of Freud and Cixous', in *Feminine Focus: The New Women Playwrights*, ed. by Enoch Brater (Oxford: Oxford University Press, 1989).

_____, 'Ariane Mnouchkine/Hélène Cixous: The Meeting of Two Chimeras', in *Hélène Cixous: Critical Impressions*, ed. by Lee A. Jacobus and Regina Barreca (Amsterdam: Gordon and Breach, 1999).

Lie, Sissel, 'Pour une lécture féminine', in *The Body and the Text: Hélène*

Cixous, Reading and Teaching, ed. by Helen Wilcox, Keith McWatters, Ann Thompson and Linda R. Williams (Hemel Hempstead: Harvester Wheatsheaf, 1990).

_____, 'Life Makes Text from My Body: A Reading of Hélène Cixous' *La Venue à l'écriture*', in *Hélène Cixous: Critical Impressions*, ed. by Lee A. Jacobus and Regina Barreca (Amsterdam: Gordon and Breach, 1999).

_____, 'L'image de l'artiste - Hélène Cixous', in *Hélène Cixous, croisées d'une oeuvre*, ed. by Mireille Calle-Gruber (Paris: Galilée, 2000).

Lindsay, Cecile, 'Body/Language: French Feminist Utopias', *The French Review*, 60:1 (October 1986), 46~55.

Lydon, Mary, 'Re-Translating no Re-Reading no, Rather: Rejoycing (with) Hélène Cixous', in *Another Look, Another Woman: Retranslations of French Feminism*, ed. by Lynne Huffer (1995).

_____, 'Affinités électives: l'art poétique d'Hélène Cixous', in *Hélène Cixous, croisées d'une oeuvre*, ed. by Mireille Calle-Gruber (Paris: Galilée, 2000).

MacCannall, Juliet Flower, Judith Pike and Lollie Groth, 'Introduction', in *The Terrible but Unfinished Story of Norodom Sihanouk, King of Cambodia*, trans. by Juliet Flower MacCannell, Judith Pike and Lollie Groth (Lincoln, NE: University of Nebraska Press, 1998).

MacGillivray, Catherine A. F., 'Introduction: "The Political Is - (and the) Poetical"', in *Manna for the Mandelstams for the Mandelas*, trans. by Catherine A. F. MacGillivray (Minneapolis: University of Minnesota Press, 1994).

_____, 'Translator's Preface', *Voile Noire Voile Blanche/Black Sail White Sail, New Literary History*, 25:2 (Spring 1994), 219~221.

_____, 'Translator's Preface: Translating Hélène Cixous's Book of Days', in *First Days of the Year*, trans. by Catherine A. F. MacGillivray (Minneapolis: University of Minnesota Press, 1998).

Manners, Marilyn, 'The Doxies of Daughterhood: Plath, Cixous, and the Father', *Comparative Literature*, 48:2 (Spring 1996), 150~171.

_____, 'The Vagaries of Flight in Hélène Cixous's *Le Troisième Corps*', *French Forum*, 23:1 (January 1998), 101~114.

_____, 'Hélène Cixous Names Woman, Mother, Other: "a feminine plural like me"', in *Hélène Cixous: Critical Impressions*, ed. by Lee A. Jacobus and Regina Barreca (Amsterdam: Gordon and Breach, 1999).

Marks, Elaine, 'Woman and Literature in France', *Signs*, 3:4 (Summer 1978), 832~842.

Miller, Judith, 'Jean Cocteau and Hélène Cixous: Oedipus', in *Drama, Sex and Politics*, ed. by James Redmond (Cambridge: Cambridge University Press, 1985).

Moi, Toril, 'Hélène Cixous: An Imaginary Utopia', in *Sexual/Textual Politics: Feminist Literary Theory* (London: Methuen, 1985).

Moss, Jane, 'Women's Theater in France', *Signs*, 12:3 (Spring 1987), 554~559.

Motard-Noar, Martine, *Les Fictions d'Hélène Cixous: Une autre langue de femme* (Lexington: French Forum, 1991).

_____, 'From Persephone to Demeter: A Feminist Experience in Cixous's Fiction', in *Images of Persephone: Feminist Readings in Western Literature*, ed. by Elizabeth T. Hayes (Gainesville, FL: University Press of Florida, 1994).

_____, 'Manne ou Man: Où en est l'écriture d'Hélène Cixous?', *The French Review*, 66:2 (December 1992), 286~294.

_____, 'Hélène Cixous', in *The Contemporary Novel in France*, ed. by William Thompson (1995).

_____, 'Reading and Writing the Other: Criticism as Felicity', *Lit: Literature Interpretation Theory*, 4:1 (1992, 'Hélène Cixous'), 57~68 [repr. in *Hélène Cixous: Critical Impressions*, ed. by Lee A. Jacobus and Regina Barreca (Amsterdam: Gordon and Breach, 1999)].

Noonan, Mary, 'Performing the Voice of Writing in the In-Between, Hélène Cixous's *La Ville parjure*', *Nottingham French Studies*, 38 (1999), 67~79.

Obussier, Claire, 'Synaesthesia in Cixous and Barthes', in *Women and Representation*, ed. by Diana Knight and Judith Still (1995).

Pavlides, Merope, 'Restructuring the Traditional: An Examination of Hélène Cixous' *Le Nom d'Oedipe*', in *Within the Dramatic Spectrum*, ed. by Karelisa Hartigan (Lanham: University Presses of America, 1986).

Penrod, Lynn Kettler, 'Translating Hélène Cixous: French Feminism(s) and Anglo-American Feminist Theory', *TTR: Traduction, Terminologie, Rédaction* (Montreal), 6:2 (1993), 39~54.

_____, *Hélène Cixous* (New York: Twayne, 1996).

Picard, Anne-Marie, '*L'Indiade*: Ariane and Hélène Conjugate Dreams', *Modern Drama*, 32:1 (March 1989), 24~38.

_____, 'L'Indiade ou l'Inde de leurs rêves', *Dalhousie French Studies*, 17 (Autumn-Winter 1989), 17~26.

_____, '*Le Père de l'Écriture*: Writing Within the Secret Father', in *Hélène Cixous: Critical Impressions*, ed. by Lee A. Jacobus and Regina Barreca (Amsterdam: Gordon and Breach, 1999).

_____, 'Cette tombe est une source, le père de l'écriture', in *Hélène Cixous, croisées d'une oeuvre*, ed. by Mireille Calle-Gruber (Paris: Galilée, 2000).

Plate, Liedeke, '"I Come from a Woman": Writing, Gender, and Authorship in Hélène Cixous's *The Book of Promethea*', *Journal of Narrative Technique*, 26:2 (Spring 1996), 158~171.

Plate, S. Brent, and Edna M. Rodriguez Mangual, 'The Gift That Stops Giving: Hélène Cixous's "Gift" and the Shunammite Woman', *Biblical Interpretation*, 7:2 (April 1999), 113~132.

Prenowitz, Eric, 'Aftermaths', in *Hélène Cixous Rootprints: Memory and Life Writing*, trans. by Eric Prenowitz (London: Routledge, 1997).

_____, 'Approches d'un départ (reste)', in *Hélène Cixous, croisées d'une oeuvre*, ed. by Mireille Calle-Gruber (Paris: Galilée, 2000).

Rabine, Leslie, 'Ecriture Féminine as Metaphor', *Cultural Critique*, 8 (Winter 1987~1988), 19~44.

Rossum-Guyon, Françoise van, and Myriam Díaz-Diocaretz, eds, *Hélène Cixous, chemins d'une écriture* (Saint-Denis: Presses Universitaires de Vincennes/Amsterdam: Rodopi, 1990).

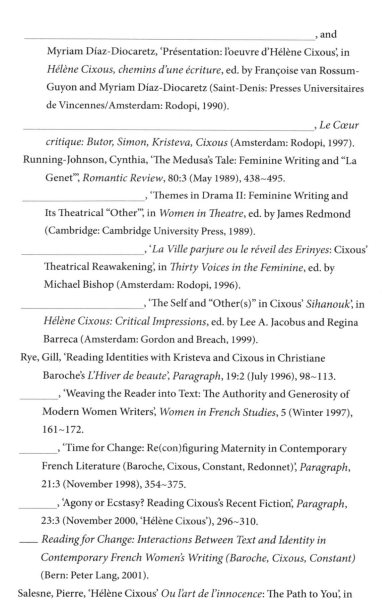_____, and
Myriam Díaz-Diocaretz, 'Présentation: l'oeuvre d'Hélène Cixous', in
Hélène Cixous, chemins d'une écriture, ed. by Françoise van Rossum-
Guyon and Myriam Díaz-Diocaretz (Saint-Denis: Presses Universitaires
de Vincennes/Amsterdam: Rodopi, 1990).

_____, *Le Cœur
critique: Butor, Simon, Kristeva, Cixous* (Amsterdam: Rodopi, 1997).
Running-Johnson, Cynthia, 'The Medusa's Tale: Feminine Writing and "La
Genet"', *Romantic Review*, 80:3 (May 1989), 438~495.

_____, 'Themes in Drama II: Feminine Writing and
Its Theatrical "Other"', in *Women in Theatre*, ed. by James Redmond
(Cambridge: Cambridge University Press, 1989).

_____, '*La Ville parjure ou le réveil des Erinyes*: Cixous'
Theatrical Reawakening', in *Thirty Voices in the Feminine*, ed. by
Michael Bishop (Amsterdam: Rodopi, 1996).

_____, 'The Self and "Other(s)" in Cixous' *Sihanouk*', in
Hélène Cixous: Critical Impressions, ed. by Lee A. Jacobus and Regina
Barreca (Amsterdam: Gordon and Breach, 1999).
Rye, Gill, 'Reading Identities with Kristeva and Cixous in Christiane
Baroche's *L'Hiver de beaute*', *Paragraph*, 19:2 (July 1996), 98~113.

_____, 'Weaving the Reader into Text: The Authority and Generosity of
Modern Women Writers', *Women in French Studies*, 5 (Winter 1997),
161~172.

_____, 'Time for Change: Re(con)figuring Maternity in Contemporary
French Literature (Baroche, Cixous, Constant, Redonnet)', *Paragraph*,
21:3 (November 1998), 354~375.

_____, 'Agony or Ecstasy? Reading Cixous's Recent Fiction', *Paragraph*,
23:3 (November 2000, 'Hélène Cixous'), 296~310.

____ *Reading for Change: Interactions Between Text and Identity in
Contemporary French Women's Writing (Baroche, Cixous, Constant)*
(Bern: Peter Lang, 2001).
Salesne, Pierre, 'Hélène Cixous' *Ou l'art de l'innocence*: The Path to You', in

Writing Differences: Readings from the Seminar of Hélène Cixous, ed.
by Susan Sellers (Milton Keynes: Open University Press/New York: St
Martin's Press, 1988).

_____, 'L'émoi d'Hélène Cixous en langues d'autres', in *Hélène
Cixous, chemins d'une écriture*, ed. by Françoise van Rossum-Guyon
and Myriam Díaz-Diocaretz (Saint-Denis: Presses Universitaires de
Vincennes/Amsterdam: Rodopi, 1990).

Sandré, Marguerite, and Christa Stevens, 'Bibliographie des oeuvres d'Hélène
Cixous', in *Hélène Cixous, chemins d'une écriture*, ed. by Françoise
van Rossum-Guyon and Myriam Díaz-Diocaretz (Saint-Denis: Presses
Universitaires de Vincennes/Amsterdam: Rodopi, 1990).

_____, and Eric Prenowitz, 'Hélène Cixous,
Bibliography', in *Hélène Cixous Rootprints: Memory and Life Writing*,
trans. by Eric Prenowitz (London: Routledge, 1997).

Sankovitch, Tilde, 'Hélène Cixous: The Pervasive Myth', in *French Women
Writers and the Book: Myths of Access and Desire* (Syracuse: Syracuse
University Press, 1988).

Santellani, Violette, 'Men More Than Men', in *Hélène Cixous: Critical
Impressions*, ed. by Lee A. Jacobus and Regina Barreca (Amsterdam:
Gordon and Breach, 1999).

Savona, Jeanette Laillou, 'French Feminism and Theatre: An Introduction',
Modern Drama, 27:4 (December 1984), 540~545.

_____, 'In Search of Feminist Theater: Portrait of Dora', in
Feminine Focus: The New Women Playwrights, ed. by Enoch Brater
(Oxford: Oxford University Press, 1989).

_____, '*Portrait de Dora* d'Hélène Cixous: A la recherche
d'un théâtre féministe', in *Hélène Cixous, chemins d'une écriture*, ed.
by Françoise van Rossum-Guyon and Myriam Díaz-Diocaretz (Saint-
Denis: Presses Universitaires de Vincennes/Amsterdam: Rodopi, 1990).

_____, 'La Multisexualité de l'amour: de *Tancrède continue
au Livre de Promethea*', in *Hélène Cixous, croisées d'une oeuvre*, ed. by
Mireille Calle-Gruber (Paris: Galilée, 2000).

Scheie, Timothy, Body Trouble: Corporeal "Presence" and Performative Identity in Cixous's and Mnouchkine's *L'Indiade ou L'Inde de leur rêves*, *Theatre Journal*, 46 (1994), 31~44.

Schrift, Alan D., 'On the Gynecology of Morals: Nietzsche and Cixous on the Logic of the Gift', in *Nietzsche and the Feminine*, ed. by Peter J. Burgard (Charlottesville, VA: University Press of Virginia, 1995).

——————, 'Logics of the Gift in Cixous and Nietzsche: Can We Still Be Generous?', *Angelaki* (Oxford), 6:2 (August 2001), 113~123.

Scott, H. Jill, 'Loving the Other: Subjectivities of Proximity in Cixous's *Book of Promethea*', *World Literature Today*, 69 (1995), 29~34.

Sellers, Susan, 'Writing Woman: Hélène Cixous' Political "Sexts"', *Women's Studies International Forum*, 9:4 (1986), 443~447.

——————, ed., *Writing Differences: Readings from the Seminar of Hélène Cixous* (Milton Keynes: Open University Press/New York: St Martin's Press, 1988).

——————, 'Biting the Teacher's Apple: Opening Doors for Women in Higher Education', in *Teaching Women: Feminism and English Studies*, ed. by Ann Thompson and Helen Wilcox (Manchester: Manchester University Press, 1989).

——————, 'Learning to Read the Feminine', in *The Body and the Text: Hélène Cixous, Reading and Teaching*, ed. by Helen Wilcox, Keith McWatters, Ann Thompson and Linda R. Williams (Hemel Hempstead: Harvester Wheatsheaf, 1990).

——————, 'Blowing up the Law', 'Masculine and Feminine', 'The Mother's Voice', 'Woman's Abasement', 'Writing the Other', 'Writing Other Worlds', in *Language and Sexual Difference: Feminist Writing in France* (Basingstoke: Macmillan/New York: St Martin's Press, 1991).

——————, ed., *The Hélène Cixous Reader* (London and New York: Routledge, 1994).

——————, *Hélène Cixous: Authorship, Autobiography and Love* (Cambridge: Polity Press, 1996).

——————, 'Virginia Woolf's Diaries and Letters', in *The Cambridge*

Companion to Virginia Woolf, ed. by Sue Roe and Susan Sellers
(Cambridge: Cambridge University Press, 2000).

Shiach, Morag, 'Their "Symbolic" Exists, it Holds Power – We, the Sowers of
Disorder, Know it Only Too Well', in Feminism and Psychoanalysis, ed.
by Teresa Brennan (London: Routledge, 1989).

_____, Hélène Cixous: A Politics of Writing (London: Routledge,
1991).

_____, 'La peur et l'espoir dans l'écriture féministe contemporaine',
in Hélène Cixous, croisées d'une oeuvre, ed. by Mireille Calle-Gruber
(Paris: Galilée, 2000).

_____, 'Millennial Fears: Fear, Hope and Transformation in
Contemporary Feminist Writing', Paragraph, 23:3 (November 2000,
'Hélène Cixous'), 324~337.

Silverstein, Marc, 'Body-Presence: Cixous' Phenomenology of Theater',
Theatre Journal, 43:4 (December 1991), 507~516.

Singer, Linda, 'True Confessions: Cixous and Foucault on Sexuality
and Power', in The Thinking Muse: Feminism and Modern French
Philosophy, ed. by Jeffner Allen and Marion Young (Bloomington:
Indiana University Press, 1989).

Singleton, Brian, 'Body Politic(s): The Actor as Mask in the Théâtre du Soleil's
Les Atrides and La Ville Parjure', Modern Drama, 39:4 (Winter 1996),
618~625.

Spivak, Gayatri Chakravorty, 'French Feminism in an International Frame',
Yale French Studies, 62 (1981), 154~184; repr. in In Other Worlds:
Essays in Cultural Politics (New York: Methuen, 1987).

Stanton, Domna C., 'Language and Revolution: The Franco-American Dis-
Connection', in The Future of Difference, ed. by Hester Eisenstein and
Alice Jardine (Boston, MA: Hall, 1980).

_____, 'Difference on Trial: A Critique of the Maternal
Metaphor in Cixous, Irigaray and Kristeva', in The Poetics of Gender, ed.
by Nancy K. Miller (New York: Columbia University Press, 1986).

Stevens, Christa, 'Hélène Cixous and the Need of Portraying: on Portrait du

Soleil', in *Hélène Cixous: Critical Impressions*, ed. by Lee A. Jacobus and
Regina Barreca (Amsterdam: Gordon and Breach, 1999).

———————————, *L'Ecriture solaire d'Hélène Cixous: Travail du texte et
histoires du sujet dans Portrait du soleil* (Amsterdam: Rodopi, 1999).

Still, Judith, 'A Feminine Economy: Some Preliminary Thoughts', in *The
Body and the Text: Hélène Cixous, Reading and Teaching*, ed. by Helen
Wilcox, Keith McWatters, Ann Thompson and Linda R. Williams
(Hemel Hempstead: Harvester Wheatsheaf, 1990).

——————, 'The Gift: Hélène Cixous and Jacques Derrida', in *Hélène
Cixous: Critical Impressions*, ed. by Lee A. Jacobus and Regina Barreca
(Amsterdam: Gordon and Breach, 1999).

Suleiman, Susan Rubin, '(Re)Writing the Body: The Politics and Poetics
of Female Eroticism', in *The Female Body in Western Culture:
Contemporary Perspectives* (Cambridge, MA: Harvard University Press,
1991).

——————————, 'Writing Past the Wall or the Passion According to H.
C.', in Hélène Cixous, *Coming to Writing and Other Essays* (Cambridge,
MA: Harvard University Press, 1991).

Thomas, Sue, 'Difference, Intersubjectivity and Agency in the Colonial and
Decolonizing Spaces of Cixous's "Sorties"', *Hypatia*, 9 (1994), 53~69.

Turner, Pamela, 'Hélène Cixous: A Space Between - Women and (Their)
Language', *Lit: Literature Interpretation Theory*, 4:1 (1992, 'Hélène
Cixous'), 69~77 [repr. in *Hélène Cixous: Critical Impressions*, ed. by Lee
A. Jacobus and Regina Barreca (Amsterdam: Gordon and Breach, 1999)].

Walsh, Lisa, 'Writing (into) the Symbolic: The Maternal Metaphor in Hélène
Cixous', in *Language and Liberation: Feminism, Philosophy, and
Language*, ed. by Christina Hendricks and Oliver Kelly (Albany, NY:
State University of New York Press, 1999).

Wilcox, Helen, Keith McWatters, Ann Thompson and Linda R. Williams, eds,
The Body and the Text: Hélène Cixous, Reading and Teaching (Hemel
Hempstead: Harvester Wheatsheaf, 1990).

Willis, Sharon, 'Portrait de Dora: The Unseen and the Un-Scene', *Theatre*

Journal, 37:3 (October 1985), 287~301.

_____, 'Mis-Translation: Vivre l'orange', *Studies in the Novel*, 18:4 (Winter 1986), 76~83 (repr. *SubStance*, 16:1 (1987), 76~83].

_____, 'Mistranslation, Missed Translation: Hélène Cixous' *Vivre l'orange*', in *Rethinking Translation: Discourse, Subjectivity, Ideology*, ed. by Lawrence Venuti (London: Routledge, 1992).

Wilson, Ann, 'History and Hysteria: Writing the Body in "Portrait of Dora" and "Signs of Life"', *Modern Drama*, 32:1 (March 1989), 73~88.

Wilson, Emma, 'Hélène Cixous: An Erotics of the Feminine', in *French Erotic Fiction: Women's Desiring Writing 1880–1990*, ed. by Alex Hughes and Kate Ince (Oxford: Berg, 1996).

_____, *Sexuality and the Reading Encounter: Identity and Desire in Proust, Duras, Tournier and Cixous* (Oxford: Clarendon Press, 1996).

_____, 'Identification and Melancholia: The Inner Cinema of Hélène Cixous', *Paragraph*, 23:3 (November 2000, 'Hélène Cixous'), 258~269.

Wing, Betsy, 'A Translator's Imaginary Choices', in *The Book of Promethea*, trans. by Betsy Wing (Lincoln, NE: University of Nebraska Press, 1991).

Wiseman, Susan, '"Femininity" and the Intellectual in Sontag and Cixous', in *The Body and the Text: Hélène Cixous, Reading and Teaching*, ed. by Helen Wilcox, Keith McWatters, Ann Thompson and Linda R. Williams (Hemel Hempstead: Harvester Wheatsheaf, 1990).

Worsham, Lynn, 'Writing against Writing: The Predicament of Ecriture Féminine in Composition Studies', in *Contending With Words: Composition and Rhetoric in a Postmodern Age*, ed. by Patricia Harkin and John Schilb (New York: Modern Languages Association of America, 1991).

Yee, Jennifer, 'The Colonial Outsider: "Malgerie" in Hélène Cixous' *Les Rêveries de la femme sauvage*', *Tulsa Studies in Women's Literature*, 20:2 (Autumn 2001), 189~200.